小黒浩司

図書館をめぐる日中の近代

友好と対立のはざまで

古来から日本と中国は漢字文化で深くつながり、「図書館」という日本生まれの漢語が
中国で使われているように、その交流は連綿と現在に至っている。
しかし、近代期に両国は厳しく対立するようになり、図書館もそのはざまで揺れ動いた。
中国での日本の図書館事業は、現地では「文化侵略」の一手段とみなされ、ついにはテロの対象にまでなった。
満鉄図書館などの設立過程をたどり、日本の図書館関係者が果たした役割を
友好親善と文化侵略という両面から見据え、
日本と中国の政治に翻弄された図書館の近代期を解明する図書館史研究の成果。

青弓社

図書館をめぐる日中の近代——友好と対立のはざまで

目次

第3章　対支文化事業による図書館事業——日中関係修復への模索　59

第4章　日中戦争と北京近代科学図書館　95

第2部　満鉄図書館の歴史

装丁——岩橋香月［デザインフォリオ］

はじめに

いまから二年半ほど前、二つの出版社から相次いでご連絡を頂戴した。いずれも植民地の図書館に関する図書の出版計画だった。

まず、北京近代科学図書館の館報や目録類の復刻を計画している、ついてはその解題を、というものだった。この図書館については、だいぶ以前に調べて書いたことがあり、その点でこの依頼は不思議ではない。だがそれにしても半世紀以上前に滅びてしまった、日本の膨張主義の落とし子のような図書館である。いまになってその刊行物を復刻する価値はあるのだろうか。しかも近年ではその一部が国立国会図書館によって電子化され、ウェブ上で公開されている。

確かに画面では読んだ気がしないというのも事実だ。筆者自身、ワープロで書いたものをいちいちプリントアウトしている。読みやすさを考えれば、それなりの意味がある。館報（「書滲」）は、国会図書館でデジタル化していないし、同館も他の所蔵館も欠号が多い。

こうして戸惑いを残しながらも、収録するものの選定などを経て、二〇一四年に『戦前期「外地」図書館資料集 北京編』（金沢文圃閣）が出版された。

この北京近代科学図書館関係の文献の復刻計画が動き始めて間もなく、青弓社から連絡をいただいた。今度は北京近代科学図書館や南満洲鉄道（以下、満鉄と略記）が経営した図書館など、筆者がこれまで書いてきた植民地図書館関係の著作をまとめて刊行したいという依頼だった。これもまた、思い迷った。

植民地の図書館について一時期ずいぶんと書いていた。しかしその大半は二十年以上昔の旧作である。その後関係文献の復刻が進み、最近では電子化されているものもある。植民地の図書館については、すでに多くのすぐれた論考が発表されている。中国でも文献の復刻などが続いている。いまさら自分の著作を出版する意義はあるのだろうか。

一連の植民地図書館研究の論著は、大半を図書館関係の学術雑誌に発表している。したがって多くの人の目に触れる機会は少なかったと思われる。この種の学術雑誌も近年電子化が進展しているが、自分の著作はなにせ古いものばかりで、インターネットで自由に閲覧できるものは数少ない。ここに出版の意味が少しはあるかもしれないが、どうも踏ん切りがつかない。

思いあぐねる筆者の背中を押したのは、昨今の日中関係だった。第二次世界大戦後の日中関係は、多少の紆余曲折はあったが、それでも一歩一歩前進していたと思う。それは、この国の近代の歩みとそこで引き起こされた戦争の悲惨な結末に対する反省によるものだろう。だが、ここ数年でその積み重ねが振り出しに戻った感がある。

とりわけ二〇一二年の反日デモは衝撃的だった。本書のなかでもところどころで中国の反日運動に言及してはいるが、しかしそれは一九二〇年代から三〇年代の歴史上の出来事である。北京近代科学図書館では時限発火装置による放火事件が起きているが、それは四〇年代の日中全面戦争下での激化事件である。まさか二〇一〇年代になって日系企業が中国の人々によって襲撃されるとは思ってもいなかった。

不当な行為に毅然と対応することも大切である。しかし一方で自制と自省も大事である。われわれは冷静に真摯に、いま一度歴史に学ばなければならないのではないだろうか。

残念ながら図書館界にも、先の大戦を「大東亜戦争」と呼ぶ御仁がいる。やはりいまこそ過去を振り返る必要がある。そこでいささか古びた旗ではあるがあらためてそれを掲げてみようと考え、本書をまとめることにした。

本書には、以下の論文を収めたが、掲載誌や発表時期がまちまちなので、青弓社が定めている表記法に準じて書誌事項などの表記を統一した。加えて、筆者はもともと中国学の専攻であり、文章が相当古風である。そこでやはり青弓社が採用している文章表現に沿って言い回しなどを一部改めている。誤字・誤記の類いは極力修正したが、それ以外は初出のままとした。その後の研究の進歩、新たな資料の発掘や復刻・電子化などは、反映していない。

　また本書は書き下ろしではなく、過去に書いたものを集めて再構成している。したがって各章で記述に重複がある。特に第2部の満鉄図書館部分は、それが著しい。ご容赦を願いたい。

「和製漢語〝図書館〟の中国への移入」「図書館学会年報」第三十二巻第一号、日本図書館情報学会、一九八六年

「湖南図書館史の研究――中国における近代公立図書館の成立と日本」「図書館学会年報」第三十二巻第二号、日本図書館情報学会、一九八六年

「北京近代科学図書館史の研究Ⅰ・Ⅱ」「図書館学会年報」第三十三巻第三・四号、日本図書館情報学会、一九八七年

「衛藤利夫――植民地図書館人の軌跡（1）・（2）」「図書館界」第四十三巻第五・六号、日本図書館研究会、一九九二年

「満州図書館史の時代区分」、「満州国」教育史研究会編「「満州国」教育史研究」第二号、東海教育研究所、一九九四年

「満鉄図書館協力網の形成」、石井敦先生古稀記念論集刊行会編『転換期における図書館の課題と歴史――石井敦先生古稀記念論集』所収、緑蔭書房、一九九五年

「大連図書館の成立」、日本植民地教育史研究会運営委員会編「植民地教育史研究年報」第二号、皓星社、一九九九年

「満鉄児童読物研究会の活動――満鉄学校図書館史の一断面」「図書館界」第五十七巻第一号、日本図書館研究会、二〇〇五年

本書第1部は「友好から対立へ——近代期の日中図書館界」と題して、第1章に「和製漢語「図書館」の中国への移入」を、第2章に「湖南図書館の創立——中国での近代公立図書館の成立と日本」(もとの題名は「湖南図書館史の研究」)を収めた。また、「北京近代科学図書館史の研究Ⅰ」を第3章「対支文化事業による図書館事業——日中関係修復への模索」とし、その「Ⅱ」を第4章「日中戦争と北京近代科学図書館」とした。

第1章と第2章は、さねとうけいしゅう(実藤恵秀)の日中交流史研究とその蔵書(東京都立中央図書館所蔵)に負うところ大である。都立中央図書館の実藤文庫で『日本図書館調査叢記』や『東遊叢録』などを読んで発想を得て、二編をほぼ同時に書き進めた記憶がある。

北京近代科学図書館史の研究は、「書滲」などの同館刊行物の一部を古書店の目録で見つけ、これを購入したことから始まった。そして阿部洋の一連の研究に導かれ、彼の研究から外務省外交史料館所蔵の外交文書の存在を知り、自分自身も同館に通い続けて得られた成果である(もっとも、現在では戦前期の外務省記録は電子化され、アジア歴史センターのウェブサイトから閲覧できるようになっている)。また、こうした記録・文書類や関係者へのインタビューの、歴史研究上での重要性を強く認識するようになった。

第2部「満鉄図書館の歴史」は満鉄図書館の歴史を扱った諸編である。満鉄については、筆者が研究を始めた時点ですでに豊かな研究の蓄積があり、資料の整理が進んでいた。ただし、どちらかというと経済や政治といった分野が中心で、教育や文化の側面からの研究はあまり進んでいなかった。そこで満鉄資料と総称される膨大な資料群のなかから関連資料を拾い出し、検証をおこなった。

その結果として、満鉄図書館の歴史を大きく四つに区分できると考え、その概略を述べたのが第5章「満鉄図書館史の時代区分」である。第6章から第8章は、それぞれの時代の個別詳細な論証になっている。第6章「大連図書館の成立」は、第二期を象徴する出来事として同館の開館に至る過程と背景を述べている。第7章「満鉄図書館協力網の形成」は、第三期——満鉄図書館の最盛期を、図書館協力という観点から論じてみたものである。

結果として、明らかに第二期と第三期に偏り、草創期と末期が手薄になっている。良きにつけ悪しきにつけ、第二期と第三期が満鉄図書館の活動の中心的な時期であり、資料も題材も豊富だったからだ。

第8章「満鉄児童読物研究会の活動――満鉄学校図書館史の一断面」は、先の四区分からいうと第二期から第三期にまたがる。発表の時期も少し離れている。第2部に収めた諸編とは少々異質の、植民地教育史研究の深化に触発されて書いた論考である。

第9章の「衛藤利夫――植民地図書館人の軌跡」は、発表の時期では一連の満鉄図書館ものの最初の論著である。振り返ってなぜ満鉄資料をあれこれと渉猟したのかを考えてみると、衛藤の人物像をできるかぎり多角的に描くためだったというべきかもしれない。満鉄の歴史総体から、つまりは日中の近代史から俯瞰して、満鉄図書館史を考え、衛藤利夫という人物を捉え直そうとしたのである。

その冒頭で筆者は、衛藤研究の目的を先行研究で提示された衛藤像の見直しと述べ、それ以前の研究を批判している。この批判は単に従前の衛藤研究だけに向けられたものではない。従来のこの国の図書館史研究に一定程度共通する特質（欠陥）へ向けられたものでもある。

日本の図書館史研究の特質は、まず一館史が多いことが挙げられる。十年、五十年といった周年記念事業には予算がつくのである。一館史がもつ問題点は、川崎良孝などがすでに指摘している。もちろん館史の編纂が契機となって、新たな資料が発掘されたり、図書館員が自館の歴史に関心をもつようになることもある。図書館史研究の土台であり、その担い手の出発点になっているのであり、一館史を全面的に否定することはできない。だが往々にして、「我が館」意識が先に立ち、社会的な背景などへの考察がおろそかになるおそれがある。ペンキの塗り替えや配管の更新などが一大事として記録されてしまう。

日本の図書館史研究のもう一つの特色は、図書館関係の単行本と雑誌を主な資料とする研究が多いということである。どうも研究に「厚み」がない。もちろん図書館関係の単行本や雑誌は、図書館史研究の基本的な資料である。しかしそれらのもとになった原資料への調査が及んでいない研究が少なくない。徹底した資（史）料の探索と批判こそが、歴史研究の要となる。周辺資料にまで目を配らないと、思わぬ事実の見落としにもつながる。「衛藤利夫」に限らず、筆者の図書館史研究に関する問題意識はここに立脚する。いかに信頼性が高い資料類を探し出し、それを関連資料で補強して論文に仕立てていくか。手前味噌になるが、外交文書のような記録・文書類を基軸とした研究は、従来の図書館史研究では稀だった。筆者の論文が図書館史研究に投じた一石といえるだろう。

もっとも、筆者の研究はそれまで単に油で炒める調理法が多かったので、少々味付けを変えてしょうゆ味でコトコトと煮付けただけのことである。歴史研究一般では、実証的な研究は当たり前の手法にすぎない。つまりしょうゆ味は、和食ではごくごく普通の味付けなのである。

図書館学——近頃では図書館情報学と称するようになった——が、学術研究の一領域として確かな地位を得るためには、その理論水準の一層のかさ上げが必要だろう。斯学の発展のためにも、図書館史研究の充実・深化が求められる。本書に収めた諸編がそのための一里塚となることを願っている。

先に記したように、本書刊行のお誘いは二年半以上前のことだった。その後原稿の整理に手間取り、矢野恵二氏をはじめ青弓社のみなさまにご迷惑をかけてしまった。それでは、この遅延によって本書が出版の時宜を逸してしまったかというと、残念ながら事態は逆の方向へと進んでいる。その後、日中関係だけでなく、世界各地で国家と国家、民族と民族、宗教と宗教の対立がより深刻化している。国内に目を転じれば、競争原理が幅を利かせ格差が拡大し、そうした矛盾のはけ口として対立がさらに先鋭化している。

本書の刊行が、憎悪と排除の負の連鎖を断ち切る一助となれば幸いである。

第1部　友好から対立へ——近代期の日中図書館界

第1章　和製漢語「図書館」の中国への移入

はじめに

日清戦争（一八九四―一八九五年）の敗北は、中国の知識人たちに深刻な危機意識を生み出した。そのなかで康有為（一八五八―一九二七）や梁啓超（一八七三―一九二九）を中心としたグループは、列強の侵略から中国を守るために、明治維新をモデルとした変法運動と呼ばれる内政改革運動を展開する。近代教育の振興はその一眼目として重視され、ことに改革の担い手である人材の速成のために、日本への留学生派遣が提唱された。

康有為は、一八九五年四月の同志千二百余人の連署を得たいわゆる「公車上書」を含め、九五年から九八年にかけて前後六回にわたって変法の上書をおこなった。九七年二月、張元済（一八六七―一九五九）らが北京に通芸学堂を、同十月に梁啓超らが湖南省長沙に時務学堂を設立するなど、各地に新式学堂（学校）が建築され、改革への教化・啓蒙活動が盛んになった。また九六年八月、上海で汪康年（一八六六―一九一一）や梁らが雑誌「時務報」（時務報館）を創刊するなど、雑誌・新聞によって彼らの変法思想が宣伝された。

こうして変法派の維新運動は、大きな盛り上がりを見せ、ついに一八九八年六月十一日、光緒帝は変法を国是とする新政実行に踏み切った。一方、変法運動に対する西太后ら保守派の反発も強く、同年九月二十一日に守旧派はクーデターを起こし、光緒帝を幽閉した（戊戌の政変）。変法派官僚の多くは免職になり、梁啓超らは海外に亡命した。通芸学堂・時務学堂といった維新事業は停止され、「時務報」などは発禁となった。

だが政権を握った保守派も、時代の流れには逆行できず、義和団運動とそれに対する列強の介入（一八九九―一九〇〇年）という事態から、一九〇一年一月に「変法」の詔を出し、「新政」に着手せざるをえなくなった。ここに日本を範とした内政改革が本格的に始まるのである。

1　和製漢語の誕生

日本を当面のモデルとした改革の推進によって、日本への各種視察や留学、さらには日文図書の中訳が盛んにおこなわれるようになった。その過程で、日本人が欧米の文化・学術を取り入れるために作り出した新しい漢字熟語が、中国でも使用されるようになった。さねとうけいしゅうは、高名凱・劉正埮[1]と王立達[2]の研究成果を総合して、日本語来源の中国語を七百八十四語としている[3]。

日本語の中国語への応用は、変法運動期に始まる。「時務報」に梁啓超が載せた日本に関する記事のなかに日本漢語が少なからず見受けられるし[4]、また康有為の光緒帝に対する上奏文にも多くの和製漢語が使われている[5]。

王は、戊戌の政変によって日本へ亡命した梁啓超が横浜で発行した雑誌「清議報」（清議報館、一八九八年十二月―一九〇一年十二月）や「新民叢報」（新民叢報社、一九〇二年二月―〇七年十一月）で大量の日本漢語が使われていることを指摘しているが、梁とこの二誌が和製漢語の中国への浸透に相当のはたらきをしたことは通説化している[6]。梁は日本に逃れてきて日本語を学び、日本の図書を読み、ついに思想が一変したという[7]。彼は「清議報」第十冊（一八九九年四月）に「日本文を学ぶの意を論ず」という論文を寄せ、「我が国の人で新学に志す者は日本文を学ぶべきだ」といい、「日本語を学ぶには十年かかるが、日本文を作るには半年ですみ、日本文を学ぶには数日で小成し数カ月で大成する」と豪語する。彼のこの安易ともいえる日本語観が、大量の日本漢語を無定見に中国語文に取り入れる結果につながったといえるだろう。

2 和製漢語「図書館」

「図書館」という名詞は、前記王論文で和製漢語の一つとして認められ[8]、さねとうもこれに従っている[9]。それでは「図書館」はいつ、どのようなかたちで中国へ渡ったのだろうか。

従来、特に戦前では、一九〇五年に開館した湖南図書館が初めて「図書館」という名称を使用したといわれてきた[10]。だが最近の中国の学者は同館を「我国第一所官弁的公共図書館」、つまり中国初の官営公共図書館とその史的位置付けを変更している[11]。これは湖南図書館以前に、中国で「図書館」が使われていたことを意味する。

汪家熔は、一八九七年に張元済らが北京に設立した「通芸学堂図書館」が、現在確認しえた「図書館」という三字を使った記録の最も古いものだとする[12]。しかし汪は、この説がいったいどのような根拠に基づくものであるかを一切明らかにしていないので、いまのところ汪説を追証することができない。しかも張元済が九八年の七月から八月にかけて汪康年宛てに出した書簡のなかでは「蔵書楼」という表現を用い、「図書館」という名称を使っていないこともあって[13]、汪の説をにわかに信じることはできないのである。

また張錦郎は、「図書館」という名詞が日本から渡来したものだとしたうえで、一八九六年九月二十七日発行の「時務報」第六冊所収の「古巴島述略」の文中に、「図書館」の文字がすでに見えることを指摘している[14]。この記事は「時務報」のスタッフで、日本文翻訳を担当していた古城貞吉（一八六六―一九四九）が、同年八月二十七日発行の新聞「日本」の同名記事を翻訳・転載したものである[15]。

この「時務報」は先述のように、一八九六年に上海で創刊された変法派の機関誌である。汪康年が経営にあたり、当初は梁啓超が主筆を務めていた。同誌はこの時期の中国社会にかなりの影響力をもっていて、そこに「図書館」という漢語が使われていたことは興味ある事実である。

しかしながら、同じく第六冊に掲載されている李端棻の「請推広学校摺」では「大書楼」と表記しているのをはじめとして、創刊号の孫家鼐「都城官書局開設縁起」では「書籍館」[16]、第十三冊（一八九六年十二月発行）の汪康年「論中国求富強宜籌易行之法」では「蔵書楼」など、同一誌上でありながら表現が一定でない。つまり古城は、日本人であるがゆえに「図書館」を慣用的表現とみなして用いたのであり、「時務報」周辺では一般的ではなかったといえるだろう。

また変法派のリーダーである康有為や梁啓超も、「図書館」という言葉を使っていない。康は一八九五年四月の「公車上書」では「書蔵」[17]、九八年五月の「請開学校摺」では「図書儀器館」[18]と述べている。梁は九七年十月、湖南省長沙に開設された時務学堂の総教習（主任教授）となって章程（規則）を作成し、その第七項で付属図書館の設置をうたっているが、「蔵書楼」という名称を使用している。[19]

このように一八九五年から九八年にかけての変法運動期には、まだ「図書館」という言葉は普遍・一般化されていない。だがここに挙げた李・孫・汪・康ら変法派人士の所説は、いずれも内政改革の要点として教育の近代化を力説し、その一環として図書館の設立が建議され、張・梁らによってその実践が試みられたのである。

すなわち中国での近代図書館開設運動は、変法期に本格化したといえる。この動きは一八九八年の政変で一時的に退潮するが、一九〇一年からの「新政」実施によって、一層の伸展期を迎えるのである。

3　「清議報」誌上の「図書館」

梁は一八九八年の政変により、日本へ亡命する。彼は同年の十二月、横浜で雑誌「清議報」を創刊し、同誌を拠点に中国の改革を訴え続ける。既述のように、同誌が多くの和製漢語を中国にもたらしたのだが、これは同誌が当時大きな影響力をもっていたことを物語っている。

一八九九年六月八日発行の「清議報」第十七冊に、「論図書館開進文化一大機関」という論説が掲載された。これは同年四月発行の博文館「太陽」第五巻第九号に載せられた、のちの第四代日本図書館協会会長である渡辺又次郎の「学校外に於ける文化開進の一大機関」を翻訳したものである。この論文では、図書館が学校教育を補完する教育機関であることを次の八カ条にわたって述べている。

一、現在学校教育を受けている青少年に、補充的知識を与える。
二、現在学校教育を受けていない青少年に、必要な知識を与える。
三、蔵書が豊富で、社会人に参考的知識を与える。
四、閲覧者が随意に事物を研究できる。
五、閲覧者はわずかの間に種々の事項を調べることができる。
六、だれでも貴重な本を利用することができる。
七、利用者は世界各国の近況を迅速に知ることができる。
八、知らず知らずのうちに人材を養成する。

ここで重要なことは、これまで「蔵書楼」などといわれてきたものが、一八九九年に至って「図書館」と言い換えられたということではない。「図書館」とは「学校外における文化開進の一大機関である」とする理念である。旧来の蔵書処とは全く異なる、新しい概念をもつものが「図書館」と呼ばれるということである。そしてこうした「図書館」観を、「清議報」編集責任者たる梁啓超が認めたからこそ、渡辺論文が翻訳され「清議報」に転載されたといえるだろう。[20]

「清議報」で「図書館」という日本漢語が使われたことは、この漢語が中国へ逆輸出された大きな要因になったと推定される。だが梁は日本へ亡命中の政治犯であり、西太后ら保守派を激しく攻撃していた「清議報」は、清国内では発禁になっていた。[21] したがって同誌で「図書館」が使われたからといって、直ちにこの言葉が中国に定着したとはいえない。ましてや「図書館は文化開進の一大機関である」という考えが、すぐさま清国の教育行政に反映されることはなかっただろう。

4　呉汝綸の『東游叢録』

それでは「図書館」という名称が、さらには図書館の必要性が、広く一般に普及したのはどのような契機によるのだろうか。筆者は一九〇二年の呉汝綸（一八四〇―一九〇三）の日本への教育視察と、その見聞を記録した『東游叢録』[22]が重要な役割を果たしたと考える。

一九〇一年一月、義和団事変によって西安に逃れていた西太后は、「変法」の上諭を発する。翌年一月七日、北京に帰った西太后は、張百熙（一八四七―一九〇七）に京師大学堂管学大臣（教育担当相）を命じ、京師大学堂（現在の北京大学）を中心とした学制改革にあたらせた。張は二月十三日、戊戌の変法期に創設されながら政変以来休止状態にあった京師大学堂の復興を目指し、弁法（規則）を定め、また「書籍儀器を広く購い、蔵書楼に入れる」など五カ条の提言をおこなった。[23] さらに張は同日、曾固藩・李鴻章のブレーンとして著名な呉汝綸を、大学堂の総教習（学長）に推挙した。[24]

呉は張の推薦に初めは難色を示したが、日本への教育視察を条件にその職に就いた。[25] 彼は一九〇二年六月から十月にかけて日本を訪れ、長崎・神戸・東京など各地の各種学校や文化施設などを見学し、文部省から学制などに関する講習を受けた。

『東游叢録』は、呉の日本滞在中の日記や文部省で受けた講義、日本の教育関係者との会談の記録をまとめ、その年の十月に出版された。この本は中国で大きな反響を呼び、重訂版が刊行され[26]、中国の新教育の指針となった[27]。同書によれば、呉が見た「図書館」は三カ所である。張は六月二十日、長崎に上陸するのだが、その日さっそく長崎の高等中学校医学堂に赴き、その「図書館[28]」などを見学する。次いで同月三十日には東京帝国大学を訪れ、その「図書館」に立ち寄り、最後に七月二十九日「大橋図書館」を訪問する[29]。

彼が見学した図書館に帝国図書館が含まれておらず、かつ学校（大学）図書館がうち二カ所を占めていることは、呉の視察旅行の目的と、さらに当時の清国政府の図書館に対する態度をうかがわせる。先述のように、管学大臣の張は京師大学堂復興提言の一つに蔵書楼の整備を挙げた。呉はそれを受けて、学校の付属施設としての図書館のあり方を学ぼうとしたのだろう。他方一般の図書館については、彼自身だけでなく清国政府もその関心が低かったために、帝国図書館をはじめとした各種図書館の視察を強く求めなかったと考えられる。

だが大橋図書館訪問は、呉に「図書館」に対する新しい認識を生み出させたようだ。呉は彼が見た二つの学校図書館については、東京帝大の蔵書数を記すだけでとりたててコメントをしていない。ところが大橋図書館については、その成立の経緯から開館時間・閲覧方法などを書き留めている。そして「目録の検索、図書の出納が非常に速かであり、規則が大変整っている」という感想を付し、自著三種を寄贈するのである[30]。

さらに注目すべきは、呉が文部省から「図書館」について次のような講義を受けていることである。

「図書館」は自国や外国の古今の各種図書を集め、博覧参考に備えるのであって、それには二つの利点がある。一つは専門的な学問の研究に供すること、一つは一般的な見聞を広めることである。専門書は高価であって、学者は購う力がないので、研究に支障をきたす。図書館があればそのよき助けとなる。だいたい蔵書家というのは、自分が使う本だけ集めるが不要の本は持っていなくても平気でいて、必要な時に仕方なくこれを求める。図書館は非常に広く本を収集していて、蔵していない本がないぐらいだから、学問をしようとする者が利用しても大丈夫である。専門的な本は貸出をしないが、一般的な本は貸出をする。[31]

この文部省が講じた「図書館」は、「清議報」に転載された渡辺論文と同様に、当時の中国人にとって極めて斬新なものだったといえる。中国が綿々と築き上げてきた書籍文化観とそれに立脚した伝統的な蔵書処のありようから見れば、「図書館」とは旧来の漢語では言い尽くせない概念をもつ漢語であると理解されただろう。この文部省の講説は、渡辺説に比べてやや論旨に力強さというようなものが不足している感があるが、中国にとって当面の目標である日本の文部省から、当時の中国教育界の第一人者である呉汝綸に直接講じられたところに、その重みがある。

おわりに――中国での「図書館」の定着

最後に「図書館」という漢語の、中国での一般化の指標として、教育法規上の変遷を見てみたい。呉汝綸滞日の最中である一九〇二年八月十五日、管学大臣張百熙は、いわゆる欽定学堂章程を奏進した。これは中国初の近代的かつ系統的学制であり、「学校」を「学堂」と言い換えていることなどを除いてほぼ日本の学制を模したものである。[32]この欽定学堂章程で、すでに各学校に付属図書館を設けることがうたわれているが、「図書館」という表現は使われていない。[33]

一九〇三年六月二十七日、張之洞（一八三七―一九〇九）に張百熙らとともに欽定学堂章程改訂の作業にかかるよう命が下された。そして張之洞を中心に検討が加えられ、翌〇四年一月十三日、新しい学制、いわゆる奏定学堂章程が奏進された。この奏定学堂章程の成立によって、清国の近代学制が完全に確立し、一一年の辛亥革命まで維持されるのである。[34]

この奏定学堂章程のなかの奏定大学堂章程に「図書館」が使われている。同章程の第四章第四節には「大学堂には「付属図書館」一カ所を置き、広く中外古今の各種図書を集め、考証のたすけとしなければならない[35]」とある。

一九〇二年八月の欽定京師大学堂章程では「蔵書楼」であったのが、〇三年六月に始まる改訂作業を経て、〇四年一月の奏定大学堂章程に至って「図書館」になったのである。つまり〇二年から〇四年の間に、「図書館」が清国政府にも認知されたといえる。

さらに「欽定」では、「蔵書楼」は講堂などとともに建設がうたわれているにすぎないが（第八章第一節）、「奏定」では先に引用したように「図書館」の設置を特に一節を設けて規定している。これは図書館に対する認識が、この時期に著しく高まったことを意味するものだろう。

一九〇二年から〇四年にかけての時期に、清国の図書館観が変化したとすれば、呉汝綸の日本教育視察が大きな影響を与えたことは確実だろう。奏定大学堂章程に規定された「図書館」と、前節にも引用した文部省所講に規定されている「図書館」の原文を比較してみると、内容だけでなく用語・文型までも類似している。

聚本国外国古時今時各図書、以備博覧参考。（「文部省所講」）
広羅中外古今各種図書、以資考証。（奏定章程）

一九〇四年、張之洞が湖北省に「学堂応用図書館」を創立するなど[36]、「図書館」という和製漢語の定着と前後して、中国各地に「図書館」が設立される。中国での近代図書館の歴史は、「図書館」という言葉の普及とともに開花期を迎えるのである。

注

（1）高名凱／劉正埮『現代漢語外来詞研究』文字改革出版社、一九五八年、七九―九八ページ
（2）王立達「現代漢語中従日語借来的詞彙」「中国語文」一九五八年第二期、人民教育出版社、一九五八年、九〇―九四ページ
（3）さねとうけいしゅう『増補中国人日本留学史』くろしお出版、一九七〇年、四〇二ページ
（4）許常安「「時務報」に見える梁啓超の日本に関する言論」「斯文」第六十二号、斯文会、一九七〇年
（5）鈴木修次「康有為『戊戌奏稿』と日本語」（「広大アジア研究」第二号、広島大学総合科学部アジア研究講座、一九八〇年）、また同『日本漢語と中国――日本漢語と中国』（「中公新書」、中央公論社、一九八一年）を参照。
（6）前掲『現代漢語外来詞研究』九〇ページ
（7）丁文江／趙豊田編『梁啓超年譜長編』上海人民出版社、一九八三年、一七一ページ
（8）前掲「現代漢語中従日語借来的詞彙」九二ページ
（9）前掲『増補中国人日本留学史』四〇二ページ
（10）馬宗栄「支那圕事業ノ史的研究」（「圕研究」第二巻第三号、青年図書館員聯盟、一九二九年）、九三ページ、矢島玄亮「概説支那図書館史」（「大東文化」第六号、大東文化協会、一九三四年）、三九―四〇ページ、林範三「中国図書館小史（五）」（「広州大学図書館季刊」第一巻第二・三期、広州大学図書館、一九三七年）、一七五ページ、など。
（11）張錦郎「清末的図書館事業」「国立中央図書館館刊」新六巻第二期、台湾学生書局、一九七三年、六ページ。なお湖南図書館の歴史については、次章を参照。
（12）汪家熔「張元済和図書館事業」「図書館学通訊」一九八五年第二期、文物出版社、一九八五年、九三ページ。汪はまた同館を中国初の無料公開図書館ともする。
（13）張元済『張元済書札』商務印書館、一九八一年、二一、二六、二七ページ
（14）前掲「清末的図書館事業」三ページ

(15)「時務報」では八月二十六日付「日本」から翻訳とあるが、この記事は二十六・二十七両日にわたって連載されていて、該当する部分は二十七日付である。内容はキューバ島の見聞であり、とりたてて図書館だけを記事にしているわけではない。言海存「湖南図書館と滋賀県立図書館の国際交流」（平林あけみ訳、「現代の図書館」第二十三巻第二号、日本図書館協会、一九八五年、八二ページ）に、「時務報」第六冊を第十六冊とし、「日本」を「時報」とするのは誤り。

(16) これも明らかに日本漢語だろう。「書籍館」の使用例については別の機会に詳論するが、例えば王韜（一八二八―九七）の日本見聞記『扶桑遊記』中（栗本鋤雲、一八八〇年）がある。王は一八七九年四月から八月にかけて訪日、六月二十六日に東京書籍館へ行き本を見ている。王は変法運動の先駆者として知られ、梁ら変法派の思想形成に大きな影響を与えた。

(17) 舒新城編『近代中国教育史資料』下、人民教育出版社、一九六二年、九一九ページ

(18) 舒新城編『近代中国教育史資料』上、人民教育出版社、一九六二年、一五三ページ

(19)「湘省時務学堂章程」、倚剣生輯『中外大事彙記』「学術彙」第一、広智書局、一八九八年

(20)「太陽」にはこの渡辺論文以外にも、和田万吉（「読書家の冥行戸趨＝書目の必要」第四巻第十・十一号、博文館、一八九八年）や田中稲城（「米国大図書館の新築附各国図書館経費及蔵書の比較」第二巻第二十五号、博文館、一八九六年）など、当時の日本図書館界を代表する学者が寄稿している。もし梁が「太陽」のバックナンバーに目を通す機会があったとすれば、こうした論文も読んでいた可能性もある。のち一九二五年発足の中華図書館協会の初代理事長となる梁の図書館理念がこの日本亡命期に形成されたのかもしれない。

(21) 戈公振『中国報学史』復刻、台湾学生書局、一九八二年、一六二ページ

(22) 呉汝綸『東游叢録』三省堂、一九〇二年

(23) 朱寿朋編『光緒朝東華録』中華書局、一九八四年、四八二一―四八二二ページ

(24) 同書四八二三ページ

(25) さねとうけいしゅう『近代日中交渉史話』春秋社、一九七三年、二三六ページ

(26) 前掲『増補中国人日本留学史』三一三ページ
(27) 同書七六ページ
(28) 呉汝綸撰『桐城呉先生日記』巻十では「図書室」に作る。この「図書室」も和製漢語だと思われるが（高野彰「東京大学法理学部図書館史」「図書館界」第二十七巻第五号、日本図書館研究会、一九七六年、一五七ページ）、前記さねとうらのリストには挙げられていない。
(29)「摘鈔日記」、前掲『東游叢録』一、一七、五四—五五ページ
(30) 同書五五—五六ページ
(31)「文部所講」、同書六二ページ
(32) 林友春「清末中国における教育の近代化と日本」、学習院大学東洋文化研究所編『調査研究報告』第十四巻所収、学習院大学東洋文化研究所、一九八二年、二〇—二一ページ
(33) 欽定学堂章程と奏定学堂章程の各学校付属図書館は次のとおり（前掲『近代中国教育史資料』三九八—六三二ページ）。

「欽定」（一九〇二年）		「奏定」（一九〇四年）	
蒙学堂	—	初等小学堂	佇蔵室
小学堂	蔵書室	高等小学堂	儲蔵室
中学堂	図書室	中学堂	図書室
高等学堂	図書室	高等学堂	図書室
京師大学堂	蔵書楼	大学堂	図書館

(34) 前掲「清末中国における教育の近代化と日本」二二—二三ページ
(35) 前掲『近代中国教育史資料』六二五ページ、前掲「湖南図書館と滋賀県立図書館の国際交流」八三ページに、「一九〇二年になって、清政府が公布した〝学校規定〟の中に（略）」とあるが、これも誤りである。
(36)「札学務処立学堂応用図書館」、張之洞撰『張文襄公全集』巻百五

第2章　湖南図書館の創立——中国での近代公立図書館の成立と日本

はじめに

中国での近代は、アヘン戦争（一八四〇—四二年）以来の帝国主義列強の侵略と、それに対する民族の危機意識に始まったといえるだろう。アヘン戦争以後も太平天国の乱、日清戦争、義和団運動と、戦乱は絶え間なく続き、清朝の衰退と列強による半植民地化が促進されていった。それにともなって革新を求める気運も高まりを見せ、一八九〇年代から一九〇〇年代にかけて中国の近代化は一大局面を迎える。

教育・文化面でもまたしかりである。一九〇五年、千年を超す歴史をもつ科挙（官吏登用試験）が廃止されたことは、中国の伝統的な教育・文化体系が終わりを告げたことを象徴的に物語っている。この科挙の廃止と前後して、各地に各種の新式学堂（学校）が続々と設立されていく。

中国の近代図書館の歴史も、こうした大きな時代の流れのなかで萌芽を迎える。中国初の官立公共図書館は、一九〇五年（光緒三十一年）[1]、湖南省長沙に時の巡撫（地方長官）龐鴻書（？—一九一一）によって開設された湖南図書館だとされる。そしてこの湖南図書館を端緒に、各地に次々と公立の図書館が設立されていった。光緒三十三年（一九〇七—〇八年）に、日本の文部省に相当する学部がおこなった第一回の教育統計によれば、当時の中国各省の図書館は表1のような状況だった。

前述の一九〇五年湖南図書館開館説は、劉錦藻の『清朝続文献通考』巻百一「学校考」八（〔国学基本叢書〕、新興書局、一九六五年）所収の龐鴻書奏文に基づくが、同書の奏文は略文にすぎない。また奏文には〇五年以前に同館の原型となる図書館がすでに存在していたこと、さらに同館設立にあたって日本に係員を派遣し、その図書館事情の調査と書籍の購入にあたらせたことなどが記されているが、そうした事実について現在の湖南図書館の関係者や中国の図書館史研究者もその詳細を知らない。[2] 換言すれば、中国近代図書館史上に重要な位置を占める湖南図書館について、ほとんど研究が進められていない現状なのである。

筆者は、龐鴻書が湖南図書館の開設を中央政府に報告した奏文「湘撫龐鴻書奏建設図書館摺」の全文と同館の館則・図書館暫定章程を東京大学東洋文化研究所蔵『学部官報』[3]に、同館設立にあたって日本の図書館を調査した記録『日本図書館調査叢記』（黄嗣艾編、湖南学務所、一九〇五年）を東京都立中央図書館蔵実藤文庫[4]に見いだした。本章は前記資料などによって湖南図書館成立の経過と日本の図書館との関連を中心に、同館の沿革について若干の考察を試みたものである。

湖南図書館の図書館史上の位置付けについて補足として付け加えておくが、これまで中国で最初に「図書館」という名称を使用したのが湖南図書館であるとする説が通説化していた。だが最近の台湾を中心とした図書館史研究者は、同館を「中国初の官営公共図書館」[5]としたうえで、「新式図書館の先声であり、我が国近代図書館事業の発端である」[6]とその史的評価を変えている。

表1　光緒33年（1907年）当時の図書館

省　名	館数	職員数	歳入	歳出	資産
吉　林	1	9	8,615	8,615	14,750
黒竜江	1		11,412	11,412	9,300
河　南	5	2	842	502	800
浙　江	1	5	1,592	1,584	19,950
湖　北	−**	−	1,361	1,361	6,619
湖　南	1	31	8,439	8,439	13,300
雲　南	32***		1,046	1,804	4,089

* 通貨単位は銀両。なお浙江・湖北・湖南の各省の歳入・資産は原表では銀元表示であり、銀両に換算して統一した。
** 湖北省の館数・職員数は原欠。
*** 原注によれば、雲南省の館数は各機関の雑誌閲覧室であって図書館ではない。
（出典：学部総務司編『第一次教育統計図表――光緒三十三年分』〔中国出版社、1973年復刻〕から作成）

こうした変化は、「図書館」という名詞が湖南図書館以前に使われていたことが大きな要因になっている。[7] それでも「図書館」という名称と湖南図書館を関係付けようとするならば、張建国がいうように「中国で最初に「図書館」と命名された公共図書館」[8] となるのだろう。

1 清末の湖南省

「元来湖南は、革新的な傾向を一面にもってはいるけれども、総じて排外的にして保守的な傾向が根強い地域であった」[9] と小野川秀美は述べている。清末の湖南省はそうした郷土性が最も顕著に現れた時期といえる。湖南図書館の成立も、その激しい時代の流れのなかに捉えられるべきである。

湖南省に近代化の波が押し寄せてきたのは、日清戦争敗北から一年後の一八九五年ごろからである。それは開明的な巡撫陳宝箴（一八三一―一九〇〇）の登場によるところが大きい。彼は在任中に種々の新政をおこなったが、九六年の湖南時務学堂の開設も彼によって許可を得た事業の一つである。

一八九七年十月、学堂の総教習（主任教授）に雑誌「時務報」の主筆で、当時最も著名な思想家の一人だった梁啓超（一八七三―一九二九）が招かれた。[10] 彼は湖南省での革新運動の指導者として、中央の康有為（一八五八―一九二七）と呼応し、湖南省の独立をも説くなど急進的な改革を目指していく。

時務学堂はそうした梁の活動の一大拠点であり、学堂の学約・章程（学則）は彼自身の手になるという。[11] その章程の第七項に、「蔵書楼」に関する条がある。この時務学堂付属図書館が、湖南省初の図書館ということになるだろう。

学堂に蔵書楼一カ所を建てる。各種の図書を買い備え、本を見るテーブルを多く置く。すべての学生は本が見たければそのなかに入って閲覧を許す。ただし管堂から証明書を受け取って、管堂人が検札してから本を見ること。本を汚したり、外に持って出てはいけない。[12]

梁のあまりに急進的な改革論は、保守派層の反発を買い、彼は一八九八年初旬、病のためもあって湖南を去る。北京でも同年六月に始まったいわゆる戊戌の新政は、九月、西太后らのクーデターによって挫折した。康有為と梁啓超は日本に亡命、湖南巡撫陳宝箴も連座して失脚し、新たに保守・頑固派の兪廉三が就任した。時務学堂などの維新事業はすべて停止され、湖南省での革新運動は一時大きく退潮する。

しかし守旧派の巻き返しは、列強諸国の中国侵略という「近代化」の前には、一時的なものでしかなかった。「滅洋」をスローガンに蜂起した義和団は一九〇〇年に鎮圧され、〇一年一月、清朝政府は「変法」の上諭を発し、かつて康有為らが目指した改革に近い「新政」に着手した。

排外的な空気が強かった湖南[13]も、一八九九年十一月の岳州開港によって、外国に「開放」された。なかでも「脱亜入欧」を図る日本は、湖南省をその足がかりにしようと積極的な態度を示す[14]。

一九〇二年四月、湖南省政府は前記「新政」の詔を受け、各種学校の設立などの学制の改革に踏み切り、六月、その監督機関として学務処を発足させる。また同年に胡珍らを日本に送り、教育事情の調査にあたらせ、教員養成のために日本に留学生を派遣する[15]。湖南から日本への留学はこの年に始まり、〇五年までの統計で留日学生二千三百九十五人のうち湖南出身者が三百七十三人と、全体の一六パーセントを占めるに至った[16]。

2 湖南図書館成立前史

陸巡撫の時代

頑固派の巡撫兪廉三に代わって一九〇三年一月に趙爾巽（一八四四—一九二七）が、次いで〇四年五月に陸元鼎[17]（一八三九—一九〇八）が、その職に就いた。この時期、湖南省には多くの学堂が作られた。〇四年十二月、陸は「学校は才を培う所以、教育は国を興す所以、古今中外皆一理なり」で始まる上奏をし、「湖南省では前巡撫趙のときから学堂を振興し、一年間に非常に多くが創立され、ようやく風気も開けてきた[18]」と述べている。

湖南図書館の前史も、この両巡撫時代にさかのぼる。一九〇五年に龐鴻書が湖南図書館の設立を上奏した「湘撫龐鴻書奏建設図書館摺」（以下、「龐鴻書奏文」と略記）では、次のように記している。

前の巡撫趙爾巽は郷紳士（地域社会の実力者）魏肇文らに省都長沙の定王台に図書館を創設することを許した。各紳が図書を持ち寄ったが、費用は多くなく規摸もなお小さかった。

また一九〇四年六月八日発行の「東方雑誌」第一年第四期（商務印書館）、一〇二ページ「各省教育彙誌」では、長沙のまちの東に古の定王台がある。ここに梁・竜の諸君が、多額の経費をなげうって中外の図書や人体動植物模型、理化学儀器を購入し、図書・教育・博物の三館を設け、そのなかに列置した。すでに開館している。

とあり、これが言海存がいう「湖南図書館兼教育博物館」であると思われる。[19]張建国は同誌と一九〇四年三月十五日発行の『湖南官報』を引いて、図書館の創立を同年三月とする。[20]この『湖南官報』は未見の書で、張がいう三月が新暦であるのか旧暦であるのかも現在のところ確認できていないが、「湖南図書館兼教育博物館」を湖南図書館の歴史に含めれば、同館の創立は〇四年になる。

さらに一九〇五年七月二十七日発行の「東方雑誌」第二年第六期、一六〇―一六一ページ「各省教育彙誌」には、

　前の湖南巡撫陸春帥《ママ》が、省都の学務正興所には各種各国の書籍・器具があるが、図書館はなく各学堂の利用が不便なので、定王台旧有の図書・器具と管理を併せることを計画した。すでに善後局[21]・釐金局[22]に命じて経費銀一万両と、経常費毎月百両を準備させ、学務処の予備として移送した。その監督は陳紳慶をあてた。

とあり、陸の巡撫在任中（一九〇四年十二月まで）に図書館の公費運営が決定されたのである。

端方の登場

一九〇四年十二月、陸元鼎に代わって端方（一八六一―一九一一）が湖南巡撫に着任した。端は〇五年十二月から翌年八月にかけての、いわゆる五大臣外遊の一員として欧米各国を歴訪し、清朝内部にあって立憲予備運動を指導した人物として知られている。一方そうした中央政界での活躍前の彼は、地方で「もっぱら学校を興すことを目指し、多くの学生を海外に派遣した[23]」というような事跡を残している。

湖南巡撫就任に先立つ一九〇二年から〇四年にかけての一年あまり、彼は湖広総督（湖北・湖南地方の最高長官だが、実際は湖北省を治めた）張之洞（一八三七―一九〇九）の代理を務めた。彼はその職にあって「湖北省の教育に対して、相当の精力と財力を投入し、かなりの成果をあげた[24]」と評されるほどの施策をおこなった。なかで

も注目されるのは、初等教育機関を中心とした各種学堂の増設と、日本との強い結び付きである。彼は幼稚園創設にあたって経営法を日本に学ぶとともに、日本人保母を招いた。また在任中、国外に派遣した留学生二百五十四人のうち百五十六人が日本に留学している(25)。

さらに端は「図書館一カ所を創立し、もっぱら古今中外有用の書籍・図画を蔵し、学問をする者の閲覧に備えた(26)」のである(27)。

こうした実績から端は新進の官僚として有望視され、江蘇巡撫を経て一九〇四年湖南巡撫に抜擢されたのだった。この人事は日本にも伝えられるなど内外の関心を集めた。

端氏ハ如キ明敏宏量ノ良巡撫ヲ得タルハ湖南省将来ノ発達ニ資スル所多キハ素ヨリ多弁ヲ要セズシテ明カナリ(28)

事実、彼は着任とともに発言力が強い保守的な郷紳たちを抑えて活発な行動を見せる。

端午師ノ来任ト共ニ各方面共非常ニ活動ノ色ヲ呈シ（略）軍事教育殖産ノ三綱ヲ提ケ人言ヲ容ル事流ル、如ク加フルニ資性明敏ノ大臣ナリ（略）教育ノ方面ニハ首トシテ小学ニ重キヲ置キ欽定章程ヲ変通シテ暫定小学章程ヲ発布シ又幼稚園ヲ設立セントシテ委員其他ノ任命ヲ行ヒ本邦ヨリ保姆二名ヲ聘スル事トシ又学務処総弁張視察ノ言ヲ容レテ日本留学予備校ナルモノヲ設立シ日本語教師トシテハ上海同文書院助教授内藤熊喜氏ヲ聘シ其他理学士某工学士某ヲモ聘セントスルノ議アル由(29)

既報ノ如ク新政ニ着手シテ底止スル所ヲ知ラザル端巡ノ政策ハ独リ吾人局外者ヲシテ敬服セシムルノミナラズ有名ナル難御ノ湘紳ヲシテ一モ間ヲ挾マザラシムルノ手段ニ至リテハ優ニ各省撫ニ抽ンズル政治的頭脳ヲ有スルモノト云ハザルベカラズ(30)

ここに見える政策は、前述した湖広総督代理時代のそれと類似するところが多い。彼は過去の実践とその成功をもとに、強い指導力をもって短期間に次々と新事業を推進したのである。

端は「費用は多くなく、規模もなお小さかった」図書館の改革にも着手した。「龐鴻書奏文」では次のようにいう。

　端方は初め官員を日本に赴かせ、図書館の運営法の調査と書籍の購入を命じた。名望と学識のある者を招聘して仕事のとりまとめを分担させた。善後局・釐金局に命じて準備金銀一万両を用意させ、釐金局に経常費年間千二百両を調達させた。運営が初めて整然とおこなわれるような糸口となった。

前述のように、図書館運営資金の公費負担の方向性は、前任者陸元鼎がすでに打ち出したものである。端はそれを受け継ぎ、さらに発展を求めて図書館運営法の調査と図書購入を目的とした、日本への委員派遣をおこなったのである。彼のそれまでの業績を見れば、彼は図書館が果たす社会的役割を十分に認識していたと思われる。また図書館を作り、経営していくための諸規則の必要性を感じ、日本を通してそれを習得することが最も近道であることを、経験的に知っていたのである。

そしてこの端方の命を受け、日本に調査に赴いた人物が黄嗣艾であり、その記録が黄嗣艾編『日本図書館調査叢記』（一九〇五年。以下、『調査叢記』と略記）である。

3　『調査叢記』と湖南図書館

『調査叢記』の内容

『調査叢記』の内容は、次のようになっている。[31]

①李楚珩の「叙言」―李の事跡は不明だが、「湖南学務処の西軒に叙す」と記してあることから、湖南省の教育関係者と思われる。

②黄嗣艾の識語―「日本の公私図書館を調査して、湖南に帰って十カ条からなる提言をおこなった。翻訳した規則などはみな施行するに適している」という。

③「図書館令」

④「帝国図書館官制」―『一覧』三―四ページ

⑤「大橋図書館職制」―『一年報』一二―一四ページ、原典の第五条、六条第三項が欠落。

⑥「帝国図書館規則」―『一覧』八―一三ページ

⑦「帝国図書館図書帯出特許規則」―『一覧』一三―一八ページ、第十二条が欠落。

⑧「大橋図書館規則」―『二年報』九―一二ページ

⑨「大橋図書館夜間閲覧雑誌規則」―『二年報』一二―一三ページ

⑩「大橋図書館協議員理事会の注意」―『二年報』一三―一四ページ

⑪「大橋図書館縦覧券の注意」―『二年報』一四―一六ページ

⑫「帝国図書館沿革略」―『一覧』一―三ページ

⑬「早稲田大学図書館状況」―わずか三行だけの紹介記事である。

⑭「大橋図書館財務細目」―『二年報』三〇―三一ページ
⑮「帝国図書館蔵書数」―『一覧』より新しい一九〇三年度（明治三十六年度）末の蔵書数である。
⑯「大橋図書館蔵書目録体例」―『二年報』一九―二七ページ
⑰「帝国図書館新訂目録体例」―『一覧』二九―四〇ページ
⑱「栃木県足利郡図書館珍異図書目録」
⑲「帝国図書館収蔵内地古版写本刻本図書目録」―帝国図書館の目録から黄が作ったものであり、『一覧』九四―一〇〇ページに載るものと相違する本が多い。
⑳「大橋図書館奨学閲覧券式」―大橋図書館の奨学閲覧券の様式である。
㉑「寄贈図書啓式」―図書寄贈者への礼状の書式。
㉒「図書縦覧券式」―図書寄贈者へ贈呈した図書縦覧券の様式。
㉓「大橋図書館平面図」―『一年報』八一ページ
㉔「寄贈図書謝啓郵便片式」―図書寄贈者への葉書を使った礼状の書式。
㉕「図書閲覧証式」―図書請求書の様式。
㉖「購入以図書縦覧券附啓式」―図書縦覧券に添えた書状の書式。『調査叢記』の目次には載っていない。
㉗「図書閲覧平均比較表式」―「図書館日誌」の様式。

以上の㉓を除いた⑳から㉗までは、『年報』に載っていない記事である。こうした細々とした資料を収集したことで、黄の調査の重点がうかがえる。また大橋図書館は一九二三年の関東大震災により焼失したため、それ以前のこうした資料は残存していないようである。したがってこれらは同館の研究資料としても貴重なものといえる。

㉘「自明治十一年至同三十六年帝国図書館蔵書及閲覧人員貸付図書数一覧表」―『一覧』の付表では⑮と同様、一八九九年（明治三十二年）までしか載せられていない。黄は一九〇一年版の『一覧』より新しい資料を持ち帰

ったのだろう。

㉙「四月二十三日（新暦五月二十六日）帝国図書館西村竹間氏との談話」―当日館長の田中稲城が不在だったので西村が代わって黄と会った。黄は西村に帝国図書館の歴史、納本制度、洋書の収集法、図書寄贈の奨励法、蔵書数、閲覧者数、図書の出納法、図書館講習会についてなど、多岐にわたった質問をしている。西村は一八九二年、田中らと日本図書館協会の前身である日本文庫協会の設立に参加し、同年、日本初の図書館関係書である『図書館管理法』を著した人物である。[32] 西村はまた会談の最後に、「我が国に新刊図書の一種の月報がある」といい、黄に東京書籍商組合の事務所の住所を教えている。これは黄の渡日の目的が図書館の調査とともに書籍の購入であったことによるものだろう。

㉚「五月三日（新暦六月五日）鎌倉での長松井有吉氏との談話」―長松井有吉なる人物は各種の人名辞典類に見当たらなかった。筆者はこれを松井直吉の誤りと推定する。松井直吉（一八五七―一九一一）は当時東京帝国大学農科大学学長の職にあり、日本の教育界を代表する人物として中国からの教育視察者と必ずといっていいほど面会していた。黄は筆談のなかで（このころの日・中人の対談の大半は筆談によっていた。これは日本人が中国の古文である漢文の素養があり、中国の知識人も古文を操れない者はなかったからである。黄もおそらく日本語の会話能力はなかっただろう）、東京農科大学長・松井直吉を東京農科大学・長松井直吉と誤り、さらに「直」を「有」と見誤ったと思われる。会談の内容は長松《ママ》が見聞したヨーロッパ各地の図書館の様子である。

㉛「五月二十八日（新暦六月三十日）日光の山中での山川健次郎との談話」―山川健次郎（一八五五―一九三一）は当時東京帝国大学総長であり、松井直吉と同様、日本の教育界の代表として中国の要人とたびたび会っている。山川とは主に学校（大学）図書館について対談している。

㉜「上天憲稟稿」―端方の命を受けて日本の図書館を調査した黄は、帰国後その結果を以下の十カ条にまとめ、省政府に上申した。

ⅰ．「宗旨の注重」―まず速かに図書館を設立すべきであることを明らかにする。

ii．「図書の蒐集」―日本の納本制度や足利文庫の古典籍を紹介し、図書収集の必要を説く。

iii．「経費の籌集」―図書館運営の資金について大橋図書館を中心に説明する。

iv．「房屋の佈置」―図書館に必要な部屋の種類を、大橋図書館を例に解説する。

v．「用人及び給俸の数」―図書館の職員の人数・賃金・職種について説明する。

vi．「閲覧の状況」―黄は五月半ば（新暦六月中旬）に大阪へ行き、大阪図書館を訪れた。ここにはその折に調べた五月の大阪図書館の閲覧者数と書数が付記されている。

vii．「図書収発の状況」―大橋図書館の図書出納の状況を記す。

viii．「閲覧人の招待」―大橋図書館の入館から閲覧に至る流れを説明し、そのシステムの応用を提案する。

ix．「書庫」―帝国図書館の図書保管法を説明する。

x．「付属品」―「図書館の宗旨は、ただ国粋を保存し、民智を開拡することに意を注ぐのみ」といい、図書館が一個の独立した機関であることを説く。

著者黄嗣艾について

『調査叢記』の著者である黄嗣艾の履歴については、現在のところよくわかっていない。同書では彼が湖北省漢陽の出身であることを除いては、彼自身のことは記されておらず、またこの後中国図書館界で活躍したという記録も残っていない。ただアジア経済研究所編『現代中国関係中国語文献総合目録』（アジア経済研究所、一九六七年）によれば、一九一五年に『中国商業史』（出版社不明）、三六年に『南雷学案』[33]（正中書局）の書を著している。

この湖北省出身の黄が、どうして湖南省から日本に派遣されることになったのか、その経緯も不明だが、筆者は巡撫端方が特に黄を推挙したものと考える。一九〇四年、湖広総督代理として湖北を治めていた端方は、漢陽の人黄嗣東を優秀な人材として中央に推薦している。[34]黄嗣東は一〇年に開学した漢陽府官立陽夏中等農工学堂の初代監督（校長）となった人物であり、[35]前記の『現代中国関係中国語文献総合目録』には三〇年重印の『道学淵源録』が著録されている。同姓でしかも同郷の黄嗣艾と黄嗣東は、おそらく極めて近い一族であり、嗣艾は一九〇四年から翌年にかけて嗣東を介して端方の知遇を得たと思われる。

黄が渡日したのは光緒三十一年三月末（新暦一九〇五年四月末から五月初め）である。その際端は駐日公使楊枢を通して、子爵長岡護美に調査への協力を依頼している（(32)の冒頭）。

長岡護美（一八四二―一九〇六）は幕末から明治期の政治・外交家であり、日中の文化交流の窓口である東亜同文会の副会長だった。長岡は日清戦争以降中国への蔑視が強まっていくなかで両国の親善に努め、中国人からも「長岡子爵は同文同種を主義とし、我が国から調査に訪れた人員全てに心を尽して指導をした」[36]と信頼を受けていた[37]。

彼は黄の調査に対しても、実に協力を惜しまなかった。『調査叢記』に名前が出てくる図書館の開館日を見ると、大橋図書館は一九〇二年六月、大阪図書館は〇四年四月、足利学校遺蹟図書館は〇三年五月[38]と、当時の日本での最新の図書館が選ばれていることがわかる。さらにこの他の帝国図書館、早稲田大学図書館をあわせれば、日本の各種各形態の図書館が網羅されていて、長岡の周到な配慮が感じられる。これは長岡の「同文同種主義」によるものであるとともに、彼が一八七九年、共存同衆の講堂と文庫の増築を発議した一人であり、図書館についてある程度の理解をもっていたことによるものだろう[39]。

黄の日本滞在は四月末あるいは五月初めから約二カ月間であったようだ。六月三十日の山川健次郎との面談の際、山川から「図書館運営法についての考察はもう終ったか？」と問われ、黄は「東京府下の官立私立及び各学校付属の図書館は皆見終えた」と答えている（(31)）。黄は山川と会って間もなく、つまり七月初旬には帰国したと思われる。『調査叢記』の奥付には、光緒三十一年八月二十七日（新暦一九〇五年九月二十九日）印刷、九月五日（新暦十月三日）発行とあり[40]、「龐鴻書奏文」によれば湖南図書館の開館は九月三日（新暦十月一日）であることから、帰国後直ちに十カ条からなる上申書の提出と、持ち帰った資料の翻訳にとりかかったとみられる。

なお加納正巳の研究では、中国で最も古い図書館学関係図書を、戸野周郎『学校及び教師と図書館』（宝文館、一九〇九年）を謝蔭昌が訳した一九一〇年刊の『図書館教育』であるとしている。[41]『調査叢記』はこの『図書館教育』より五年早い刊記をもつのであり、現在確認しうる範囲では中国最初の図書館学関係図書ということになる。

黄の調査の重点

黄の調査の重点が帝国図書館と大橋図書館であることは、『調査叢記』に載せられた資料の大半が両館のものであることから明らかである。彼は「上野の帝国図書館に四、五回、大橋には十余回訪れ」ている（㉜―v）。特に大橋図書館については、⑳から㉗のような実際の業務に即座に応用できるような資料を収集していて、同館に最も力を入れた調査をおこなったことがわかる。

黄は㉛の山川との対談のなかで、山川に「どこの図書館が貴国の現状に照らして法るべきか？」と問われ、「大橋はどうでしょう」と答えている。そして山川もそれに対して、「まことに法るべきである」と賛意を示した。また㉜の上申書でも、大橋図書館の例を多く挙げ、iiiの経費の調達方法、viiの図書出納システム、viiiの閲覧券制について「師とすべき」と報告している。つまり黄は日本の図書館のなかから、湖南省の図書館のモデルとして大橋図書館を選んだのである。

黄が大橋図書館を選択した重要な理由は、その規模が湖南省にとって適当であると判断したことだろう。㉚の長松《ママ》との会談の最後で黄の「我が国で図書館を創設するにあたって何を考えなくてはならないか？」という質問に、長松《ママ》は次のように答えている。

> 規模は必ずしも宏大でなくてもよい。宏大であれば費用も太だかかる。漸次拡張していくのが最もよい。まして風気が開けはじめたばかりだから、閲覧者数も比較的少ないだろう。宏大であることは意味がない。（略）帝国図書館のような状態は一朝一夕になるものではない。

長松《ママ》の意見を待つまでもなく、費用の面で大規模な図書館を建設することは無理があった。清朝末期、国・地方ともに財政が極端に窮乏していた。「新政」による教育事業などの財源は新税加徴によって捻出され、それが民衆の生活を圧迫し暴動さえ勃発していた。「龐鴻書奏文」にあるように、一九〇四年に開設された「図書館兼教育博物館」も、新税の徴収機関である釐金局から資金が出されていて、これ以上の図書館への出費は大衆の負担増と、他の事業の財源不足を意味することから極力避けたかったと思われる。黄の日本への派遣にあたって、どうすれば図書館に対する公費負担を軽減することができるかという点が、大きな課題になっていたにちがいない。

黄が大橋図書館を選んだのは、先に挙げた規模の問題と並んで、図書館の運営費の捻出方法に注目したからと思われる。資料⑭によれば、大橋図書館の運営資金は、大橋佐平が遺した基金からの利子と寄付による収入（総収入の六五パーセント）と、閲覧料による収入（同三五パーセント）で完全に充足されている。黄は㉜―iiiで同館の維持費がこの基金から賄われている経営形態を紹介して、これにならうべきことを提言している。つまり黄は、基金を用立てたうえで図書館という施設さえ作れば、その後の経費は基金からの利子や閲覧料によって満たされ、省の予算から新たに支出する必要はなくなると考えたのである。

だが黄のこの提案は、「龐鴻書奏文」や図書館暫定章程（湖南図書館の館則。以下、暫定章程と略記）を見るかぎりでは、実現されなかったようである。これは大橋図書館が私立であって、その経営形態をそのまま応用できなかったか、あるいは地方自治体出資の財団法人というものに対して、この時期まだ考えが及ばなかったからだと思われる。

大橋図書館の影響

それでは実際どの程度、黄の建議が湖南図書館に活用されているのか、すなわち湖南図書館の暫定章程に黄の

『調査叢記』がどの程度取り入れられているかを、検討してみたい。

暫定章程は九章四十四条から成っている。

第一章は「名称」であり、第一条として館名を「湖南図書館」と定めている。

第二章は「設置」であり、第二条として長沙定王台に設置することをうたっている。

第三章は「宗旨」であり、第三、四条に分けて湖南図書館の公共図書館としての立場を規定している。

本館は国粋を保存し、文明を輸入し、知識を開き、蔵書の多くない者や異郷にあってまだ書籍を有していない者の博覧に供し、学校の教員や学生の考証に役立つことを主義とする。（第三条）

本館所有の各種図書・雑誌は、学問に志す者であればだれでも規則に照らして入館して閲覧することができる。（第四条）

この「宗旨」は黄の上申書である㉜―iの「宗旨」とは内容的に一致していないが、xの「付属品」にいう「図書館の宗旨はただ国粋を保存し、民智を開拡することに意を注ぐのみ」と対応している。

第四章は「職員」で、第五条から十二条まで。ここに見られる職制は、大橋図書館の職制と全く符合しないばかりか、「龐鴻書奏文」に出てくる職称とも一部しか合致しない。またそれぞれの任務や人数も判然としていない。ただ館長に相当するのが監督で、その下で実質的に図書館を管理するのが提調、「龐鴻書奏文」にいう収掌・繕校・分校が司書的な仕事をおこなっていたことは明らかである。また第九条の「書記は毎月の末に閲覧人月表を作り、毎年の末に閲覧人年表を作り、館門に提示する」は、⑤「大橋図書館職制」第七条の「主事ハ毎月末ニ閲覧人月表及会計一覧表、毎年末ニ閲覧人年表会計年表及年報ヲ作リテ館長ニ提出スベシ」と呼応していることから、㉗「図書閲覧平均比較式」と同様の日誌を作成して閲覧者数の統計などをおこなっていたと推定される。

第五章は捐助章程で、第十三条から十八条まで。ここには図書館に対する寄付・援助行為が規定されている。こうしたことが閲覧規則などに先立って六カ条にわたって細かく定められているところに、湖南図書館が寄付金や図書の寄贈をかなりあてにしていたことがうかがわれる。これは先に述べたように、できるだけ安く図書館を運営していこうとする意向の表れであって、『調査叢記』には図書の寄贈者に対する礼状（㉑、㉔）の書式までが載せられているのである。

図書館への援助・寄付の奨励と謝礼の方法としては、「縦覧券」の贈呈がおこなわれている（第十六・十七条）。これは大橋図書館の特別縦覧券制度（⑪）にならったものであることは、その名称が同一であり、また『調査叢記』には図書縦覧券の様式（㉒）やそれを送付する際に添えた礼状の書式（㉖）までが掲載されている点から見て間違いないと思われる。

第六章は閲覧章程で、第十九条から三十六条までに閲覧の方法が記されている。図書館に入館するには、縦覧券を所持している者以外は買券処で閲覧券を購入しなければならなかった。そして閲覧室に入る前にその券を差し出して領書証をもらい受け、それに閲覧したい図書の名を記入して係員に渡した。入館料は一回三十文、一カ月に十回使える回数券は一枚あたり二十四文、二カ月に二十五回使える回数券は一枚十八文、雑誌閲覧は一回十二文だった（第二十二・二十三・二十四条）。

この閲覧制度は、大橋図書館のそれとほぼ同一である。

求覧券ハ係員ニ渡シテ更ニ閲覧証ヲ受ケ之ニ住所氏名職業及求需ノ書名冊数部門函号番号ヲ記シ貸渡所ニ出シテ書冊ヲ借受クベシ（⑧大橋図書館規則第七条）

黄は㉜—viiでこうした大橋図書館の入館システムを紹介し、「窃かに以為らく我が国の図書館も亦た直ちに以て之に法るべきなり」とその導入を建議する。そして「龐鴻書奏文」によれば、黄の報告を受けておこなわれた増築工事で、買巻繳巻処・領書処が作られていることから、黄の提言に基づいて大橋図書館の制度が湖南図書館に採用されたと思われる。

また大橋図書館では、小学校の成績優秀な児童に対して無料閲覧券を与える奨学閲覧券制度を設けていたが（⑪、⑳）、これに対して湖南図書館では一日五人という制限はあるものの、官立・私立学校の学生だけでなく教員までも無料で閲覧できた（暫定章程第二十五条）。これは大橋図書館に比べてより発展した制度といえるだろう。

第七章は書楼章程で、第三十七条から四十条まで。第三十七条と三十八条によれば、湖南図書館の蔵書は何らかの分類によって配架され、目録が編成されていたことがわかる。だがそれがどのような分類・目録であるかの具体的な記述はなく、「大橋図書館目録体例」（⑯）を使用したのかを含めて不明である。

第八章は「開閉定期」で、第四十一条と四十二条。ここには湖南図書館の開館時間と休館日が定められている。

表2　両館の開館時間

	湖南図書館	大橋図書館
1月	9:00－16:00	9:00－16:00
2月	9:00－16:00	9:00－16:00
3月	8:00－16:00	8:30－16:30
4月	7:20－16:30	8:30－17:00
5月	7:20－17:00	8:00－17:00
6月	7:20－17:00	7:30－17:00
7月	7:30－17:00	7:30－17:00
8月	7:30－17:00	8:00－17:00
9月	8:00－17:00	8:30－17:00
10月	8:00－16:30	8:30－16:30
11月	8:00－16:20	9:00－16:00
12月	8:00－16:00	9:00－16:00

（湖南図書館は暫定章程第4条、大橋図書館は⑧大橋図書館規則第3条による。）

表2で湖南図書館と大橋図書館の開館時間を表示して比べてみると、両館の開館時間はよく似ているが、大橋図書館で実施された夜間開館（⑨）は、湖南図書館ではおこなわれていなかったようだ。

第四章《ママ》「補遺」は、四十三条と最後の四十四条。『学部官報』で「第四章」とするのは、「第九章」の誤植である。暫定章程は黄の調査をふまえて一九〇五年十月の湖南図書館開館以前に策定されたと推定されるが、この二カ条の「補遺」はその内容から見て、その後に追加されたもののようだ（詳細は次節、および注（42）を参照）。

以上のように暫定章程から見た湖南図書館は、大橋図書館と多くの共通点をもっている。これは黄の提言に基づき、

『調査叢記』を参考に湖南図書館が作られたことを意味する。ただ同館の職制や分類・目録など暫定章程からは不明確な部分も多く、今後の新資料の発掘と検討が待たれるところである。

龐鴻書の巡撫就任

黄の帰国と前後して、湖南省首脳の異動がおこなわれた。七月、巡撫端方は京に召され、十月、欧米への憲政考察を命じられる。端方の後任として張曾敭が巡撫代理となったが、彼は任地に赴かず、同時に布政使（地方民政財務長官）となった龐鴻書が、事実上湖南を治めた。龐は一九〇三年に按察使（司法長官）に就任以来、歴代巡撫の下で一貫して湖南省政に関与してきた。彼は十月、張に代わって巡撫代理となり、〇六年一月に正式の巡撫に昇任した。

図書館という前例がない施設を作るにあたって、龐のような長く省政に携わってきた実務官僚が責任者であったことは幸運といえる。もし端方の後任に中央や他の地方から保守的な高級官僚が転じてきたとしたら、黄の上申は日の目を見ず、湖南図書館も誕生しなかったかもしれない。

龐は黄の報告を受けて、新しい図書館の開設に踏み切る。「龐鴻書奏文」に次のようにいう。

私は端方のあとをうけて、定王台の現在の建物は狭いので、民家を購入するのでなく別に建物を造らなければ規模が足りないということを、学務処と繰り返し相談した。開設費五千両を計上し、職人を集め材料を準備し、早めに作らせ、ここに蔵書楼一カ所が完成した。これは三層からなり、縦横の面積四十丈（一丈は約三メートル）、閲覧室は四カ所で縦横二十四丈、外にはさらに買巻繳巻処・領書処などがあり、すべてできあがった。購入した日本の図書も到着し、目録も編成した。規則を定め、監督・分校・繕校・収掌・提調を任じ、その給料は善後局から支出する。木製の「湖南図書館之印」という公印を作り、信用を高めた。部署も定まり、九月三日開館した。

こうして光緒三十一年九月三日（新暦一九〇五年十月一日）、中国初の公立公共図書館である湖南図書館が開館したのである。[42]このことは同館の設立に貢献した黄嗣艾・端方・龐鴻書らの名とともに、中国近代図書館史上に特筆されるべきである。そして同館の開設に、長岡護美らの日本人の協力と、日本の図書館、特に大橋図書館が重要な役割を果たしたこともあわせて記録されなければならない。

4　湖南図書館の問題点

閲覧料の徴収

中国初の公立公共図書館として生まれた湖南図書館だが、半面、いくつかの欠点をもっていた。それは晩清の中国という時代的・社会的背景によってもたらされた「特質」であるとともに、湖南図書館の範となった日本の図書館がかかえていた欠陥でもある。

まず同館が有料公開制を採用したことである。これは入館から閲覧までのシステムが大橋図書館とほぼ同一であることが端的に示すように、日本が及ぼした影響が相当強いといえる。

『調査叢記』の冒頭には、③「図書館令」が掲げられているが、その第七条で公立図書館の閲覧料徴収が明確に認められていて、黄の調査の中心となった帝国図書館や大橋図書館をはじめとして、多くの日本の図書館が有料閲覧制を実施していた。さらに山川健次郎は黄に対して、学校付属の図書館について、「購券閲覧は蓋し亦た教育普及の意なり」と閲覧料の徴収に積極的な発言をしている（㉛）。また大橋図書館の総収入の三五パーセントが閲覧料収入によっていて（⑭）、有料公開が、図書館経営上からも必要不可欠のものと理解されたと思われる。

こうした日本の図書館事情を見聞した黄が、有料公開制を当然含めたかたちで、大橋図書館の入館システムの導入を「直ちに以て之に法るべきなり」と報告し（㉜—viii）、湖南図書館がそれに従ったのも、やむをえないことだったといえるだろう。

それにしても一回三十文という閲覧料は（暫定章程第二十二条）、庶民にとってはあまりに高額だった。

この時期の物価は、米一升（日本の約四合）二十文前後、労働者の一日の生活維持費は二百文程度だった[43]。これを今日の物価水準に換算すると一文は十五円くらい、三十文の閲覧料はおおよそ四百五十円となる。

ところが日雇い労働者の日当は四十文から六十文にすぎず[44]、その日の糧にも困る生活を送っていた。つまりある程度生活の余裕がある階層の人々でないかぎり図書館は利用できなかったのであり、社会の最下層で飢えと貧困に苦しむ人々にとっては全く無縁の存在だった。

女性の利用制限

『調査叢記』は、日本の図書館事情をその館則類の翻訳によって紹介している。その訳文は一部誤訳や誤脱があるものの、ほぼ原文を忠実に伝えている。しかし一点だけ、意識的な改変をおこなったのではないかと疑われる個所がある。それは女性の図書館利用についての部分である。

⑧大橋図書館規則の第五条では、各種閲覧室の設置について規定している。そのなかで女子閲覧室を設けることを、「（略）但図書閲覧室ニハ婦女室ヲ設ク」と記している。ところが『調査叢記』ではこの部分を「但図書閲覧室内には則ち婦入室を設けて以て嫌疑を避く」（傍点は筆者）としている。また㉓「大橋図書館平面図」と、『一年報』所収のそれを比べると、『調査叢記』の図から「紀念室」とともに「婦人室」の室名が消えていることがわかる。

これらが故意によるものという確証はないが、湖南図書館ではより退行したかたちで現れている。

現在風気が開けはじめたばかりなので、女子閲覧室を設立することはできない。もし女子学生で本を見たい

　という者があれば、所属する学校の証明書によって館外への貸出をゆるす。一回に貸出できる本は中国書十冊、洋装本三冊、貸出期限は三日、領り金の金額は第三十三条によって処理する。[45]（暫定章程第三十五条）

　これは湖南図書館が、事実上女性利用者を締め出していたことを物語る。「図書館は士民の知識を増長するもの」（「龐鴻書奏文」）としながら、「士民」のなかに女性を認めないのである。

　こうした「風気」は中国の伝統的・因襲的女性観によるものにほかならない。黄もやはり従来の前提をもっていて、それが「嫌疑を避く」という表現になって現れたのではないだろうか。

　もっとも黄は女子閲覧室の存在そのものを抹消してはいない。(32)―ivで彼は図書館に必要な部屋として「男女閲覧室」を挙げている。つまり女子閲覧室の設置見送りの判断を下したのは、湖南省の教育関係者ということになる。

　もともと湖南省が保守性が色濃い地方であるということは先に述べたとおりであり、当然女性に対する意識も低かった。一九〇三年六月、竜紱端らは湖南省初の女子学校である湖南民立第一女学を開学した。だが保守派官僚の反発にあい、翌年秋には閉校に追い込まれている。[46]こうした「風気」が、女子閲覧室設置の検討をするときに影響を与えて、女子利用に制限を加える結果になったのだろう。

　だが男女別の閲覧室を設けること自体は、大橋図書館の制度を踏襲したものである。さらに日本の文部省当局も、日本に教育視察に訪れた呉汝綸に「閲覧室は宜しく男女に分つべし[47]」といい、男女別の閲覧室を是認している。つまり図書館利用者としての男女の区別は、有料公開制とともに日本から渡った制度ともいえるのである。

　本章で挙げた二つの問題点をもって、湖南図書館の近代性を否定することはできない。むしろ当時の日本の図書館がこうした欠陥をもち、それが中国に悪影響を与えたという観点から、日本図書館史上に問い直す必要があるのではないだろうか。

5　その後の湖南図書館

一九一二年開館説について

湖南図書館の前史が一九〇四年に始まり、翌年省立の公共図書館として整備されたことは、これまでに述べてきたことで明らかである。だが一方で、同館の創立を一二年とする説が存在する。

その説を代表するものとしては、荘文亜の『全国文化機関一覧』（世界書局、一九三四年、四一九―四二〇ページ）、教育部編『第一次中国教育年鑑』丙編（開明書店、一九三四年、八一八ページ）、および荘書を引く廬震京の『図書学大辞典』（商務印書館、一九四〇年、三八八ページ）が挙げられる。特に『第一次中国教育年鑑』は時の政府の日本でいえば文部省にあたる教育部が編集したものであり、その記事を看過することはできない。

当館は原名を「湖南図書館」といい、民国元年（一九一二年）に創立された。長沙の東方定王台に設立されたが、遠くて閲覧者に不便だったので、省の教育会の後方右側の地に改築することになった。民国十一年（一九二二年）から工事が始まり、十二年（一九二三年）に落成した。（略）十六年（一九二七年）に至って、いまの名（湖南省立中山図書館）に変更した。

この一九一二年創立の湖南図書館が、〇五年開館の湖南図書館と同名であり、しかも同じ長沙定王台にあったということは、両者が全く別個の存在ではないことを意味するだろう。それは逆にいえば、湖南図書館が一九一二年以前に、一時的だがその機能を停止していた時期があることを示唆するものだろう。

しかしながら、そうした事実を裏付ける資料は、いまのところ見いだせていない。ただ筆者は、晩清中国での

「毀学《きがく》」風潮と、一九一〇年「長沙搶米」から翌年の辛亥革命に至る間の社会的混乱が、この「空白」を解く鍵だと考える。

「毀学」と「長沙搶米」

「毀学」とは、清末に頻発した農民大衆による暴動の一形態である学校打ち壊しのことである。一九〇四年、奏定学堂章程（中国初の近代学制）が制定され、各地に新式の学校が次々に設置されていった。だがそれにともなって毀学が全国的に多発する。〇四年から一一年の辛亥革命に至る八年間に、中国二十四省中十六省で百二十件の毀学事件が発生している。[48] このことは阿部洋がいうように「清朝による教育近代化政策、およびその具体的所産たる近代学校に対する農民の決定的不信」[49]が根本的な発生理由だろう。そして新しい学校の設立・運営資金を捻出するために、当該地民衆から新税を加徴したことに対する反発が、直接的かつ最大の発生契機といえるだろう。[50]

新教育によってまず恩沢をこうむるべき人々が、逆にその実施によって生活を圧迫され、ついには毀学に走るというのは皮肉といえば皮肉である。舒新城がいうように、為政者の「改革の精神」そのものは誤っていない。ただそれまでの伝統的な教育体系や社会状況を全く置き去りにして、欧米・日本の教育制度と教育方法を模倣したところに無理があった。[51]

「長沙搶米」とは、一九〇八年以来の凶作による飢饉と米価の騰貴に苦しむ人々が、一〇年四月、省都長沙を中心として米の値下げを求めて起こした民衆運動である。この長沙搶米は、中国近代史上では単なる飢餓暴動とは捉えられていない。凶作に乗じて米の買い占めや投機に走った一部の郷紳・官僚・日本などの外国資本商社への直接行動であり、また「新政」によって自らの延命を図る清朝や中国の植民地化を目指す帝国主義列強に対する民衆蜂起であって、翌年の辛亥革命へと展開する歴史的民衆運動だとされる。[52]

人々は米屋・米倉の破壊・掠奪にとどまらず、巡撫衙門（省政府庁舎）・官僚の家屋・銀行・外国公館・教会・

日本を含む外国人経営の会社などを襲い、いくつかの学校も焼かれたり壊されたりした[53]。

長沙搶米のなかで学校が襲撃を受けた理由を、一九一〇年六月一日付の現地日本領事館作成の外務大臣宛報告書「長沙暴動ニ関連シ清国官紳ノ態度報告ノ件（其二）」では次のように伝えている。

近年教育ノ為メ莫大ノ経費ヲ要シ、為メニ地方ノ負担ヲ増シ、米価騰貴スルニ拘ハラス細民ノ子弟ハ学校教育ノ恩沢ニ与カラストノ意味ニアルモノ、如シ[54]。

これは前述の清末の毀学発生原因と同じであり、湖南の民衆が学校に対して「決定的不信」を抱いていたことを示すものである。米騒動のなかで鬱積していた新教育への不満が、毀学というかたちで噴出したのである。

筆者はこの長沙搶米によって、湖南図書館が何らかの被害を受けたのではないかと推測する。ただし暴動を伝えるいくつかの記事のなかで、同館の被害に言及するものはない。だが同館の成立過程と同館の欠陥を考えると、襲撃の対象となった学堂と変わらない問題点をかかえた、換言すれば民衆が悪感情をもっていた施設だったと思われる。

まず湖南図書館の開設・運営費の出所である。「龐鴻書奏文」にあるように、一九〇四年の「湖南図書館兼教育博物館」開設に際して銀一万両が善後局・釐金局から、また年間千二百両の経費が善後局から支出された。さらに一九〇五年の湖南図書館開館にあたって五千両が出費され、図書館の職員の給料も善後局から出された。善後局・釐金局の資金は清末に新設された付加税によって調達されていた。つまり図書館は、学堂など「新政」によって起こされた事業と同じ財源によって設立・運営されたのであり、図書館の設置は民衆にとっては新たな税負担の増加となったのである。

しかも前記のように、湖南図書館は決して大衆に開かれた図書館ではなかった。有料公開制や女子利用の制限は、本来図書館の恩恵にあずかるべき人々を事実上締め出してしまった。

表3　湖南中路師範学堂の転変

年　月	事　項
1910年4月	長沙搶米が発生し、「房舎図書皆灰燼となる」被害を受け授業停止。校長交替。
6月	惜陽街に事務所を設ける。湖南省中路師範学堂と改称。
8月	戥子橋街の清試館を借りて授業再開。焼失した校舎の再建開始。
1911年1月	校長交替。
10月	辛亥革命勃発し、授業停止。
1912年2月	湖南公立第一師範学校と改称し、授業再開。校長交替。
5月	新校舎落成。

（出典：本書編写組編『湖南第一師範校史1903―1949』〔上海教育出版社、1983年〕6、10、248ページから作成）

その日の生活にも困っていた飢民に、金を払って図書館に通うだけの余裕がなかったことは自明の理である。ところがその図書館が自分たちへの税金の加徴によって作られていた。この矛盾を知ったとき、民衆の間に図書館に対する「決定的不信」が生じたとしても何の不思議もない。その民衆が飢えと貧しさに怒り蜂起したとすれば、図書館が攻撃の一大目標となる可能性は否定できない。

この暴動そのものは発生から一週間足らずで鎮圧された。しかし時の巡撫岑春蓂の更迭を含む関係者の処分など、事件の余波で省政は混迷が続いた。加えて翌年には辛亥革命が起こり、その混乱は長期化した。たとえ「搶米」による直接的な損害がなかったにしろ、この時期の不安定な社会情勢は、一時的ではあるかもしれないが、湖南図書館を閉鎖状態に追い込むに足りる条件があったと思われる。こうした混乱が、教育の分野にも波及していたことを示す例として、表3に湖南中路師範学堂の一九一〇年前後の転変をまとめた。

おわりに

一九一二年、湖南省立第一中学校を退学した当時十九歳の毛沢東は、それからの半年間を湖南図書館に通いつめ、自学自習の時期を送る。彼は開館と同時に入館し、途中二個の餅を買って食べる昼食時間しか休まず、閉館まで丸一日図書館で読書をした。毛は同館で初めて世界地図を見、世界地理や世界史を学び、アダム・スミス、ダーウィン、ジョン・スチュアート・ミルなどの著書を読んだ。[55] 毛の革命家としての出発までにはもうしばらくの時間を要するが、[56] 彼の世界観の基礎は湖南図書館の蔵書によって形成されたといえる。

中国での近代図書館事業の発端となった湖南図書館が、新しい中国を創り上げた毛沢東を育んだ図書館であった史実は、実に興味深い。もちろん毛が通った図書館は辛亥革命ののちに再開された「中華民国の湖南図書館」であって、本章で論じた「大清帝国の湖南図書館」とは、当然その性格を異にしていただろう。

民国期の同館の姿は、別の機会に詳論しなければならない。ただ清末・民国期いずれにも共通していえるのは、時代的・社会的環境の厳しさであり、そのなかで湖南図書館の歴史も波乱に満ちていたことである。

湖南図書館のモデルになった大橋図書館も、日本の公共図書館の発達を促した存在として高く評価されながら、[57] 自身は長い戦争の後閉鎖されてしまった。激動の時代を先駆けた日中の二つの図書館は、ともに苦難の道を歩まざるをえなかったのである。

注

(1) 中国では一九一一年まで陰陽暦が使われていた。本章では原則として西洋紀元・新暦に換算して表記した。ただし特に元号・旧暦を使用した場合は、( ) に新暦を示した。
(2) 前掲「湖南図書館と滋賀県立図書館の国際交流」八二ページ
(3) 日本でいえば『文部省官報』に相当するだろう。前者はその第九期(一九〇六年十二月十六日)、後者は第十一期(一九〇七年一月五日)・十二期(同月十四日)に掲載されている。李希泌/張椒華編『中国古代蔵書与近代図書館史料(春秋至五四前後)』(中華書局、一九八二年、一五一―一五八ページ)に該当部分が転載されているが、脱誤が目立つ。また最近台湾から影印本が出版された。

（4）日中文化交流史研究で名高い実藤恵秀（一八九六―一九八五）の旧蔵図書で、戦時特別買い上げの一つ。本書はそのなかの中国人の日本旅行記のコレクション「東游日記」に収められている。
（5）前掲「清末的図書館事業」六ページなど
（6）厳文郁『中国図書館発展史――自清末至抗戦勝利』中国図書館学会、一九八三年、二二ページ
（7）この問題については前章を参照。
（8）張建国「蓬勃発展的湖南図書館」「図書館学通訊」一九八四年第四期、文物出版社、一九八四年、一二ページ
（9）小野川秀美『清末政治思想研究』みすず書房、一九八四年、一八一ページ。以下、本章では同書第五章「戊戌変法と湖南省」によるところが多い。
（10）梁の伝記と「時務報」については、前章を参照されたい。
（11）前掲『清末政治思想研究』一九四ページ
（12）前掲「湘省時務学堂章程」
（13）中村義「洋務・変法と民変――一八九八年の両湖地区をめぐって」（野沢豊／田中正俊編集『講座中国近現代史』第二巻所収、東京大学出版会、一九七八年、一四七―一七五ページ）を参照。
（14）中村義『辛亥革命史研究』未来社、一九七九年、一七―四一ページ
（15）湖南省志編纂委員会編『湖南省志』第一巻「湖南近百年大事紀述」第二次修訂本、湖南人民出版社、一九七九年、一九三―一九五ページ
（16）同書二三九ページ
（17）ただし陸は署理、つまり巡撫代行だった。
（18）前掲『光緒朝東華録』第五冊、五二五七ページ
（19）前掲「湖南図書館と滋賀県立図書館の国際交流」八二ページ
（20）前掲「蓬勃発展的湖南図書館」一二ページ
（21）官公庁を営造するため清末に設けられた役所。

(22)清末に新設された流通税の徴収機関。
(23)「列伝」二五六、趙爾巽等撰『清史稿』巻四百六十九、中華書局、一九七七年、一二七八六ページ
(24)蘇雲峯『張之洞与湖北教育改革』中央研究院近代史研究所、一九八三年、二〇七ページ
(25)同書二〇六—二〇七ページ
(26)前掲『光緒朝東華録』五一六五ページ
(27)湖北省の図書館については、端方がいうものと張之洞がいう「学堂応用図書館」(前掲「札学務処立学堂応用図書館」)との関係を含めて未調査である。
(28)水野梅暁「湖南通信」「東亜同文会報告」第六十二回、東亜同文会、一九〇五年、二七ページ
(29)「東亜同文会報告」第六十三回、東亜同文会、一九〇五年、三〇ページ
(30)「東亜同文会報告」第六十四回、東亜同文会、一九〇五年、五〇ページ
(31)各項の①~㉜—xの番号は筆者が便宜的に付したものである。また、帝国図書館関係の記事は一九〇一年二月刊の『帝国図書館一覧』(帝国図書館。以下、『一覧』と略記)と、大橋図書館関係の記事は〇五年二月刊の大橋図書館編『大橋図書館年報』二年報(大橋図書館。以下、『二年報』と略記)と、『二年報』に見当たらないものは〇三年一月刊の『大橋図書館年報』一年報(以下、『一年報』と略記)と、それぞれ校合した。
(32)石井知子「三つの「図書館管理法」とその背景」(「図書館学会年報」第三巻第二号、日本図書館学会、一九五六年)、武居権内『日本図書館学史序説』(早川図書、一九七六年)などを参照。
(33)この本の序文によれば、彼は明末清初の学者黄宗羲(一六一〇—九五)の血を引く者である。
(34)端方撰『端忠敏公奏稿』巻三
(35)前掲『張之洞与湖北教育改革』二四六ページ
(36)沈厳『江戸游記』一九〇六年
(37)特に長岡と端、長岡と湖南省のつながりは深いものがあったようである。端は一九〇五年十二月「五大臣外遊」の途次日本に立ち寄ったが、長岡は自ら横浜に赴き端を出迎えている(「東亜同文会報告」第七十四回、東亜同文会、

一九〇六年）。また〇六年に長岡が死去すると、湖南省長沙で彼の追弔会がおこなわれ、巡撫龐鴻書も祭文と花環を供えている（「東亜同文会報告」第七十九回、東亜同文会、一九〇六年）。

(38) 各館の開館日は石井敦『日本近代公共図書館史の研究』（日本図書館協会、一九七二年）巻末の年表による。

(39) 竹林熊彦『近世日本文庫史』大雅堂、一九四三年、二〇七ページ

(40) なお奥付では印刷者を湖南学務処、発行所を湖南各書房と記している。

(41) 「中国図書館学史序説」「静岡女子大学研究紀要」第三号、静岡女子大学、一九七〇年、二二ページ

(42) 同館の開館年月日を光緒三十二年九月三日（新暦一九〇六年十月二十日）とみることもできる。これは「龐鴻書奏文」が掲載されている『学部官報』が一九〇六年十二月の発行であること、暫定章程の第四十四条に〇六年五月創設の「学部」の文言があることなどによる。だが筆者は巡撫龐が〇六年九月には貴州に転出してしまうこと、暫定章程の第四十四条はその最末条であり「補遺」として後から付け加えられたものと考えられることなどによって、〇五年開館説をとった。

(43) 清水稔「長沙米騒動と民衆——辛亥革命前の湖南における民衆運動の一典型として」「名古屋大学東洋史研究報告」第一号、名古屋大学東洋史研究会、一九七二年、四二ページ。ちなみに一九〇五年の日本の米価は一升十七銭、大工の日当は八十五銭だった（岩崎爾郎『物価の世相100年』読売新聞社、一九八二年、二八〇—二九〇ページ）。したがって一回三銭という大橋図書館の入館料は、今日の約百円に相当するだろう。

(44) 前掲「長沙米騒動と民衆」四二ページ

(45) 湖南図書館では館外貸出を認めていないが、学校の教員に対して特別に館外貸出を許可している。貸出期間は十日、貸出冊数は特に定めていない。貸出に際しては図書の価に応じた金を預けることになっている（暫定章程第三十三条）。

(46) 前掲『湖南省志』第一巻、二一四—二一六ページ

(47) 「文部所講」、前掲『東游叢録』六三ページ。なお呉の教育視察と図書館との関連については、前章を参照。

(48) 阿部洋「清末の毀学暴動」、多賀秋五郎編著『近代アジア教育史研究』下所収、岩崎学術出版社、一九七五年、七

〇—七八ページ

(49)阿部洋「「東方雑誌」にみられる清末教育史資料について(下)」、歴史科学協議会編「歴史評論」第百三十八号、一九六二年、校倉書房、三〇ページ

(50)前掲「清末の毀学暴動」、前掲「「東方雑誌」にみられる清末教育史資料について(下)」などを参照。

(51)舒新城『中国教育近代化論』阿部洋訳(「世界教育学選集」72)、明治図書、一九七二年、四四—四五ページ

(52)前掲「長沙米騒動と民衆」、前掲『辛亥革命史研究』一五五—二一三ページ、および菅野正「一九一〇年長沙米騒動について」(「東海大学紀要文学部」第二十八輯、東海大学文学部、一九七七年)を参照。

(53)前注(52)の各書、および前掲『湖南省志』第一巻、二八二—二九六ページ、楊世驥『辛亥革命前後湖南史事』(湖南人民出版社、一九八二年)、一五〇—一八〇ページを参照。

(54)横山英「一九一〇年長沙暴動関係史料紹介」「広島大学文学部紀要」第四十一号、広島大学文学部、一九八一年、一四〇ページ

(55)エドガー・スノー『中国の赤い星 増補決定版』松岡洋子訳、筑摩書房、一九七五年、九六—九七ページ

(56)毛が濃厚にマルクス主義に接したのは、一九一九年、彼が北京大学図書館助理員だったとき、同館館長だった李大釗が組織したマルクス主義研究会に参加したことによる。

(57)坪谷善四郎『大橋図書館四十年史』(博文館、一九四二年、五四—五五ページ)など参照。

第3章　対支文化事業による図書館事業——日中関係修復への模索

1　「対支文化事業」と図書館

「対支文化事業」の発端

日清・日露の戦役に勝利し、中国から多大の権益を獲得した日本は、常々その利権の拡大を画策していた。一九一四年七月に始まった第一次世界大戦は、ヨーロッパ各国の中国に対する関心をそぐかたちとなり、日本はその間に中国の独占的支配を図ろうとした。一五年一月の「二十一カ条要求」の提出がそれである。これに対して中国の人々は、日本製品ボイコットなどの民族的抵抗運動を起こす。以後一九年の五・四運動を頂点に[1]、反日・抗日運動が高揚し、さらに幅広い反帝国主義・反封建の民族解放運動へと展開するのである。

一方、他の列強に比して中国進出で遅れをとっていたアメリカは、二十世紀に入り文化・教育面からの対中接近を目指す。中国各地に多くのミッションスクールを建設し、また一九〇八年には義和団賠償金[2]の支払いを免除し、その免除金を基金として中国人のアメリカ留学が促進された。その結果中国人に親米感情が生じ、一〇年代以降それまでの日本留学に代わってアメリカ留学が急増する[3]。

図書館の分野でも同様の現象が見られる。中国初の公立公共図書館である湖南図書館が、日本の大橋図書館をモデルとしていることが端的に示すように、[4] 中国での近代図書館事業の形成期に及ぼした日本の影響は多大なものがある。ところが一九二〇年三月の文華大学図書科（のち文華図書館学専科学校）開設のころから、中国図書館界のアメリカ図書館学への接近が目立つようになる。加納正巳はこうした流れを中国で刊行された図書館学関係図書から分析し、二三年の戴志騫「図書館学学術講稿」が、アメリカ図書館学への傾斜の転機をなしたと論じている。[5]

日本で義和団賠償金を対華文化事業に充てることが初めて検討されたのは、一九一八年九月の臨時外交調査会においてであったという。[6] これは前述の二十一カ条要求以降急激に盛り上がりを見せた中国国民の反日気運と、アメリカの文化教育面からの中国接近に対処するためのものであり、「むしろ教育・文化的アプローチによって両国民相互間の了解あるいは感情融和を着実に図って行く方が、今後の日本の中国進出にとって得策であるとする外交政策的配慮」[7] に基づくものだった。

外務省レベルでこうした構想が進展するのと並行するかたちで、帝国議会でも中国人留学生教育を中心にこの問題が取り上げられ、[8] 一九二三年三月第四十六議会で「対支文化事業特別会計法案」（以下、特別法と略記）を議決、翌二三年度から「対支文化事業」が実施されることになった。

特別法は全十条と付則からなり、その第五条で同法によっておこなわれる事業を次のように規定している。

一　支那国ニ於テ行フヘキ教育、学芸、衛生、救恤其ノ他文化ノ助長ニ関スル事業
二　帝国ニ在留スル支那国人民ニ対シテ行フヘキ前号ニ掲クル事業ト同種ノ事業
三　帝国ニ於テ行フヘキ支那国ニ関スル学術研究ノ事業[9]

そして特別法の説明資料には、前記第五条について

第一号ニ掲クル事業ハ支那人ノ為ニスルモノ及日本人ノ為ニスルモノヲ併セ含ム趣旨ニシテ教育トハ学校教育及視察修学旅行等ヲ意味シ学芸トハ広ク学術、技芸ヲ意味シ例ヘハ図書館、研究所、試験所、講演等其ノ主ナルモノナルヘク衛生トハ病院、施療等ヲ意味シ救恤トハ窮民ノ救済及賑恤ヲ意味ス[10]

と記され、図書館が同事業の候補の一つに挙げられている。

同年五月、事業の実施機関として外務省亜細亜局内に「対支文化事務局」が設置され、事業が着手される。しかし、「「対支」という言葉に端的に示されているとおり、この文化事業は、どこまでも日本・日本政府による「単独」の事業であり、ここでは中国・中国人は、単に同文化事業の「対象」としか考えられていなかった[11]」のであり、この事業に対する中国側の反発は必至のものだったといえるだろう。

中国側の反応

一九二三年三月末、特別法が帝国議会で可決されるのと時を同じくして、江西教育庁長・参議院議員朱念祖らが日本に派遣された。朱らの訪日の名目は教育視察だったが、真意は対支文化事業に対する中国側の希望を伝えることにあった。

朱によって伝えられた中国側の意見は、以下の三点に要約される。

一、事業の選定やその運営にあたる機関は日中同数の委員によって構成されるべきである。

二、この資金は普遍的永久的な事業、例えば図書館・博物館などに使われるべきである。

三、病院・学校の建設、救恤金にあてることには反対する。[12]

加えて図書館については、「支那古学ノ保存ヲ謀[13]」るものを求めていた。

これに対して外務省も七月中旬に係員を中国に派遣し、中国側の考えを聴取するなどしたが、中国側の問題とするところは先の朱の意見と共通するものだった。すなわち日本単独の「対支」文化事業ではなく、日中共同の「東方」文化事業であること、医療・教育などの事業ではなく、図書館・博物館といった永久的普遍的な事業をおこなうべきであるとの主張だった。(14)

対支文化事業への中国側の厳しい態度は、事業実施に際しては中国側の意向をある程度考慮せざるをえないとの認識を日本側にもたらした。同年十二月から翌一九二四年二月にかけて、事業の進め方について日中の代表による非公式協議がおこなわれ、その結果、二月六日に全九項からなる協定が結ばれた。この協定は中国側代表汪栄宝駐日公使、日本側代表出淵勝次外務省対支文化事務局長の名をとって「汪―出淵協定」と呼ばれる。

この「汪―出淵協定」の第一項には「日本側ニ於テ対支文化事業ヲ遂行スルニ当リ支那側有識階級ノ代表的意見ヲ十分尊重スルコト(15)」と規定され、事業への中国側参加がうたわれるなど、全体に中国側の意とするところが取り入れられたものになっていた。つまり「汪―出淵協定」によって「対支文化事業」は「東方文化事業」へ、換言すれば「日本の「単独」事業から日中両国の「共同」事業へと発展(16)」したといえるのである。

また事業内容について、一九二三年十二月二十九日の第一回協議会の冒頭、汪は「図書館ヲ北京ニ設立スルタメ開設費トシテ来年度予算ニ百万円ヲ又経常費トシテ毎年四拾万円ヲ計上スルコト」などを提案、これに対して出淵も「図書館ニ関スル御意見ハ全然同感ニシテ現ニ日本側ニ於テモ北京ニ一大図書館ヲ建設セントノ企画ヲ有」すと答え、図書館建設を事業内容とすることで双方が一致した。(17)「汪―出淵協定」の第三項にも「図書館並ニ精神科学研究所ヲ北京ニ設立スルコト」とあり、このことが確認されている。

以上のように、中国側は政治的思惑から離れた施設であるとの見方から、早くから図書館を特別法による事業として希望していた。他方日本側も事業の候補として図書館を考えていて、日中両国の政治的・外交的な妥協の産物として、特別法による図書館建設が決定されたといえるだろう。(18)

対支文化事業をめぐる日中間の摩擦は、「汪―出淵協定」によって政府レベルでは一応の決着をみた。これに基づいて事業に関する実務的な交渉が進められ、一九二五年五月、中国側沈瑞麟外交総長と日本側芳沢謙吉在中公使との間で「沈—芳沢交換公文」と呼ばれる確認がなされた。

しかしながら一九二四年から二五年にかけて、対支文化事業を「文化侵略[19]」だとする反対運動が、中国内の文化・教育界を中心に激しくなった。例えば二四年四月、全国教育会聯合会など十一団体が「対支文化事業は日本の内政の一部分である」とする宣言を発表[20]、翌年四月、四十余の団体が参加して反対日本文化侵略大同盟会[21]を結成、六月に中国教育学術団体聯席会など十九団体が「日本の文化侵略に反対する宣言[22]」を出すなど、「対支文化事業＝文化侵略」論に根ざす反対運動は、全国的・組織的に推進された[23]。

対支文化事業に対する強い反発は、一九一九年の五・四運動から二五年の五・三〇事件[24]に至るナショナリズムの高まりに影響されたものだが、加えて阿部は直接的な背景として二〇年代に高揚した教育権回収運動を挙げている[25]。教育権回収運動はミッションスクールなど外国人経営の学校による教育が、民族意識の育成を阻害するものであるとの観点から展開された。「満洲」での日本の教育事業も「殖民教育」であるとの指弾を受け、回収運動が各地で繰り広げられた[26]。

そのなかで「満洲」地方での日本の図書館事業も、同様に「文化侵略」であるという批判を受けている。

遼寧地方は辺境で環境が特殊である。国際関係が複雑で度々侵略を受けてきた。外患は最近になってますますひどくなった。そのなかで関係が深くまた侵略もはげしいのが日本である。日本は様々な手を使い、さらに図書館を各地に建てて文化の侵略を助長している（略[27]）。

図書館建設計画の進展

一九二五年五月の「沈—芳沢交換公文」のなかで、事業の運営機関として東方文化事業総委員会（以下、総委員会と略記）が設立されることが確認された。同年十月、総委員会の成立大会・第一回総会が北京[28]で開催され、北京人文科学研究所（以下、北京人文研と略記）、上海自然科学研究所の研究事項などが協議された[29]。翌年七月の総委員会臨時総会では、北京に設置する図書館についてその建築以前の準備のため、図書籌備委員二人（瀬川浅之進・湯中）が任じられた。次いで十一月の第二回総会では東方文化図書籌備処章程を定め、二六年度と二七年度の図書籌備処の予算・図書購入費は、建築費から支出することを議決した[30]。

　この東方文化図書籌備処章程は翌一九二七年十月の第三回総会で廃案になり、新たに以下の六条からなる図書籌備処章程が議定された[31]。

第一条　図書籌備委員は図書の調査蒐集事務を管理す、
　前項の図書は将来図書館に儲蔵すべきもの及び四庫全書続修[32]に必要なる書籍とす、
第二条　図書の購入は図書籌備評議員会の議決を経べし、
第三条　図書籌備評議員会は、研究所総裁之を招集し、開会の時は研究所総裁を主席とす、
第四条　図書籌備評議員会は、図書の購入に対し随時提議することを得、
第五条　図書閲覧規則及び籌備処事務細則は図書籌備委員之を立案し、研究所正副総裁の同意を経て施行し、
　総委員会委員長之を報告す、
第六条　本規則は民国十六〔一九二七：引用者注〕年十一月より施行す、

第三回総会では図書籌備委員の改選をおこない、湯中と狩野直喜[33]を選出した。また図書籌備評議員に中国側十一人と日本側二人を推挙、事務主任一人を任じた[34]。

　評議員会は同処の執務の指針として、図書籌備処辦事細則十五条を定めた。その主な条項は以下のとおりである[35]。

第一条　図書籌備処は図書の調査、蒐集、及び目録編製保管等の事項を処理するものとす、
第二条　前挙の各種事項は、図書籌備委員が共同して其の企画進行を謀り、又其の部属を監督すべきものとす、
第三条　図書籌備処は、事務主任一名、事務員二名を設け、籌備委員に於て之を招聘し、又雇用す、但し皆委員長の承認を経べきものとす、
第四条　事務主任は図書籌備委員の命を受けて、図書の採訪、整理、目録編製等の事務を担任すべきものとす、
第六条　図書籌備処は繕写及び司書等の事に当らしむる為に雇員を設くることを得。其の人数は事務の繁簡によりて定む、
第七条　図書籌備処は将来図書館として所蔵すべき書籍に就いて分別調査の上蒐集すべきものとす、
第八条　図書籌備処は研究所が必要とする書籍の目録申送ありたる後、直ちに採訪購収をなすべきものとす、

以上、章程や細則に明らかなように、総委員会が構想した図書館は、北京人文研の付属施設としての性格が強かった。またその購書方針も「将来独立の漢籍専門図書館として儲蔵すべきものの蒐集を主とし、善本主義の傾向が[36]」あり、一般市民向けの図書館ではなかった。

一九二七年十月、北京人文研と図書館の用地として、北京王府井大街東廠胡同の元中華民国大総統黎元洪邸を取得、十二月、北京人文研の成立会が開催された。曲折を経ながらも、特別法による図書館建設計画は、本格的な準備段階に入ったのである。

図書館建設計画の挫折

一九二七年四月、日本では田中義一内閣が成立した。田中は「軟弱外交」との批判を受けていた幣原喜重郎に

代わって外相を兼任し、「積極外交」――対中強硬政策を推進する。田中は北伐軍への軍事干渉を目的に、組閣直後の五月の第一次山東出兵に続き、翌年四月に第二次出兵をおこなった。この第二次出兵は省都済南での中国軍との大規模な市街戦に発展し、日本はさらに軍を増派（第三次出兵）、五月十一日に済南を占領した。いわゆる「済南事変」である。

この済南事変は、「幣原外交」によって下火になっていた中国内の反日ナショナリズムを呼び覚ます結果になり、各地で日貨排斥などの反日運動が激化した。そしてそれはようやく日中共同の事業になりつつあった東方文化事業に当然のことながら波及したのである。

事変直後の五月十四日、総委員会委員江庸は次のような声明を発表して、中国側委員一同の辞職を通告した。

日本軍は済南を占拠した。我が国の委員は五月十三日、全員が東方文化事業総委員会から退出することを決議した。特にここに声明する。[37]

このため東方文化事業は、「続修四庫提要」など一部を除いて中断を余儀なくされた。しかも山東から日本軍が撤退することで事変の一応の決着がみられた後も、中国側委員は総委員会に復帰せず、事業の停滞は長期かつ深刻化した。

こうした状況のなかで、日本側は日中の政治的な関係から離れて、つまり日本人による、さらには日本国内での事業の継続というかたちによって事態の打開を図ろうとする。一九二八年十二月、特別法によって東京・京都に東方文化学院を設立することが決定された。[38]日中「共同」の文化事業としてようやく軌道に乗りつつあった東方文化事業は、済南事変によって挫折し、再び日本「単独」の事業へと後退するのである。[39]

この東方文化学院東京・京都両研究所の建設費百十万円は、北京人文研・図書館と上海自然科学研究所の新築費一九二九年度分を三一年度まで繰り延べることで捻出された。[40]東方文化事業として北京に開設されることになった図書館は、二七年十月の用地取得などによってその実現が具体化しつつあった。だが翌年五月の済南事変は、東方文化事業そのものを屋台骨から揺るがす結果になり、図書館建設もそのため当面見送られることになったのである。

済南事変以後も、北京人文研では中国人学者の協力のもと、「続修四庫提要」編纂が続行され、図書籌備処もその活動を続けていた。一九二六年の総委員会成立から三四年三月末の九年間に、十九回にわたって購入した図書の総数は、一万千八百四十八部十三万二千百十八冊（うち寄贈書三百七十三部九百八十三冊）にのぼっているが、そのうち二八年度以後の購入図書は一万千二百二十八部十一万七千百八十八冊（うち寄贈書三百五十七部九百十三冊）と、その大半を占めている。(41)

一方総委員会への中国側委員復帰のための非公式接衝も繰り返され、済南事変以前の日中共同の文化事業を再構築しようとする努力も払われていた。しかし一九三一年九月の満洲事変と翌年三月の「満洲国」建国によって、日中関係は完全に破綻してしまい、そうした試みも水泡に帰するところとなった。

「満洲国」成立を受けて外務省文化事業部は、「満洲国立図書館」設立などの援助をおこなう。(42)特別法による「対満文化事業」の援助は、東方文化事業が「名実ともに日本の「対華工作」の一手段に堕して行く(43)」表れといえるだろう。

総委員会は一九三四年二月、「「北平人文科学研究所」としての事業の進展を企図する為に(44)」東方文化事業総委員会事務所暫行辦事細則を定め、事務組織の改変をおこなった。これによって図書籌備処は廃止され、同事務所図書部となった。細則の第二章第十九条には、「本事務所図書の調査、蒐集の範囲は、続修四庫全書提要編纂に必要なる書を以て主体とす(45)」とあり、図書部が北京人文研の一部門として、その研究事業のために機能すべきことを規定している。つまりこの組織改変によって済南事変後実質的には中止になっていた図書館建設計画が、名目的にも消えたのである。

北京人文研の蔵書は、先に挙げたように相当な数量にのぼり、書庫が新築されることになった。一九三四年三月にその建設が始まり、三五年八月、鉄筋コンクリート三階建て、総面積千八百七十六平方メートルの書庫が完成した。だがその蔵書の一般への公開は、

本会の蔵書に関する経費は、本会建築費として支出され居り、在北平の日本大使館を通じて本会に対して購入手続及び保管の代理を委嘱されてゐるのである。従つて未だこれを一般の閲覧に供するの時期に達してゐないが、本会に於て保管し、本会編纂の研究事業の用に提供してゐる。(46)

とあるように認められていなかった。

済南事変によって一応延期というかたちになっていた「汪―出淵協定」に基づく図書館建設計画は、満洲事変―「満洲国」建国という日中関係の完全なる破局によって、名実ともに消え去った。およそ一万部十万冊、金額にして銀三十六万八千余元の漢籍は、限られた関係者だけがその利用を許され、本来の所有者たる中国の人々には無縁の存在だった。

2　北京近代科学図書館の成立と展開

北京近代科学図書館の設立構想

一九三五年ごろから日本は、「北支五省（察哈爾・綏遠・河北・山東・山西）の自治」と「北支経済圏の独立」を唱え、その地域を「第二の満洲国」化しようとする「華北分離工作」を推進する。一方日本国内では、三六年二月の二・二六事件によって軍部の発言力が一層強化され、六月には中国駐屯軍は約三倍に増強された。日中全面戦争の発端となった三七年七月の盧溝橋事件が、決して偶発的なものではなく、日本の対中政策の結果起こる

べくして起こったものとされるのは、こうした経緯による。
外務省内にもファシズムが台頭し、軍部と結んで旧制打破を主張する「新官僚」が現れた。彼らは緊張の度合いを強める日中関係のなかで、東方文化事業――ことに済南事変以降ほとんど活動が停滞していた総委員会や北京人文研の見直しを唱える。

一九三五年の三月ごろ、当時外務省文化事業部の第三種補給生として北京に留学していた山室三良は、文化事業部に対して北京に日本図書館を建設すべき旨の意見を具申した。山室は留学生として現地に滞在するうちに、中国の人々が希望する事業が図書館開設であることを聞き及んだとして、これを当局に伝えたのである(47)。

山室の提案は、省内「新官僚」が主張する東方文化事業見直し論と結び付くかたちで具体化する。つまり外務省は図書館開設をテコに、総委員会や北京人文研の組織改変を図ろうとするのである。その年の九月から十月にかけて、文化事業部と現地日本大使館との間でこの件についての検討がなされ、若杉要在中大使館参事官によって、「北平人文科学研究所ノ改組竝日本図書館開設案(48)」が提出された。

この「案」はまず「東方文化事業総委員会北平人文科学研究所ヲ改組シ日本図書館ヲ中心トスル日支両国文化提携聯絡ノ機関タラシム」としたうえで、その組織・事業・経費予算の三点にわたって具体的な案を提示している。以下にその主な部分を掲げる。

一．組織
（一）第一案
東方文化事業総委員会ヲ解散シ人文科学研究所ヲ文化事業部ニ接収シ之ヲ北平日本図書館ト改称シ全然新ナル機関ヲシテ之ヲ管理セシムルコト
（二）第二案
若シ第一案ヲ早急ニ行フコト対外対内共ニ種々ノ面倒ヲ惹起スル懼アリトセハ暫ク現状ノ組織ハ其ノ儘

トシテ実際上ニ於テ日本図書館ニ改編シ文化事業部ノ意図ニ依リ前記趣旨ノ事業ヲ遂行シ得ル様陣容ヲ整備スルコト

前記孰レノ案ニ依ル場合ト雖新ニ有能ナル責任者ヲ派遣シ図書館ノ経営其ノ他ノ事業ヲ主宰セシメ橋川〔時雄総委員会総務委員署理：引用者注〕等現在職員ノ外左記各項事務ニ適当ナル職員ヲ増加スルコト

二．事業

（一）主ナル事業トシテハ新築ノ書庫ヲ利用シテ日本ノ図書ヲ集蔵シ之ニ従来蒐集シタル漢籍ヲ加ヘ一般内外人ニ公開シテ閲覧セシム

（二）附帯事業トシテ左ノ如キ文化研究宣伝及聯絡ノ事業ヲ行フ

(イ)留日学会

（略）

(ロ)編纂部

（略）

(ハ)文化宣伝聯絡部

（略）

(ニ)四庫全書提要編纂部

（略）

図書館設立が、総委員会や北京人文研の機構改革の足掛かりにされたことは、図書館のネーミングにも影響する。この図書館は北京近代科学図書館と命名されるが（以下、同館と略記）、その名の由来は「古い「人文科学」に対する「近代科学」[49]であり、明らかに北京人文研を意識していた。そして「近代科学」と名付けられたことは、同館の蔵書構成にも影響を及ぼす。

さて外務省で同館の構想がほぼ定まったのは、一九三六年五月のことである。五月二十七日、有田八郎外務大臣発武藤義雄一等書記官宛九十三号電「北平近代科学図書館ニ関スル件」[50]には、当局の同館に関する「確定方針」を以下のように示している。

一．図書館備付図書ハ日本ニ於テ最近刊行セラレ且権威アル科学ニ関スル学術書（大学生程度及其以上）及日本ノ産業ニ関スル書籍トシ（目下選択中）日本ニ留学セシ者支那大学々生、職員、研究者等ニ無料閲覧セシム

二．図書館設置箇所ハ予算関係上竝ニ支那大学々生ノ来館ノ交通便利ナル関係上貴地人文科学研究所構内ヲ利用ス

三．予算関係上大規模ナル図書館建築ハ之ヲ避ケ主力ヲ備付図書ノ充実ニ注キ図書ハ人文科学研究所書庫ニ収蔵シ閲覧室ハ書庫前方ニ簡単ナルモノヲ設ク

四．図書館ハ成ルヘク早ク開館スル様努力ス閲覧室完成手間取ルトキハ閲覧ニ関スル便法ヲ講究ス

こうして一九三六年六月ごろから同館の開設準備が始まったのだが、同館が日本語図書だけを収蔵すること、閲覧室が貧弱なこと、さらには排日空気が強いことなどによって、その将来を危ぶむ「敗退的」な声もあった。[51]軍部（在中大使館付武官今井武夫少佐）もまた次のような観点から、図書館の建設には消極的だった。

（略）我カ国ハ地理的其他ノ利便アリ年々多数ノ中国留学生ヲ迎ヘ居ルモ今日ニ於テハ只之ノミヲ以テ満足スヘキ時機ニ非ス、日本ノ東洋ニ於ケル指導的立場ヨリ看ルモ将又東洋文化宣揚ノ意義ヨリ云フモ積極的ニ中国内部ニ進出シテ凡有ユル文化部門ノ指導権ヲ掌握シ国民文化ノ日本化ニ依リテ基本的指導地位ノ確立ヲ目指シテ邁進セサルヘカラス

（略）此〔東方文化事業の基金：引用者注〕ノ金額ヲ中国子弟ノ日本化教育ニ投出スコソ最モ有意義ニシテ今日迄ノ微温的状態ヲ脱シ積極的ニ進出セハ其ノ有意義ナル支途ヲ見出スニ何等困難ナカルヘシ例ヘハ在北平国立四大学中北平大学ノ如キハ目下非常ナル経営難ニ陥リ（略）之ニ対シ早速補助金ヲ寄贈シ尚年々相当額ノ補助金ヲ交付シテ日支合弁化シ進ンテ日本人教授ヲ送リ直接子弟ノ教育ニ携ハラシムルヲ得ハ投資並ニ指導ノ効果亦期シテ待ツヘキノミ

華北ノ政治形態カ特殊性ヲ有スル今日ハ前述ノ如キ大学内部ニ喰入ル絶好ノ機会ナリ、図書館設立ハ勿論有意義ナル施設ナリト雖尚一歩積極的対策ヲ進行スル要アリ、（略）(52)

前述の九十三号電で本省は、現地に同館館長などの人事について意見を求め、これに対して現地は六月十六日、次のように回電した。

一．図書館長ハ単ニ図書館務ヲ総括スルノミナラス支那側教育及学術機関トノ聯絡、支那学生ノ指導殊ニ留日学生啓発ノ中心トナリ得ル人物タルコト望間敷キニ付之カ選定ニ当リテハ相当ノ学識ヲ有シ（帝大出身者ヲ可トスヘシ）広ク本邦学術界ノ事情ニ通シ積極的ニ文化的活動ニ当ル気魄ト熱意アル者ヲ目標トセラレ度ク図書館ニ関スル経験ノ有無ハ必スシモ問フ必要ナシト存セラル

二．図書館ノ主任ノ内一名ハ図書館ノ事務ニ充分ナル経験ヲ有スル専門家ヲ選ヒ他ノ一名ハ支那語ニ長シ支那学界ノ事情ニ通シタル者ヲ選フコトト致度シ

三．右館長及主任一名ハ内地ニ於テ物色スル外途ナカルヘキモ主任ノ内他ノ一名ハ内地ニ於テ求ムルコト困難ナル場合ニハ在支第三種補給生中ヨリ之ヲ選抜スルコトモ一案カト思考セラル(53)

これを受けた本省は七月十一日、山室三良を同館主宰者として採用する意向を示す。(54)だがこうしたやりとりは

実は山室を登用するための手続きにすぎなかったようで、当局から山室への打診は、五、六月ごろすでにおこなわれていた[55]。山室は前述のように、一九三五年、北京に日本図書館を設立するよう提言していて、同館主宰者に最適の人物として選ばれるべくして選ばれたといえるだろう[56]。

図書館設立をめぐる本省・現地の対立

山室は以上のような経緯を経て、七月ごろから非公式の身分で同館開設準備に従事する。しかし山室が考えていた図書館は総合的な日本紹介図書館であり、片や外務省は北京人文研の「失敗」をふまえた「近代科学」図書館を目指し、さらにはそうした目的を確実に遂行するために、同館を完全にその管理下に置こうとしていた。このような同館に対する双方の認識の相違は、次第に様々な確執を生じることになる。

本省は同館蔵書について「権威アル科学ニ関スル学術書及日本ノ産業発達ニ関スル書籍」という方針を立てたが、これに対して現地は七月二十五日、以下のような見解を打電した。

近代科学図書館備付図書ハ目下貴方ニ於テ折角選定購入方御取計中ノコトト存スル処右図書ハ同図書館ノ性質上自ラ農、工、理、医、化関係ノモノ主トナルヘキモ同図書館ノ利用者カ大体当地各大学ノ教授及学生ナルニ鑑ミ一応各大学ノ有スル部門ヲ参考トスル必要アリ然ル処当地主要ナル公私立大学十校ニ付テ観ルニ文科ヲ設クルモノハ八校、法科、理科ハ七校、工科、医科、商科、教育科ハ二校、農科ハ一校ナル実状ナルヲ以テ文科、法科関係ノ図書ニ付テモ前記自然科学方面ニ劣ラサル様充分考慮ヲ加ヘラレ度ク尚辞書類ハ各専門的ノモノ及百科辞典等ノ外日本語ニ関スルモノハ出来得ル限リ之ヲ揃ヘ又一般ノ対日認識ノ啓発ト渡日視察者ノ予備知識修得ニ資スル為本邦ノ文化産業等ノ現況ヲ紹介スル適当ナルモノハ成ルヘク多数購入シ且文芸美術等ニ関スル権威アル図書モ一通リハ備付クルコトト致度シ右御気付ノコトトハ存スルモ当方意見御参考迄[57]

この提言は現地北京の実情に基づき、説得力をもっていた。日本からの第一回到着分の図書は自然科学・工学などの分野だったが、第二回分は人文科学関係・辞典・年鑑などの図書だったのは、こうした現地からの声によるものだろう。[58]

次に山室以外の人事だが、本省は図書事務にあたる者を最大限日本人一人・中国人一人、ボーイ・小使いなど合わせて五人くらい、を考えていた。[59]他方山室をはじめ現地は、同館の設立を「単ニ本邦ノ図書ヲ支那人ニ公開スルノミヲ以テ足レリトセス多数ノ閲覧者ヲ引付ケ進ンテ「カルチユア、センター」トシテノ活動ヲ為サシムルヲ必要ト」考えていて、山室は本省が連絡してきた人員では、そうした目的を果たすことは不可能だとして、同館主宰者就任の辞退を申し出る。[60]そこで現地は山室が考える以下のような趣旨の人事構想を聴取して、本省に伝えた。

一、司書二〜三名（内一名は山室兼任）
図書の内容に通じ閲覧者に推薦指導をする。図書館で最も必要な職員。

二、分類係四名
係長は司書の兼任。その下で図書の目録、雑誌の論文目録等の作成を担当する。多少日本語がわかる大学生の中国人を採用する。

三、閲覧係六名
主任一名（中国人）、他の五名は中小学校卒業程度で図書館業務の経験がある中国の少年。

四、庶務会計
日本人一名（主任）、中国人は補助員。[61]

このなかで山室が最も重視していたのが司書の人選であり、山室の大学時代の知己で、当時福岡県立図書館の司書をしていた菊池租の採用を希望していた[62]。

山室は菊池が同じ東洋哲学の専攻でかつて机を並べたこともあり、しかも現役の司書ということから、彼の司書就任には相当固執していた[63]。しかし本省は先の職員配置案は了承したが、「形式的陣容ヲ整ヘ徒ニ冗員ヲ擁スル結果トナルコトハ草創ノ際ニ於テ特ニ戒慎スヘキ」だとして、任用契約を短期にし、仕事によっては「出来高払主義」にするべきだと回電した。また菊池の採用については「自然科学方面ノ知識アル者トスルコト然ルヘキヤ」とし、「俸給及専門ノ点ニ於テ任用困難」であるとした[64]。

山室はこれに納得せず、本省に再考を求めた[65]が認められず、東京高等師範学校地理科出身で「自然科学ニ深キ関係ヲ有スル」苗竹風を採用することになった[66]。

山室は同館主宰者に内定して以来、国立北京図書館・私立木斎図書館・九州帝大図書館などの機構・予算などについて調査を進め、彼なりの「完全なる意味の日本図書館」像を構築していった。ところが外務省が計画していた図書館は、彼の考えとはあまりにかけ離れたものだった。そこで彼は八月二日付で「近代科学図書館ニ関スル意見書」をまとめて外務大臣に提出した。前記の人員配置構想はその一部をなすものであり、「意見書」全文は八月七日付で本省に送付された。以下はその抜粋である。

従来図書館ハソノ活動極メテ消極的ノモノナリシカ近時世界各国ハ図書館ノ積極的活動ノ必要ニ眼覚メ、従来ノ単ナル「書庫的」ノ概念ヨリ一転シテ文化的積極的活動ノ一単位ト見倣サレツツアリ。即チ良書ノ推薦紹介批評、講演会展覧会等ノ主催、十全ナル目録ノ編纂ニヨル学者ノ研究ニ対スル系統的便宜ノ附与等ヲソノ主要ナル使命トナスニ到レリ。カカル状勢ヨリ優秀ナル司書ト有能ナル編目員トハ図書館ノ使命遂行上絶対不可欠ノモノト見ラルルニ到リタリ。我国ニテハ近時専ラ前者ニ力ヲ注キ米国及ヒ中国ニテハ図書目録ノ完備ヲ誇リツツアリ。司書ノ使命ハ主トシテ一意新刊書ノ読破ニシテ必要ニ応シテ紹介批評推薦等ヲナシ、又図書館新購入書ノ方向ヲ指導シ確立スルモノナリ。我国ニ於テハ小ナル県立図書館ニ於テスラ司書二三名ヲ置キ、図書館自身ノ素質ノ向上ト図書館利用者ノ指導トニ資セシメツツアリ。「図書館機能発揮ノ如何ハ最初ヨリ最后マテ目録ノ完否如何ニヨル」トハ常ニ語ラルル言ナルカ十分ナル目録ナクシテハ良書モ徒ラニ死蔵サルルノミ。（略）書目ハ最小限度三種類ハ要スト見ラル。一、著者名目録　二、書名目録　三、分類目録コレナリ。（略）カカル三ツノ目録ナクシテハ閲覧者ハ徒ラニ時間ト労力トヲ徒費シテ益ナカルヘシ。特ニ今回ノ如ク利用者カ主トシテ他国人ナル場合ハ余程十分ナル目録ヲソナヘサルヘカラス。上述ノ如ク図書館ノ使命達成上、司書ト編目員トハ極メテ重要ナル役割ヲ演スルモノナリ。今回ノ図書館ハ日本現代各般ノ文化ヲ紹介スルノカソノ中心使命ナランカ、コレヲ利用スル中国人ニ対シテハ優レタル司書十全ナル書目等ニヨリテ懇切ナル案内ト指導トヲナササレハ彼等ハ恐ラクコノ図書館ヲ十分ニ利用スルコト能ハサルヘシ図書館経費ハ通常、書籍費ト経常費ト相半スルモノナリト何レノ国ニテモ言ハル。年一万円ノ新書ヲ購入シテコレヲ十分ニ運転シ行クニハ年一万円ノ経常費ヲ要スルカ図書館ノ根本概要トセラル。（略）聞ク所ニヨレハ新設北平近代科学図書館ハ新購入書籍四万円、コレヲ運用スル予定ノ人員三名ナリト。カカル状態ニテハ図書館トシテノ使命ヲ全ウスルハ事実極メテ困難ノコトニ属ス。人員其他ヲ極度ニ切リツムル時ハ図書館トシテノ機能ハ自ツト停止シ、書庫化セサルヲ得ス。今回ノコノ事業ハ或意味ニ於テ我国ノ対支文化事業ノ一ツノ試金石トモ言フヘク極メテ重大ナル性質ノモノト信ス。当局ノ再考ト奮起トヲ乞フコト切ナリ。（略）[67]

同館の建設計画は、現地北京の状況を十分に把握していない本省文化事業部の机上のプランにすぎなかった。大使館もこの「意見書」を「頗ル肯綮ニ当ルモノアリト認メラレ」[68]るとした。しかし大使館はあくまでも本省の出先機関であって、現地の実態や山室の意見が正確に伝わっていたとはいえまい。業を煮やした山室は、八月一日付で有田外相と岡田兼一文化事業部長に、「意見書」と同趣旨の私信を直接書き送った。[69]

山室のこの「直訴事件」は省内に相当の物議を醸したようで、本省から大使館に対して、今後本省への通信はすべて公信をもって大使館を経由するよう、山室に注意すべき旨の指示が出された。[70]

図書館の事業計画

外務省の指名によって同館の創立委員・理事となった山室・辻野朔次郎・大槻敬蔵の三人[71]は、八月二十五日付で次のような同館設置助成金下付申請書を提出した。

日支両国ハ同文同種古来幾千載ノ間互ニ密接ナル関係ヲ有シ殊ニ其ノ学術的方面ニ於ケル関係ノ密接ナリシハ蓋シ測ル可ラサルモノアリタリト雖近代科学ニ関スルモノニ至リテハ乍遺憾未タ必シモ十分密接ナラス従テ支那学界有識者ノ最近ニ於ケル我国科学ノ発達ニ対スル認識亦十分ナリト云フヲ得サル処最近盛ニ主張セラルル日支経済提携ニ当リテモ支那側ノ我国近代科学ノ発達ニ対スル認識正シカラサル限リ之カ実現促進ハ容易ナラサル次第ナリ依テ余輩之ニ鑑ミ今般北平ニ日本近代科学図書館ヲ設置シ我国ニ於ケル最近ノ科学並ニ産業ノ発達ヲ支那側ニ紹介スルト共ニ支那学者、学生ノ研究ノ一助タラシムルコトトシ将来ニ於テハ右図書館ヲ併セテ留学生ノ会合、聯絡及啓発ノ中心施設タラシムルコトヲ考慮致度キ所存ナリ就テハ右図書館設置助成金トシテ昭和十一年度ニ於テ金六万円也御下附被成下度（略）[72]

この申請書には、同館の規程や事業計画概要などが添えられていた。[73] まず規程は以下の十条からなる。

第一条　本館ハ北平日本近代科学図書館ト称ス
第二条　本館ハ北平大府大街東廠胡同一号ノ人文科学研究所構内ニ設置ス
第三条　本館ハ日本ニ於ケル近代科学ヲ中華民国学界及有識者ニ紹介スルヲ以テ其ノ目的トス

第四条　本館ハ其ノ目的ヲ達成スル為左ノ事業ヲ行フ
一．日本ノ近代科学図書ノ収蔵及閲覧ノ為公開
二．日本ノ科学者技術者等ノ講演、日本ノ映画映写
三．駐日中国留学生出身者及中国学者学生ノ日本研究者ノ会合ノ為場所貸与
四．其ノ他目的ニ（ママ）達成ニ必要ト認メラルル事項
第五条　本館経費ハ対支文化事業特別会計ヨリノ助成金ヲ以テ支弁ス
図書ノ寄贈及寄附金ヲ受ケルコトヲ得
第六条　本館ニ館長一名理事五名以内ヲ置ク
館長ハ理事会ニ於テ理事中ヨリ外務大臣ノ承認ヲ経テ之ヲ選任ス
理事ノ任期ハ三ケ年トス但シ再任ヲ妨ケス
第七条　本館ニ総務主任一名事務員若干名ヲ置ク
総務主任及事務員ハ館長外務大臣ノ承認ヲ経テ之ヲ任命ス
第八条　館長ヲ欠クトキハ総務主任其ノ事務ヲ代行ス
第九条　本館ハ在北平日本大使館ノ指揮監督ヲ受ク
第十条　本規程ノ改正ハ在北平日本大使館主席書記官ノ承認ヲ経タル上同官経由外務大臣ノ認可ヲ受クルモノトス

次に事業計画概要は次のとおりである。

本図書館ハ日本ノ事情殊ニ其ノ近代科学及之カ応用タル発達ノ実情ヲ支那人士ニ知ラシムルヲ目的トシ右目的達成ノ為昭和十一年ニ於テハ左記ヲ実施ノ予定ナリ

記

一．日本ノ事情殊ニ近代科学及之カ応用タル産業ニ関スル図書ノ備付、閲覧ノ為公開
二．日本ノ事情殊ニ近代科学及産業発達ノ実情ヲ知ラシムヘキ講演会映画会等ノ開催

一九三六年九月一日、同館の設立が正式に決定し、山室は館長代理を命じられ（山室が館長ではなく代理にとどまったのは、前記のような当局との軋轢によるものだろうか）、次のような命令書が下された。[74]

第一条　其ノ図書館ノ事業ヲ助成スル為昭和十一年度内ニ於テ金六万円也ヲ必要ノ時期ニ交付スヘシ
第二条　本助成金ハ左ノ事業ニ使用スヘシ
一．図書館ノ経営
二．日本ノ近代科学図書ノ購入収蔵及閲覧ノ為ノ公開
三．日本ノ科学者技術者等ノ講演日本ノ映画映写
四．其ノ他外務大臣ノ必要ト認メ指示シタル事項
第三条　其ノ図書館ノ経営、備付図書ノ選択等ニ関シテハ外務大臣及在北平帝国大使館書記官ノ指示ニ遵フヘシ
第四条　其ノ図書館ノ館長、主任及事務員ノ任免ニ付テハ外務大臣ノ承認ヲ経ヘシ
第五条　本助成金ノ収支ハ之ヲ出納簿ニ記帳シ其ノ出納ヲ明ニスヘシ
本助成金其ノ他ノ収入金ハ総テ在北平帝国大使館首席書記官ノ指定スル銀行ニ図書館名義ニテ預金スヘシ
物品ノ保管及受払ニ付テモ亦出納簿ヲ備ヘ之ニ記入スヘシ
第六条　其ノ図書館ニ於テハ十月十五日迄ニ前半期（四月ヨリ九月ニ至ル）及翌年五月十五日迄ニ後半期（十月ヨリ翌年三月ニ至ル）分ノ収支計算書（別紙書式ニ依ル）ヲ調製シ契約書決議書其ノ他収支ノ事実ヲ証明

スル一切ノ書類ヲ添付シ各二通ヲ外務大臣ニ提出スヘシ
尚毎月ノ収支予算差引表ヲ在北平帝国大使館書記官ニ提出スヘシ第一項ノ前半期収支計算書ニハ左記一、二号後半期計算書ニハ三、四号ノ書類ヲ夫々添付スヘシ

一．収支予算書
二．事業概況報告書
三．収支決算書及財産目録
四．事業成績報告書

前項列挙ノ書類ノ外毎月閲覧者数、閲覧者分類数、借覧図書種別数ノ統計表作成（ママ）外務大臣ニ提出スヘシ
第七条　本助成金ヲ以テ購入セル備品及図書ノ処分ニ関シテハ予メ外務大臣ノ承認ヲ受クヘシ
第八条　外務大臣ハ官吏等ヲ派遣シ収支計算及経営ノ実況ヲ監査セシムルコトアルヘシ
前項ノ場合ニ於テハ当該出張員ノ求ムル所ニ従ヒ事業経営上一切ノ事項ヲ開申シ帳簿、証憑書類其ノ他一切ノ物件ヲ検閲ニ供スヘシ
外務大臣ニ於テ必要ト認ムルトキハ随時事項ヲ指定シ之カ報告ヲナサシムルコトアルヘシ
第九条　其ノ館ハ其ノ規程ノ設定改廃ニ付外務大臣ノ承認ヲ受クヘシ
第十条　予算各項ノ間ニ流用ヲ行ハントスル場合ニハ外務大臣ノ承認ヲ受クヘシ
第十一条　其ノ館ノ出版物ハ各二部ヲ外務大臣ニ提出スヘシ
第十二条　外務大臣ニ於テ必要ト認ムルトキハ本命令書ニ追加又ハ変更ヲ加フルコトアルヘシ
第十三条　其ノ館カ本命令若ハ之ニ基キテ随時発スルコトアルヘキ命令ニ違背シ又ハ其ノ業績カ目的ヲ達成シ得サルモノト認メタルトキハ助成金ノ交付ヲ停止シ若ハ廃止シ又ハ既ニ交付シタル助成金ノ返納ヲ命スルコトアルヘシ

以上の規程や命令書からは、外務省が同館を完全にその指揮・監督下に置こうとする意図がありありとうかがえる。事実、外務省の直営意識は強烈で、山室も本省直々の干渉があったと回想している。[75] 同館は「出来得ル限リ多方面ノ著述報告統計等ヲモ蒐集シテ漸次充全ナル意味ノ日本研究図書館タラシメント」して、日中の図書館や研究所に宛てて図書・雑誌の寄贈依頼状を、九月十九日から十月十日までに日本側へ約千通、中国側へ約四百通を発送した。[76] だがこれに対して本省は、大使館に次のような指示を与えている。

貴地日本近代科学図書館ハ最近同館備付ノ雑誌「リポート」類寄贈方依頼状ヲ各方面ニ出シタル様子ニテ各方面ヨリ当方係官宛照会アリ特ニ寄贈希望ノ雑誌類ノ内容ニ付問合セアル処照会宛先中ニハ諸官庁ヲモ含ミ居リ官庁ノ中ニハ当方ヘ照会セス機密ノモノヲモ含メテ直接図書館向ケ送付スルコトモ有リ得ヘキカ一般支那人ノ閲覧ヲ目的トスル同図書館ニ於テハ斯カル図書ノ取扱ニ関シ慎重ナル注意ヲナスノ要アリ就テハ貴館々務御多忙トハ存スルモ同図書館ニ付其ノ備付クヘキ寄贈図書類ニ付又ハ支那側ニ見セサルコト然ルヘキ書目ヲ御取調ベ相成リ該図書ハ貴館ニ取上ケ保管スルコトニ御取計相成度
尚山室ニ対シ近代科学図書館ハ実質上外務省ノ直営事業ナルヲ以テ其ノ経営殊ニ其ノ対外関係ニ付テハ一切貴館ノ承認ヲ経諸官庁大学等トノ往復文書ハ凡テ貴館ヲ経由発受スヘキ旨堅ク御申聞相成度ク山室ノ執務振可然指導方今後共御留意相成度シ[77]

図書館設立の背景

前述のように七月から八月にかけて、山室と外務省との間では同館をめぐって激しいやりとりがおこなわれていた。ところが現存する外務省資料のなかには、九月以降のそうした記録は見いだせなかった。これは命令書などによって外務省が山室を封じ込めることに成功したというより、外務省が同館の年内開館を企図していて、山室らはその準備に忙殺されていたことによると思われる。

当時の同館職員は、菊池の採用が見送られたことによって図書館業務の経験者がおらず、加えて苗を除く中国人職員は中学出身の事務未経験者で、その訓練さえ必要だった。[78] そのなかで図書七千余冊・雑誌三百余種の整理をはじめ、もろもろの開館準備をわずか三カ月でおこなわなければならなかったのであり、「不眠不休で」「精神労働の外肉体労働にまで挺身」せざるをえなかったのである。[79] 特に責任者である山室の負担は大であり、本省との不毛の論争をする余裕もなかったというのが実情だったのだろう。

それにしても三カ月の準備期間で同館を開館させようとする本省の方針は、あまりに性急といえる。本省が同館の開館を急いでいたことは公電にもしばしば現れていて、[80] 七月二十日有田大臣発武藤書記官宛百一号電では、「九月」という具体的な開館予定を示している。[81]

こうした当局の意向は、日本の対中政策と密接に関わっていたと思われる。華北地方の実質的な植民地化を進めるなかで、日中関係は一触即発の状態になっていた。日本の華北文化工作の一拠点として、同館の存在を多少の無理があっても急いで既成事実化する必要があったのだろう。

一九三六年十二月五日、同館の開館式が挙行された。

式は午後三時から同館閲覧室で日中の人士三百人が参加しておこなわれた（ただし招待状を受けながら参加しなかった中国人が多数にのぼった）。山室の式辞で式が始まり、日本大使館加藤書記官、翼察政務委員会宋哲元委員長（代理）、北京図書館袁同礼館長らの祝辞などがあり、式後祝宴がもたれた。

翌日の午後、一般への開放・自由参加がおこなわれ、八十余人の来館者があった。また午後七時から開館記念講演会を開催したが、「時局其他の点に鑑み、取敢へず日本人による日本人相手の[82]」ものだった。

十二月七日より、午前九時から午後八時（土曜は午後五時、日曜は午後一時から午後六時）までの閲覧を開始した。十二月中の閲覧状況は、開館日二十二日で閲覧者総数四百八十七人（中国人三百七十一人、日本人百十五人、その他一人）だった。利用者はその後も順調に増加し、盧溝橋事件前月の一九三七年六月には、開館日二十七日

で閲覧者総計千三百六十七人（中国人千百十二人、日本人二百五十五人）に達している。(83)

さて同館の司書には、前記のように山室の希望に反して苗竹風が就任していたが、その苗が開館式を前に同館を退職してしまう。その理由は山室がいうように、苗が前年の一二・九運動の中心となるなど、反日・抗日運動の中心的存在だった清華大学の教員で、日本側に「協力」していることが明らかになれば学生たちから突き上げられ、中国社会に復帰できなくなるからだろう。(85)

本省は苗の後任に菊池を充てた。(86) かつて山室が菊池を推薦したのに対して、本省はこれを認めずに「自然科学ニ深キ関係ヲ有スル」(87) 苗を採用した。それが一転して菊池の採用を認めたのは、同館の任務について省内で再検討が加えられた結果と考えられる。

翌年三月、外務省は上京した山室とも協議のうえ、同館の将来像について以下のような方針を決定した。

北平近代科学図書館事業ノ方針ハ既ニ明確ナルモ改メテ具体的ニ記述スレハ左ノ通

一．北平図書館ハ日本ノ学術進歩及産業文化発達ノ状況ヲ支那人士ニ紹介シ日本ニ対スル支那人ノ認識ヲ強メ以テ日支両国々民ノ精神的諒解ヲ強化スルヲ以テ其ノ使命トス

二．北平図書館ハ上記ノ使命ニ付随シ(イ)駐日支那人留学生出身者ノ聯絡ノ中心タルコトヲ企図スルト共ニ(ロ)支那学界竝ニ支那人ノ思想的動向ヲ観測スルノ使命ヲ有ス

三．前二項ノ使命ニ達スル為図書館ハ左記方針ニ依リ事業ヲ実施ス

甲．図書ニ関スル件

(イ)主トシテ権威アル日本人学者ノ近著ヲ蒐集シ其ノ他日本ノ歴史、産業、文学ニ関スル著述（主トシテ日本人ナルモ欧米支人ノモノモ厳選ノ上備付ク）ヲ備付ケ尚漢訳セラレタルモノヲ精選シテ備フ

(ロ)日本ニ対スル認識ヲ深メル為日本新聞、雑誌、等ノ充実ニ力ヲ竭ス

(ハ)更ニ支那人ヲシテ日本人カ支那ヲ如何ニ見居ルカヲ知ラシメ反省ノ資トスル為日本人著書ノ支那ニ関

スルモノヲ精選シテ備フ支那学ニ関スルモノモ若干備フ
(ニ)純学術的ノモノニシテ欧米人ノ著述ニナルモノモ標準的ノモノハ若干之ヲ備付ク

乙．対外活動

(イ)備付図書ノ支那大学及図書館ヘノ集団的貸付
(ロ)日本人学者、識者ヲ主トスル講演会開催
(ハ)日本事情ノ紹介ニ資スヘキ映画会、写真展覧会、日本学校生徒作品展覧会開催
(ニ)日支学生又ハ学者ヲ主トスル座談会
(ホ)支那側大学及図書館側トノ連絡
(ヘ)駐日支那留学生出身者ノ集会斡旋

丙．研究、調査

(イ)閲覧者統計ヲ通シテ見タル支那人学生ノ傾向、日本研究熱ノ観測
(ロ)座談会ヲ通シテ見タル支那学者及青年ノ思想的動向観測
(ハ)駐日支那人学生出身者ノ現状[88]

このころ中国は、西安事件[89]を契機に、国民党・共産党の和解——第二次国共合作——による「一致抗日」の気運が急速に進展していた。

そうした状況下で「日本ニ対スル支那人ノ認識ヲ強メ以テ日支両国々民ノ精神的諒解ヲ強化スル」ことを「使命」とし、「支那人ヲシテ日本人カ支那ヲ如何ニ見居ルカヲ知ラシメ反省ノ資トスル」図書を収蔵し、さらには「支那人ノ思想的動向ヲ観測スル」ことが、同館の将来の「方針」として決定されたのである。

この将来像は一見かつて山室が提唱した総合的な日本紹介図書館への道を歩みだしたかに見えるが、実は全く似て非なるものであることは明白だろう。日本の華北侵攻を不可避のものと捉えて、北京・華北地方の武力占領

を想定し、その下での同館の役割を位置付けた「方針」といえるだろう。事実、同年七月の盧溝橋事件に端を発する日中全面戦争下で、同館はこの「方針」を基軸とした活発な活動を展開するのである。

注

(1) 第一次世界大戦処理のためのベルサイユ講和会議に、中国側は不平等条約の撤廃や二十一カ条条約の無効などの要求を提出したが、会議はそれら中国側の希望をすべて拒否した。こうした列強の態度と、それに結託する国内勢力に激しく反発した北京大学などの学生を中心とした三千人が、一九一九年五月四日、北京天安門前に集結、二十一カ条条約締結の責任者曹汝霖宅を焼き打ちし、駐日公使章宗祥を襲撃するなどした。この事件を契機に、政府の取り締まりにもかかわらず全国各地で広範な勢力が決起し、デモ・ゼネスト・日本製品ボイコットなどの大衆運動が繰り広げられ、ついに六月、政府は曹らの罷免、逮捕者の釈放、ベルサイユ条約調印拒否に追い込まれた。五・四運動とは狭義には以上のような愛国運動をいうが、広義にはそれと前後した新文化運動を含み、中国近代史上では新民主主義段階へのエポックに位置付けられている。

(2) 十九世紀末期の反キリスト教暴動は義和団と称し、「扶清滅洋」をスローガンとする反帝運動へ発展した。義和団は一九〇〇年六月、北京の公使館地域を包囲し、これに対し日本など八カ国連合軍が共同出兵して鎮圧を図った。翌年、清朝と列国との間で北京議定書が締結されたが、三十九年賦の元利合計九億八千万両という賠償金など中国の半植民地化を決定的なものにする内容だった。

(3) 山根幸夫『近代日中関係の研究——対華文化事業を中心として』東京女子大学東洋史研究室、一九八〇年、一ページ。またアメリカの在華文化事業については阿部洋『米中教育交流の軌跡——国際文化協力の歴史的教訓』(霞山会、一九八五年) 所収の諸論文を参照。

(4) 前章を参照。

(5)前掲「中国図書館学史序説」三一ページ
(6)阿部洋「「対支文化事業」の成立過程」、教育史学会機関誌編集委員会編「日本の教育史学——教育史学会紀要」第二十一集、講談社、一九七八年、三九ページ。以下、本章は同論文によるところが多い。
(7)同論文四〇ページ
(8)同論文によれば、一九一八年から二三年の間に、八件にのぼる建議案などが提出されている。
(9)外務省『対支文化事業ノ概要』外務省、一九二七年、五四ページ
(10)対支文化事務局『対支文化事業特別会計法説明』一四ページ、外務省外交資料館蔵外務省記録文書《東方文化事業調査会配布資料関係雑集》(以下、同記録文書は件名を《 》で示す)
(11)阿部洋「日本の「対支文化事業」と中国教育文化界——一九二〇年代後半期を中心として」「韓」第八巻第五・六号、韓国研究院、一九七九年、二一八ページ
(12)外務省編「日本ノ対中国文化事業ニ関シ中国側ノ希望陳述ノ件」『日本外交文書』大正十二年第二冊、外務省、一九七九年、四三五—四三六ページ
(13)「三月二十二日水野梅暁ト朱念祖トノ会談内容」、同書四三〇ページ
(14)前掲「「対支文化事業」の成立過程」四三ページ
(15)「汪—出淵協定」《日支共同委員会関係一件》
(16)前掲「「対支文化事業」の成立過程」四六ページ
(17)「対中文化事業ニ関スル第一回日中当局非公式協議会記録」、前掲『日本外交文書』四四三—四四五ページ
(18)特別法による図書館設置計画は、一九二三年七月発行の「図書館雑誌」第五十三号(日本図書館協会)に「対支文化事業と図書館」と題して紹介されるなど、早くから日本の図書館関係者の関心が高かった。
(19)「文化侵略」は以下のように定義される。
「「文化侵略」トハ「一国ノ文化ヲ以テ他ノ国ノ文化ニ替ヘル」ト云フコトテアル、例ヘハ日本人カ朝鮮ニ於テ朝鮮語ノ使用ヲ禁止シ日本語ヲ以テ之ニ替ヘテ居ルカ如キハ其ノ一例テアル(略)」(国民党上海特別市党務指導委員会宣

伝部編「不平等条約研究集」抜粋「日本ノ文化侵略」(訳文)《各国の団匪賠償金処分関係雑件　支那の態度》第三巻)

(20)「教育学術団体対於日本対華文化事業之宣言及輿論界之観察」「教育雑誌」第十六巻第六号、教育雑誌社、一九二四年、「学術団対日本文化事業之宣言」「東方雑誌」第二十一巻第十一号、東方雑誌社、一九二四年、一四六―一四七ページ

(21)一九二五年四月二十七日付「京報」切抜、《各国の団匪賠償金処分関係雑件　支那の態度》第一巻

(22)一九二五年六月四日付「晨報」切抜、同文書

(23)詳細は前掲「「対支文化事業」の成立過程」四六―五一ページを参照。

(24)一九二五年五月十五日、争議中の上海の日本資本企業で日本人監督が組合指導者を死傷させたことに端を発し、三十日、これに抗議する市民にイギリス警察隊が発砲して多数の死傷者を出したことから、六月一日、上海市ゼネスト、省港ストなど全国的な愛国運動に拡大した。

(25)前掲「「対支文化事業」の成立過程」四七ページ

(26)詳細は阿部洋「旧満州における日本の教育事業と教育権回収運動――一九二〇年代前半期を中心に」(阿部洋編『日中教育文化交流と摩擦――戦前日本の在華教育事業』所収、第一書房、一九八三年)などを参照。

(27)夏万元「遼寧全省図書館与東省日僑所設図書館之比較観」「文華図書科季刊」第二巻第三・四号、武昌曇華林文華図書科、一九三〇年、二八九ページ。なおこの夏論文は間宮不二雄によって日本に紹介されている(「満洲ノ今日アルワ図書館事業ニ負ウ処多シ」「圕研究」第七巻第一号、青年図書館員聯盟、一九三四年)。

(28)一九一一年の辛亥革命以後も、中国国内には軍閥と呼ばれる地方政権が割拠していた。二六年七月、第一次国共合作の下に孫文の遺志を継ぐ国民政府は北伐を開始、華中・華南地方を制圧した。その後二七年四月の四・一二クーデターによって共産党を排除し国民政府の実権を掌握した蔣介石は、二八年四月に北伐を再開、六月に北京を占領して北伐を完成した。国民政府の首都は南京に置かれ、北京は北平と改称された。三七年七月の盧溝橋事件により、日本は同地方を武力占領し、北平を北京と改めて親日傀儡政権を樹立した。だがこれは抗日勢力の認めるところではなく、

中国の人々にとっては同地は依然として北平だった。本章と次章で論及する範囲は、以上のように同地の呼称が時期によって、さらには立場によって変転している。そこであくまでも混乱を避けるための便宜的な措置として、本章と次章では同地を統一して「北京」と書き表す（ただし引用文、書名などは原表示どおり）。なお四九年十月の中華人民共和国成立とともに、北平は再び北京となり、今日に至っている。

(29) 総委員会の活動などについては前掲「日本の「対支文化事業」と中国教育文化界」のほか、黄福慶『近代日本在華文化及社会事業之研究』（中央研究院近代史研究所、一九八二年）などを参照。

(30)『東方文化事業総委員会並北平人文科学研究所の概況』北平人文科学研究所、一九三五年、九丁（以下、『人文研概況』と略記）

(31) 同書九丁

(32) 北京人文研における主要事業。これについては別の機会に詳述したい。

(33) 京都帝国大学教授、文博。狩野は一九二四年一月「北京ニ図書館研究所及博物館設立ニ関スル意見書」を提出している（「総委員会記録」三三六ページ《総委員会関係雑件》）。

(34) 評議員の氏名は次のとおりである。柯邵忞、王樹枏、王照、賈恩紱、王式通、梁鴻志、江庸、胡敦復、楊策、瀬川浅之進、服部宇之吉（以上は総委員会委員）、李盛鐸、傅増湘。また事務主任は徐鴻宝である（前掲『人文研概況』九丁）。

(35) 同書一〇—一一丁

(36) 同書二七丁

(37) 前掲「総委員会記録」四五九ページ

(38) 東方文化学院については山根幸夫「東方文化学院の設立とその展開」（市古教授退官記念論叢編集委員会編『論集近代中国研究』所収、山川出版社、一九八一年）などを参照。

(39) 前掲「日本の「対支文化事業」と中国教育文化界」二七一ページ

(40) 同論文二五七ページ

(41) 前掲『人文研概況』二七―二八丁、もっともその集書方針は、当初の「漢籍専門図書館として儲蔵すべきもの」から、「研究所続修提要に必要なる参考書籍の購収に乏しき憾があつた」との理由によって、「続修四庫全書提要の編纂に必要なるものを主と」するものに変化した。また北京人文研の蔵書については北京人文科学研究所編『北京人文科学研究所蔵書簡目、同続目』(北京人文科学研究所、一九三八―三九年)によって、その全容をほぼ知ることができる。

(42)「満洲国立奉天図書館」が、文化事業部から第一回の援助費を受けたのは、「満洲国」建国からわずか五カ月後の一九三二年八月だった(「館務要録」「国立奉天図書館季刊」第一期、国立奉天図書館、一九三四年、一―二八ページ)。

(43) 前掲「日本の「対支文化事業」と中国教育文化界」二七一―二七二ページ

(44) 前掲『人文研概況』一三丁

(45) 同書一七丁

(46) 同書三一丁

(47)『特定研究「文化摩擦」E．日中文化摩擦　インタヴュー記録1．山室三良氏』東京大学教養学部国際関係論研究室、一九八〇年、六―九ページ。このインタヴューは一九七九年八月一日と十二月八日の両日、山室宅でおこなわれた。聞き手は阿部洋、協力者二見剛史。本章と次章では同書によるところが多い(以下、『インタヴュー』と略記)。

(48) 一九三五年十月十八日発広田弘毅外務大臣宛六百五十五号電「北平人文科学研究所ノ改善竝日本図書館開設ニ関スル件」添付《北京図書館関係雑件》

(49) 前掲『インタヴュー』一〇ページ

(50)《北平近代科学図書館関係雑件》(以下、《雑件》と略記)第一巻

(51) 一九三六年七月三日有田大臣発武藤書記官宛百二十九号電「北平近代科学ニ関スル件」《雑件》第一巻。なお同電には、閲覧室は総委員会事務室として使用中の家屋一棟を改修のうえ使用すること、北京人文研蔵書の公開見送りなどが、あわせて示されている。

(52) 一九三六年八月八日原二吉在山海関副領事発有田大臣宛二百三十二号電「外務省対支文化事業ニ対スル駐平武官ノ

所論ニ関スル件」《参考資料関係雑件　北支那文化工作に関する意見》
(53) 武藤書記官発有田大臣宛三百五号電《雑件》第二巻
(54) 有田大臣発武藤書記官宛九十四号電「北平近代科学図書館主宰者採用ニ関スル件」《雑件》第二巻
(55) 前掲『インタヴュー』一〇ページ
(56) 山室は一九〇五年、長野県生まれ。九州帝国大学法文学部選科を出て、三四年、北京に留学した。戦後は九大教授などを歴任、専攻は中国古代哲学である。六一年、文学博士。
(57) 武藤書記官発有田大臣宛三百七十一号電《雑件》第一巻
(58) 北京近代科学図書館編『北京近代科学図書館一週年報告』北京近代科学図書館、一九三七年、三ページ（以下、『一週年』と略記）
(59) 一九三六年七月二十日有田大臣発武藤書記官宛百一号電「北平近代科学図書館ニ関スル件」《雑件》第二巻
(60) 一九三六年八月六日武藤書記官発有田大臣宛三百八十六号電《雑件》第二巻
(61) 同文書
(62) 同文書
(63) 菊池は一九〇四年生まれ。東京帝大大学院を経て三二年、九州帝大大学院満了。戦後は福岡県立図書館長、西日本図書館学会会長などを歴任した。八四年没。菊池の略歴については岩猿敏生「好学の士菊池租先生」（『図書館雑誌』第七十八巻第十二号、日本図書館協会、一九八四年）などを参照。
(64) 一九三六年八月十一日有田大臣発武藤書記官宛百二十二号電「北平近代科学図書館館員ニ関スル件」《雑件》第二巻
(65) 一九三六年八月十五日武藤書記官発有田大臣宛四百十二号電《雑件》第二巻
(66) 一九三六年八月二十四日武藤書記官発有田大臣宛四百二十九号電《雑件》第二巻
(67) 一九三六年八月七日武藤書記官発有田大臣宛四百九十五号電「北平近代科学図書館ニ関スル意見書送付ノ件」添付《雑件》第一巻

(68)同文書
(69)《雑件》第一巻
(70)一九三六年九月九日林安文化事業部第一課長発花輪義敬一等書記官宛半公信「北平近代図書館ニ関スル文書発送方ノ件」《雑件》第一巻、前掲『インタヴュー』一三ページ
(71)大槻は当時北京人文研の会計主任であり、一九三七年三月まで同館の会計主任を兼任した。辻野は北京在留邦人の一人で、八月二十一日有田大臣発武藤書記官宛百二十九号電「北平図書館ニ関スル件」《雑件》第二巻には「官吏ヲ創立委員トスルコトハ監督上面白カラサルニ付（略）北平在留民中然ルヘキモノヲ形式的ニ創立委員トセラレ度シ」とあり、有名無実の存在だった。
(72)《北平近代科学図書館関係雑件　経費関係》第一巻（以下、《経費関係》と略記）
(73)同文書
(74)同文書
(75)前掲『インタヴュー』一三―一四ページ
(76)「前半期報告書」《経費関係》第一巻
(77)一九三六年十月十二日有田大臣発加藤伝次郎一等書記官宛二百号電「北平日本近代科学図書館ヘノ寄贈雑誌類取調方其ノ他ニ関スル件」《雑件》第一巻
(78)北京近代科学図書館編『北京近代科学図書館概況』北京近代科学図書館、一九三九年、三ページ（以下、『概況』と略記）
(79)同書
(80)前掲一九三六年五月二十七日有田大臣発武藤書記官宛九十三号電を参照。
(81)「北平近代科学図書館ニ関スル件」《雑件》第二巻
(82)前掲『一週年』六ページ。なお開館式の模様は主として同書四―一六ページによった。
(83)同書三一ページ。なお閲覧者数の動向については次章表12を参照。

（84）一九三五年十二月九日、冀察政務委員会設置などの日本の華北分離工作に反対し、さらにはそうした日本に「安内攘外」を唱えて妥協政策をとる国民政府に対し、「内戦停止」と「一致抗日」を求めて、北京大学・清華大学の学生など数千人が請願デモをおこなった。当局はこれを弾圧して多くの死傷者を出したが、次いで冀察政務委員会成立予定日である十六日には、十万人の北京市民が参加したデモが組織され、これに同調する運動が全国的に広がり、のちの抗日民族統一戦線の形成に大きな影響を与えた。

（85）前掲『インタヴュー』三三ページ。なお、苗の正式な退職の日付は翌年二月二十七日である。

（86）一九三六年十一月二十六日有田大臣発加藤書記官宛百七十八号電「北平近代科学図書館司書採用ニ関スル件」《雑件》第二巻。なお、菊池の正式な就任の日付は翌年一月十八日である。

（87）注（64）掲電文参照

（88）一九三七年三月二十五日佐藤尚武外務大臣発加藤書記官宛八十四号電「北平日本近代科学図書館将来ノ方針ニ関スル件」《雑件》第一巻

（89）一九三六年十二月十二日、陝西省西安駐在の張学良軍が、内戦停止・抗日救国を求め、同地を訪れた蔣介石国民政府主席を監禁した事件。

「対支文化事業」関係年表

年	関連事項	「対支文化事業」の展開	日本図書館界の動き
一九一四年	七月　第一次世界大戦開始（―一九一八年十一月）		
一九一五年	一月　二十一カ条要求		

一九一八年	八月　シベリア出兵	三月　帝国議会「支那人教育ノ施設ニ関スル建議案」「日支文化ノ施設ニ関スル建議案」を議決	
一九一九年	五月　五四運動		十一月　第十五回全国図書館大会の「満鮮」開催を決定
一九二〇年	三月　文華大学図書科開設		
一九二一年			八月　衛藤利夫「図書館事業に於ける日支提携の実行策如何」（『図書館雑誌』第四十五号）
一九二三年		三月　帝国議会「対支文化事業特別会計法案」を議決し、制定公布	七月「対支文化事業と図書館」（『図書館雑誌』第五十三号）
一九二四年	四月　満鉄付属地の教育権回復運動	二月「汪―出淵協定」、「対支文化事業」反対運動激化	八月　植野武雄「日支学界の提携」（『図書館雑誌』第六十号）
一九二五年	四月　治安維持法公布 五月　五・三〇事件	四月「反対日本文化侵略大同盟会」組織化 五月「沈―芳沢交換公文」 十月　東方文化事業総委員会成立大会開催	
一九二七年	四月　田中義一内閣発足 五月　第一次山東出兵	十月　北京人文科学研究所、図書館用地取得 十二月　北京人文研成立会開催	

一九二八年	五月　第二次山東出兵（済南事変）	五月　委員会中国側委員、済南事変に抗議して総辞任 十二月　東方文化学院の設立決定	四月　松本喜一、日本図書館協会理事長就任
一九二九年			九月　全国図書館協議会を台湾で開催
一九三一年	九月　満洲事変		十二月「満洲駐屯軍慰問図書雑誌寄附募集」（「図書館雑誌」第二十五年第十二号）
一九三二年	三月「満洲国」建国		二月「満洲事変と図書館」（「図書館雑誌」第二十六年第二号）
一九三三年	三月　日本、国際連盟を脱退		六月「改正図書館令」公布
一九三四年		二月　北京人文研図書籌備処廃止	

第4章　日中戦争と北京近代科学図書館

1　日中全面戦争下の活動

盧溝橋事件の勃発

一九三七年七月七日、北京郊外盧溝橋付近で、日本の中国駐屯軍と宋哲元麾下の中国軍との間で交戦が起こった。いわゆる「盧溝橋事件」（以下、事件と略記）であり、以後、四五年八月の日本の敗戦によって終結に至る、八年間にわたる日中全面戦争の発端となった。

事件後の北京近代科学図書館（以下、同館と略記）は、七月二十七日に避難命令が出て、午後から休館となるまで平常どおりの業務を続けた。そして日本軍の北京入城の翌日、八月九日から業務を再開していて[1]、事件の直接的影響は極めて少なかったといえる。

だが事件は同館に「北支文化工作」の拠点としての任務を課すという、一大転機をもたらしたのであり、それは「既に開館の当初に於て本館の存在に運命づけられた処のもの[2]」ともいえるのである。

日本軍の北京入城の前日、武田熙という特務機関員が来館し、山室と夕食を共にしながら「文化建設」に関して協議をおこなった[3]。また現地大使館は十月二日発八百三十七号電「北支那文化工作ニ関シ北京大使館側意見」

で北支文化工作と同館との関係について、以下のように述べている。

一．今次事変ハ当地ニ於ケル学校並ニ文化機関ニ甚大ナル影響ヲ与ヘ（略）我方トシテモ北支ニ於ケル新事態殊ニ北平カ政治文化ノ中心タルヘキ点ニ鑑ミ之等学校乃至文化機関トノ間ニ密接ナル聯携ヲ図リ文化事業ノ建直シヲ期スルコト肝要ト思考セラル

二．（略）既往ニ於ケル我方文化事業ノ事績ヲ検討スルニ其ノ根本欠陥ハ各事業カ当座ノ思ヒ付ニ左右セラレ各事業間ニ綜合的関係ヲ欠除シ居ル点並ニ各事業カ実際上支那機関トノ聯絡ヲ欠除シ居ル点ニ存ス右ハ素ヨリ既往ニ於ケル北支ノ情勢上已ムヲ得サルニ出テタル所多シト雖北支ニ於ケル我方ノ勢力確立セントスル今日ノ事態ニ於テハ前記欠陥ヲ除去シ以テ新事態ニ適応スル根本的方策ヲ講スルノ要アリト思考シ居ル次第ナリ之カ為ニハ綜合大学ニシテ且従来我方ト比較的良好関係ニアル国立北京大学及国立北平図書館ヲ利用スルコトトシ同時ニ文化事業部ノ（略）人文科学研究所及近代科学図書館ハ北平図書館ト合作スルコトトシ（略）事業遂行上便益多キノミナラス日支ノ文化融合上甚大ノ意義ヲ発揮シ得ヘク又右ハ北支ニ於テ日本関係人材ヲ養成スヘキ最捷径ナリト信ス

三．（略）別ニ現在北支ニ於ケル我方ノ文化事業タル人文科学研究所、近代科学図書館（略）ニ対スル経費ハ引キ続キ之ヲ支出スルコトトセハ我方ニ於テ支那側文化機関ヲ接収セリ等ノ印象ヲ与フルノ懼無カルヘシ(4)

日本軍は一九三七年末までには華北地域をほぼ占領し、十二月十三日に首都南京を制圧した。日本国内は「戦勝」に酔い、翌三八年にかけて北支文化工作についての世論が沸騰した。外務省記録文書には五百枚に及ぶ《北支那文化工作に関する意見》がファイルされているが、中国専門家だけでなく大阪商工会議所、日華仏教研究会、日本労働組合会議など各方面の団体やマスコミから議論が百出し、三八年五月十日には「対支文化工作施設ニ関

スル請願」が衆議院で議決された。
こうした日本の世論のなか、日本占領下の北京で同館が実際どのような活動をおこなったのかを、主要な事業ごとに述べてみたい。

日本語教育事業

事件をきっかけに始められた同館の種々の事業のなかで、最も精力的におこなわれたのは日本語教育だったといえる。同館が日本語教育に取り組むに至った経緯と意義は、以下のように説明されている。

本館が日語教育に従事するに至つたのも矢張直接には事変の勃発を契機としてゞあつた。然し日本の図書雑誌を収蔵し、且これによつて日本文化の紹介に従事するを使命として設立された本館は、この本来の使命を遂行するためにもこれに併行或は前提として日本語の教育をなすことを要請されざるを得ない。しかも亦これを日語教育そのものゝ立場より見るも、文化機関としての図書館に附設結合されることは、単に豊富なる参考関係書の閲覧といふ有形の利便を伴ふに止まらず、日語教育そのものが確かな文化的地盤の上に立つことを得て学習者一般に及ぼす影響は甚だ深いものがあると考へられる。（略）事変勃発して北支の各地がその影響下に立つと共に、日本語の教育はその対策の一刻も猶予すべからざる当面の現実的問題となつた。(5)

日本語教育が事件後の華北地方にとって「一刻も猶予すべからざる当面の現実的問題となつた」とは、換言すれば日本の華北支配権の確立のためには日本語教育が極めて重要な問題であり、そうした意味での日本語教育が同館に課せられた使命なのだった。(6)

①放送日本語講座

	（使用先の判別した分のみ）										他の各所に寄贈した分	総　計
	済南	威海衛	徐州	包頭	遷安	上海	太原	太谷	大同	日本		
	336	63	340	202	20		50	70			1,669	32,564
	90	15	170	202	20	100	50				950	15,100
	200	52		2			50				534	11,145
	80	13	80	2							1,336	7,160
	80	13	25	2							812	4,308
		13		2							658	2,802
	305								60		2,122	8,149
	120										1,263	5,113
	188										683	3,443
	30										298	2,576
											271	2,396
											170	1,022
										1,192	559	1,751
											230	3,231
											1,471	1,650
	1,429	169	615	412	40	100	150	70	60	1,192	13,026	102,410

日本の占領下、九月初旬から北京放送局は日本語講座の放送を開始した（毎週月・水・金、午後五時から三十分間）。同館は九月八日からこの放送の聴講のために小閲覧室を提供し、テキストを無料配布した。これが同館日本語教育の発端である。

この放送日本語講座の聴講者から、その時間が短すぎるとか、日本人の肉声ではないなどの意見が出た。そこで十月八日から毎週一回放送後、同館の日本人職員を講師として音読復習の「補講」を実施した[7]。次いでこの放送が終了したので、十一月十八日から週二日間、閉館後に尋常小学校の国語の教科書を使って「日語補充講座」をおこなった。この講座も同館日本人職員が指導にあたり、三班百八十人を収容した。修業は翌一九三八年六月で、修業者は九十人だった[8]。

②日本語教科書の編集・発行

ラジオ放送を利用した日本語教育実施のかたわら、同館では「時局の帰着点をも予想して将来は中等学校に日本語が正科として課せられるべきものとし、先づ中等学校用日本語教科書の編纂に掛」かってい

表4　北京近代科学図書館編集・発行の教科書類の使用先と発行部数一覧

書　名（発行年月）	地方別使用先						
	北京	天津	保定	通県	遵化	楽亭	唐山
日文模範教科書 初級 巻1（1937年10月）	24,315	3,470	610	270	427	222	500
〃　〃　2（1937年12月）	10,703	2,213	330	42	165	50	
〃　〃　3（1938年1月）	8,896	1,178	51	15	35	50	82
〃　高級　1（1938年3月）	4,847	802					
〃　〃　2（1938年5月）	3,221	155					
〃　〃　3（1938年10月）	2,076	53					
日文補充読本 巻1（1937年12月）	4,413	1,054	100		95		
〃　2（1938年3月）	3,327	301	102				
〃　3（1938年12月）	2,477	45	50				
〃　4（1938年2月）	2,163	35	50				
〃　5（1939年4月）	2,052	3	70				
〃　6（1939年12月）	799	3	50				
中国現代文読本　（1938年10月）							
日本語入門篇　（1939年9月）	3,001						
日本名歌曲選 巻1-3（1939年3月—40年3月）	179						
総　計	72,469	9,312	1,413	327	722	322	582

（出典：「北京近代科学図書館月報 書滲」第42号〔北京近代科学図書館、1942年〕2ページから作成）

た。十月十七日、「事変後最初に北京に現れた中学校用教科書」として、同館編集の『日文模範教科書初級』巻一が発行された。同書は初版千部を印刷したが、「丁度その出版の時当地中等学校に日本語が正科として課せられ」、即日売り切れとなり六千部を増刷した(9)。

以後同館からは『日文模範教科書』全六巻（初級・高級各三巻）、『日文補充読本』全六巻、『日本語入門篇』といった日本語教科書のほか、『日本名歌曲選』全三巻、日本人向けの中国語教科書『中国現代文読本』などが編集・発行された（その他の出版物については次節を参照）。とりわけ前二者の日本語教科書シリーズは、高い評価を受けて版を重ね、一九四二年の絶版までに十万近い発行部数をあげ、日本が占領した中国各地で利用された（表4を参照）。

しかしながら同館のこうした日本語教科書の発行は、単に現地の「日語熱」に応えるために、同館が主体的におこなった取り組みではあるまい。占領政策の一環として、特に軍部からの要請に基づいた宣撫工作の一つとみるべきだろう。一九三七年十二月十四日森島参事官発広田大臣宛九百十七号電「北平

表5　第三期講座の概要

教室	班別
本館	高級班 初級1班
北城	中級1班 〃 2班 初級2班
西城	〃 3班

学 科	1週の授業時数		
	高級	中級	初級
講読	3	4	4
文法	1	1	2
会話	3	3	3
翻訳法	2	−	−
日語学習法	1	1	1

（出典：北京近代科学図書館編『北京近代科学図書館概況』〔北京近代科学図書館、1939年〕28―29ページから作成）

近代科学図書館員東方文化事業総委員会職員及第三種補給生ノ支那側使用教科書編纂事務応援許可方要請ノ件」の内容は、それを裏付けるものである。

今般在当地軍特務部ヨリ支那側中小学校ニ於テ使用スヘキ教科書編纂事務ノ為北平近代科学図書館々長代理山室三良同館司書菊池租（略）ヲ指名ノ上応援方申出タル処右ハ将来我方文化工作上ニモ極メテ有意義ノモノト認メラレタルニ付当該人ノ参集ヲ求メ右ノ次第披露シタル処何レモ之ヲ受諾シタルニ付（略）[10]

③日語基礎講座の開設

一九三七年十一月、前述の同館編集の教科書を使用して、同館主催による本格的な日本語教育講座「日語基礎講座」が始まる。当初定員四十人で毎週火・木・金・日曜の午前八時三十分から九時二十分まで、放送日本語講座と同じく小閲覧室を使って開講する予定だったが、受講希望者が多く第二班を設け定員百二十人とした。テキストは『日文模範教科書　初級』巻一・二、学期は三カ月、授業料は毎月一元だが、全日皆勤者には全額返還、欠席が五日以内の者にはその日数に応じて減額返還した。

開講式では山室から「日本語の研究が単なる生活の便宜としての語学の習得にとゞまらず、深く言語の背後に存する日本文化並日本民族精神の理解にまで進むべき」であるという同館での「日語教育の根本精神」が述べられた[11]。第一班は十一月十一日から毎週火・木・金・土、二班は十三日から月・水・土・日

表6　日語基礎講座学生数統計

学期	班別	入学	卒業
第1期 1937年11月－38年2月	初級	91	80
	中級	－	－
	高級	－	－
第2期 1938年3月－6月	初級	139	90
	中級	57	42
	高級	－	－
第3期 1938年6月－9月	初級	145	61
	中級	82	50
	高級	46	28
第4期 1938年9月－12月	初級	47	28
	中級	61	41
	高級	36	23
	補充講座	57	9
	中間級初級	40	10
第5期 1939年1月－3月	初級	92	49
	中級	81	43
	高級	35	21
第6期 1939年4月－7月	初級	99	54
	中級	81	42
	高級	56	38
第7期 1939年9月－12月	初級	－	－
	中級	63	28
	高級	24	14
第8期 1940年1月－4月	初級	31	19
	中級	32	15
	高級	28	17
第9期 1940年5月－8月	初級	37	21
	中級	36	22
	高級	30	17
第10期 1940年9月－12月	初級	37	22
	中級	37	25
	高級	32	19
第11期 1941年1月－4月	初級	－	－
	中級	34	16
	高級	34	20

（出典：1―3期：「館刊」第5号〔北京近代科学図書館、1938年〕168ページ、4―6期：前掲『概況』31―33ページ、7期：「月報」第15号〔北京近代科学図書館、1940年〕1ページ、8―11期：「月報」第28号〔北京近代科学図書館、1941年〕1ページから作成）

の授業により、第一期日語基礎講座が開始された。

一九三八年三月、北京北部の地安門内黄化門大街四号に教室二部屋などの設備をもつ校舎を借り入れた[12]。第二期基礎講座はこの校舎も使用して、初級講座（第一期講座と同一の内容）三班のほか、第一期（初級）修業者を

表7　師範科の概要

学科	前期	後期	学科	前期	後期
修身	1	1	中国古文選読	2	2
音声学	1	0	日本文化史	3	0
聴写	1	2	日本文学史	0	3
会話	4	3	日本国語学	0	3
習字	1	0	言語学	2	0
訳読	5	2	教育	2	0
古文選読	0	2	心理	0	2
作文実習	1	2	日本国情	1	0
翻訳法	2	2	世界事情	0	1
文法演習	2	2	体育	1	1
日語教授法	0	1	音楽	1	1

（出典：前掲『概況』35―37ページから作成）

対象とした中級班を新設した。

また第二期では初級・中級ともに同館嘱託で日本憲兵教習隊教官でもある満石栄蔵を講師に、「日語学習法」という科目を設けた。その時間は教科書を使用せず「日本の国情文化の理解に備へ更に訓育方面にも力を注ぐ等教授内容にも極力刷新を計」り、「徐州陥落慶祝日[13]に際しては特務部北京班の慫慂に依り宣伝ポスター標語等を町筋に掲示し慶祝会に多数の生徒を参列せしむる等[14]」の授業をおこなった。

六月、新たに中級班修業者を対象とした高級班を開設して、第三期基礎講座が始まった。この三期から同じく六月に開館した西城分館（詳細は後述）にも教室を設け、北京の東部（本館）・北部・西部に教室をもつ、それぞれ三カ月の学期からなる初・中・高級の基礎講座が成立し、同館日本語教育の「根幹と大体の態勢が備わった」のである[15]（表5を参照）。同館での日語基礎講座は、カリキュラムなどに手直しを加えながらその後一九四一年まで十一期にわたって継続され、多くの受講者があった（表6を参照）。

表8　北京近代科学図書館が提案した日語専門学校のカリキュラム

予　科（半年）		
科　目		時間
修　身		1
日本語	音声学	1
	講読1 2	5
	会　話	3
	文　法	3
	作文翻訳	2
日本地誌		1
日本歴史		1
中国国文		2
音　楽		1

本　科（1年半）				
科　目		1学期	2学期	3学期
修　身		1	1	1
日本語	講読1 2	5	5	5
	会　話	3	3	3
	文法演習	1		
	作文翻訳	2	2	2
日本地理学		1		
日本文化史		1	2	
新聞雑誌 日本事情		1	1	1
言語学		2		
教育学及教授法			1	1
論理学		1		
心理学			1	
哲学概論				2
東洋思潮				2
中国国文		1	2	2
音　楽		1	1	1

（出典：「日語専門学校学科課程案に就て」〔「月報」第10号、北京近代科学図書館、1939年〕2ページから作成）

④師範科の開設

表9　北京近代科学図書館が開催した主な展覧会

期　間	名　称	出品点数	参観者
1939年1月21日－23日	日本芸術写真展覧会	90	453
1939年12月9日－10日	開館3周年記念 日本美術図書資料展覧会 中国人日本研究図書展覧会	 167 843	 406
1940年12月7日－9日	開館4周年記念 日本美術図書図録展覧会 日本医学図書雑誌展覧会	 166 1,763	 478
1941年 12月6日－9日 7日－9日	開館5周年記念 日本医学図書雑誌展覧会 翼賛図書展覧会	 2,200 870	 268 414
1942年6月24日－30日	分館開館4周年記念 中日学童作品展覧会	801	865
1942年12月1日－11日	開館6周年記念 日本絵巻物展覧会 推薦図書展覧会	 106 318	 262 440
1942年12月6日－11日	大東亜戦争1周年記念 大東亜関係図書資料展覧会	417	265

（出典：「（北支の図書館）8．北京近代科学図書館」〔「月報」第40号図書館紹介専刊、北京近代科学図書館、1942年〕8ページ、「昭和17年度事業成績」〔「月報」第51号、北京近代科学図書館、1943年〕2―3ページなどから作成）

一九三八年九月、基礎講座高級班は初の卒業生を送り出したが、その高級班修了生、もしくは他の日本語学校で一年以上日本語を学習した者を対象に、師範科が開設された。この師範科は日本語教師の養成を目的として、当時の日本語教師不足に対応するために、軍からの要請もあって、助成金を六千円増額して実施された⑯。

師範科は修業期間六カ月、一日五時間一週三十時間の授業をおこなった。学科は「日本語の指導のみならず教育者及教授者たるべきものの養成に欠くべからざる補助学科をも重視し⑰」、「修身⑱」などを課した（表7を参照）。

⑤日本語教育の終結

事件以来一年余、順調な発展を続けてきた同館の日本語教育は、師範科の開設を頂点に次第に縮小に向かう。それは一九三八年十二月に設立され、外務省に代わって同館の監督官庁となった興亜院の方針によるものである（詳細は第2節を参照）。

師範科は一期十八人の卒業生を出しただけで、一九三九年二月に終了した。日語基礎講座も同年九月開講の第七期から収容人員を大幅に削減し、ついに四一年四月、十一期をもってその歴史を閉じた⑲。

こうした興亜院の方針に、その実践と成果に自

表10　1940年度の映画会などの活動状況

回	月日	場　所	対　象	人数	上映フィルム
1	7月30日	本　館	一　般	200	『国立公園』ほか6種
2	8月17日	西城分館	同　上	300	『液体空気』ほか5種
3	9月14日	同　上	中日児童	250	『世紀の翼』ほか2種
4	9月29日	本　館	一　般	300	『海の測量』ほか5種
5	10月30日	同　上	同　上	250	『新興産業』ほか5種
6	12月21日	同　上	日語講座学生	60	『紙』『世紀の翼』
7・8	3月11日	同　上	日本第二小学校児童	120	『世紀の翼』ほか2種
9	12月10日	北京興亜高級中学校		80	『十和田湖』ほか3種
10	12月13日	自由学園北京生活学校		120	『栄養の話』ほか3種
11	12月16日	北京日本東城第一小学校	日本高等女学校生徒	650	『栄養の話』ほか6種
12・13	12月23日	同　上	同校児童	1,200	『かえる』ほか3種
14	1月25日	西城分館	中日学生修養会員	30	『世紀の翼』ほか2種
15－17		自由学園北京生活学校	（フィルム貸出）		『日本紙』ほか6種
18・19		同仁会華北支部	同　上		『日本刀』ほか8種
20－24		聖母会修道院	同　上		『日本紙』ほか7種

（出典：「昭和十五年度事業報告」〔「月報」第29号、北京近代科学図書館、1941年〕2―3ページから作成）

信をもつ同館側は反対だった。興亜院によって予算を削られながらも、次々と新企画を打ち出したのはその表れといえるだろう。[20]また興亜院に対して師範科を発展させたものといえる、同館が設立・経営する「日語専門学校」の創設を提言したが認められず、結局同館での日本語教育は発足から四年足らずで終結となる（表8を参照）。

なお以上のような日本語講座の講師を担当したのは、山室・菊池らの同館職員や、北京留学中の学生・学者といった日本人のほか、[21]「親日」中国人だった。こうした日本の占領政策に「協力」した人々は、抗日人士から「漢奸」と呼ばれ強く非難された。[22]

その他の事業

日本語教育以外にも、同館では様々な事業が実施されている。その端緒は一九三六年十二月六日の開館記念講演会だが、本格的なものは事件後の開館一周年記念の各種事業だったといえるだろう。以下、その他の事業のうち主要なもの三種類について簡述したい。

①展覧会

一九三七年十二月七・八の両日、開館一周年記念として同館閲覧室を会場に、北京研究図書資料展覧会が催された。これはその名のとおり、北京に関する各種図書・資料六百十四種二千四百五十九点を展示したもので、同時に日本語研究書や日本芸文書の中訳・欧訳書二百余種を別室に陳列紹介し、三百余人の参観者を集めた。[23]

翌一九三八年の開館二周年記念には、日本中・小学生徒児童書画展覧会、日本生活風景写真展覧会を、十二月十日から十五日まで中央公園で開催した。前者には二府一道三十六県と朝鮮二市の中学校百二十三校・小学校百二十五校から、後者には十四団体から出品があり、延べ六千四百六十人の参観者があった。[24]

こうした展覧会は一九四三年末までに十四回開かれ（表９を参照）、また三八年十一月の福岡県主催の北支蒙彊全貌展覧会[25]など、「内地」で開催された展覧会への出品協力もおこなっている。

表11　児童閲覧室の1942年11月までの閲覧者数

	本　館		分　館		計
	日本人	中国人	日本人	中国人	
第3年（1938年12月－39年11月）			1,773	19	1,792
第4年（1939年12月－40年11月）	3,156	209	7,924	1,235	12,524
第5年（1940年12月－41年11月）	6,264	578	6,657	2,563	16,062
第6年（1941年12月－42年11月）	5,214	2,413	4,965	1,403	13,995

（出典：「開館以来六年間事業報告」〔「月報」第47号、北京近代科学図書館、1943年〕5ページから作成）

②映画会

一九三七年十二月七・八の両日、やはり開館一周年記念として、真光電影院を借りて日本紹介映画会を催した。これは「皇軍慰問」と日本紹介を兼ねた日本映画の上映であり、二日間六回の上映で日中四千数百人の観覧者があった。北京の劇場での日本映画の公開はこれが最初であり、「一般民衆に与へた感銘も深く、日本紹介の点からも、宣撫的の意味からも効果は多大であると評せられた」[26]。その上映映画

	第4年度（1939年12月－40年11月）				第5年度（1940年12月－41年11月）				第6年度（1941年12月－42年11月）			
	中国人	日本人	その他	計	中国人	日本人	その他	計	中国人	日本人	その他	計
	1,233 442	590 474	1 0	2,740	1,169 599	832 818	0 0	3,418	1,803 334	1,018 290	0 0	3,445
	1,548 336	523 420	0 0	2,827	1,464 409	751 549	0 0	3,173	2,124 516	1,105 410	0 0	4,155
	1,212 225	824 562	1 0	3,824	1,232 482	939 716	0 0	3,396	1,385 437	946 250	0 0	3,018
	1,414 323	948 1,102	0 0	3,787	1,502 597	1,664 1,419	1 0	5,183	1,818 546	1,481 533	0 0	4,378
	1,381 290	837 611	2 0	3,121	1,309 450	1,291 741	1 0	3,792	2,247 478	1,497 536	0 0	4,758
	1,329 379	1,053 659	1 0	3,421	1,291 575	1,414 731	0 0	4,012	2,430 546	1,618 597	0 0	5,191
	1,458 352	1,123 776	1 0	3,710	1,468 714	1,777 856	0 0	4,815	2,488 723	1,869 490	0 0	5,570
	1,915 508	1,457 1,068	0 0	4,948	1,697 1,790	2,321 594	0 0	6,402	2,751 895	2,545 1,395	0 0	7,586
	1,831 627	1,624 1,897	4 0	5,983	1,680 745	1,984 1,432	1 0	5,843	2,143 721	2,205 1,035	3 0	6,107
	1,557 751	1,873 1,465	1 0	5,647	1,421 799	1,441 900	0 0	4,561	1,971 577	1,981 766	0 0	5,295
	1,581 622	1,537 1,123	0 0	4,863	1,318 776	1,397 671	0 0	4,162	1,773 619	1,614 543	1 0	4,550
	1,548 484	1,034 714	0 0	3,780	1,290 1,282	1,194 545	1 0	3,412	2,018 516	1,566 530	0 0	4,630
	23,346	24,294	11	47,651	25,159	26,979	4	52,142	31,859	26,820	4	58,683

表12　開館から6年間の閲覧者数

年度	第1年度（1936年12月－37年11月）				第2年度（1937年12月－38年11月）				第3年度（1938年12月－39年11月）			
	中国人	日本人	その他	計	中国人	日本人	その他	計	中国人	日本人	その他	計
12月	371	115	1	487	2,712	96	1	2,809	1,217 832	269 31	0 0	2,349
1月	426	166	0	592	2,521	93	0	2,614	1,629 951	271 43	0 0	2,894
2月	495	165	2	662	2,463	140	0	2,603	1,148 685	281 39	0 0	2,153
3月	597	116	0	713	3,136	180	1	3,317	1,399 801	536 35	0 0	2,771
4月	1,083	180	1	1,264	3,301	149	1	3,451	1,234 468	710 67	0 0	2,479
5月	1,121	225	0	1,346	3,309	193	0	3,502	1,277 488	794 201	0 0	2,760
6月	1,112	255	0	1,367	2,325 642	229 41	0 0	3,237	1,052 586	565 256	0 0	2,459
7月	1,056	103	0	1,159	2,724 769	306 61	0 0	3,860	1,252 792	516 364	0 0	2,924
8月	490	48	0	538	3,112 1,026	455 64	0 0	4,657	1,329 550	783 478	0 0	3,140
9月	697	43	0	740	2,224 1,121	325 44	0 0	3,714	1,247 476	844 903	0 0	3,470
10月	1,234	115	0	1,349	1,633 807	345 74	0 0	2,859	1,205 472	755 749	0 0	3,181
11月	2,406	88	0	2,494	1,372 951	332 74	0 0	2,729	1,224 471	653 625	0 0	2,973
計	11,088	1,619	4	12,711	36,148	3,201	3	39,352	22,785	10,768	0	33,553

注：各月の数字の上は本館（北城閲覧所を含む）、下は西城分館
（出典：「開館六年間閲覧成績」〔「月報」第46号、北京近代科学図書館、1942年〕4ページから作成）

は同館所蔵の『嵐山』『悦ちゃん』のほか、日本大使館提供で「産業・教育・国防の各篇に分れて躍進日本の現状を紹介して余蘊な」い『現代日本』、満鉄北京事務所提供で「日本と提携せる満洲国王道政治下の民衆の嬉々たる生活を写し得て遺憾無」い『娘々廟祭』と『吉林廟祭』であった。(27)

一九三九年十二月の開館三周年記念には、日本文化映画会を実施した。これは国際文化振興会提供の『現代の日本』『日本小学校の生活』『興亜序曲』と、軍報道部提供の『捕鯨』『花園の天使』を三回にわたって上映したもので、四千四百八十五人の観覧者があり、そのうち「〇〇病院傷病将士」三百五十人を除いた多くが中国人だったという。(28)

同館では一九四〇年三月、十六ミリ映写機を購入、以後四三年末までに八十一回の映画会を開き、(29)他にフィルム・映写機の貸し出しなどをおこなった(表10を参照)。

③編集・出版

前述した各種教科書以外にも、同館編集・発行の出版物は数多い。以下はその主なものである。

「館刊」は一九三七年九月、事件後の北京で初めて発行された雑誌で、「日本文化の紹介と東洋文化の唱明に資すべき学術論文を支那訳して中国の知識層に紹介することを目的」とし、第六号まで刊行された。(30)

『叢刊』は「館刊と相応じて東方文化の宣揚に資せんとするもので、その趣旨に沿ふ論文を支那訳し、単行本として出版したもので、」一九三九年末までに二十八冊が発行された。(31)

「北京近代科学図書館月報 書滲」(以下、「月報」と略記)は一九三八年七月創刊。館務報告のほか、日本文学作品の中国語対訳などを掲載した。しかし戦局の悪化にともなう用紙難などから、四三年の第五十号から隔月刊・減ページとなり、四五年、第五十五号で停刊になった。

その他同館からは各種目録や『日本音楽講座歌曲集』第一―四輯、『日本詩歌選』などが出版されたが、その多くは同館が興亜院に移管する前の出版物である。

図書館活動の充実

開館以来、同館の閲覧者は着実に増加していた。事件直後はさすがに利用者が減少したがすぐに旧に復し、以後は激増を示した（表12を参照）。

事件後、北京図書館など多くの文化施設が機能を停止し、市民は「文化的飢餓状態」に陥っていたといえる。そのなかで同館だけが日本軍入城の翌日から業務を再開し、九月には「図書特別購入」をおこなって、平常どおりの活動をしていることを印象付けた[32]。加えて前記のような多彩な事業を実施した結果、人々が同館に殺到することになったのだろう。

北京地方の治安が「安定」するなか、同館の利用者も増え続け、一九三八年三月には月三千人台を突破した（表12を参照）。同館では北京西部に分館を建て、同地区在住の利用者の不便を解消するとともに、本館の混雑緩和を図ることになった。同年四月、北京西城小将坊胡同十八号に館舎を借りて準備を始め、六月七日、西城分館が開館した。西城分館は閲覧室一（閲覧席四十・書架十・雑誌架六）・新聞閲覧室一・日語教室二などからなり、およそ千五百冊の図書、百二十冊の雑誌、三十種の新聞を備え、すべての図書・雑誌が開架公開された[33]。

また一九三九年六月、それまで日本語講座の教室に使用していた北京北部の建物を改修し、北城閲覧所として一般公開した。同所は閲覧室一（座席二十）、図書約千冊、雑誌約百二十冊、新聞約二十種を備えていた[34]。

こうして同館は、北京東部の本館、西部の分館、北部の閲覧所の三カ所で、その活動をおこなうことになったのだが、事件から二年を経た一九三九年ごろからその利用者層に変化が生じる。それは中国人利用者数の横ばい傾向に対して、日本人利用者の増加が目立つようになったことである。同館は元来中国人への日本紹介図書館として誕生し、したがって開館後一年間の記録でも、閲覧者全体に占める日本人の割合はおよそ一二パーセントにすぎなかった。ところが第三年度（一九三八年十二月―三九年十一月）では、その約三〇パーセントが日本人となり、翌年度には五〇パーセントを超えるに至った（表12を参照）。

同館もこうした状況を見て、「もともと日本人を対象とするものではなかつたが、在留日本人に対する文化施設の不充分な現在であれば、本来の建前の外にも館としては考慮しなければならぬ[35]」とし、同館が「啻に中国人への日本紹介に止らず現地日本人の研究教養乃至は慰安施設としての使命[36]」をもつようになったとするのである。

とりわけ邦人児童の入館が激増したことから、同館では以下のような方針によって一九三九年、児童閲覧室の開設を決定する。

一．児童の精神生活を豊富ならしむること
二．読書力の練成を計ること
三．図書其他の印刷物を通じて常に日本の自然及文化に触れしむること
四．学習の補助
五．社会生活の体験訓練等[37]

表13　1941年11月までの外借文庫の発送状況

	回数	冊数
第2年（1937年12月－38年11月）	4	419
第3年（1938年12月－39年11月）	0	0
第4年（1939年12月－40年11月）	15	772
第5年（1940年12月－41年11月）	57	3,494
第6年（1941年12月－42年11月）	70	4,270

（出典：「開館以来六年間事業報告」〔前掲「月報」第47号〕5ページから作成）

そして同年七月から設置研究委員五人によって新設への研究協議がおこなわれ、九月十日、西城分館に児童閲覧室が開設された。同室は座席二十四、図書約千冊、雑誌約四十種を備えていた[38]。次いで翌年七月五日には本館にも児童室が開室し[39]、日本人だけでなく中国人の児童も数多く利用していた（表11を参照）。なお児童向けの同館の活動には「紙芝居と映画の会[40]」などがある。

利用者層の変化以上に同館に大きな影響を及ぼしたのは、同館が興亜院に移管され、その結果予算が大幅に削減されたことである。前述のように興亜院の方針により、一九四一年四月をもって同館日語基礎講座が廃止になり、最後の卒業式が四月十三日に挙行されたが、その翌日、北城閲覧所もあわせて閉鎖になった。同所は三九年

六月の一般公開以来一年九カ月足らずの開設だったが、蔵書利用者は六千七百五十一人を数えていた。[41]

予算の減額による同館活動の縮小は、一面「図書館の本来的使命即ち図書の収蔵閲覧に全力を挙」げ、「外部への働きかけも主として図書の閲覧を軸心として考へ」る結果になった。[42]前記の児童閲覧室設置や外借文庫の活発化はその表れといえるだろう。

外借文庫は開館一周年記念事業の一つとして、「中日文化の溝通と日本紹介をも兼ね、更に事変後終熄し居る当地各図書館相互間の提携聯絡復活の一契機ともならしめ」[43]る目的で始められ、一九三八年二月、第一号が北京市立第一普通図書館に貸し出された。ところが十月に第四号を発送して、五号を新民学院、高等警察学校、女子師範学院へ送る準備中のところで中断される。[44]それが約一年半後の四〇年二月、五号を北京第一社会教育区新民教育館へ発送したのを皮切りに再開され、[45]その後は各所に次々と文庫を送り出すのである（表13を参照）。

外借文庫が一九四〇年から再開され、以後盛んにおこなわれるようになったのは、前述のように同館が「外部への働きかけを主として図書の閲覧を軸心として考へ」ざるをえなくなったことと、「日本居留民の教養乃至研究の一翼を担ふべく、居留民を対象」に文庫を発送するようになったこと、[46]さらには同館が四二年一月から図書の貸出を停止したことにもよるのだろう。

この図書外借制度中止の理由は、貸し出した図書で回収不能になるものが増えたからである。また同時に、これまで開架陳列されていた雑誌類も、紛失するものが増加したとの理由から、順次納架式に改めることになった。[47]だが図書の館外貸出制度や雑誌の開架制を中止した最大の原因は、利用者の増加に見合う職員を配置するだけの財政的余裕が同館になくなってしまったことによるものだろう。この一九四二年には、図書購入費にも事欠く実情で、[48]同館の経営はこのころからすでに危機的な状態になっていたのである。

同館の活動への評価

以上のように、事件をきっかけに同館は各種の事業を精力的に展開し、北京・華北地方を代表する文化機関に成長した。こうした同館の活動を推し進めたのは山室以下の同館職員だが、特に山室の指導力と行動力に負うところが大だったといえるだろう。外務省も山室の功績を認め、一九三八年三月、館長に昇格させ、四月に外務省嘱託に任じた。

貴地近代科学図書館長山室三良ハ貴地ニ於ケル対支文化宣布及日本語普及ノ中心トナリ日支間ノ精神的諒解ヲ進ムルニ功ヲ納メツツアリ就テハ同人ヲ外務省嘱託（無給）トシ対支文化事業ニ必要ナル諸般ノ調査ヲ依嘱スルト共ニ現地日本側官民諸機関トノ交渉等ニ際シテノ同人ノ活動ヲ一層有効ナラシムルコトトセリ[49]

実務面で同館と山室を支えていた菊池の存在も見逃せない。図書館業務に精通していた菊池は、着任後まず分類表の改訂をおこなった。また同館の開館当初の目録カードは書名だけだったが、菊池は著者名目録のほか、色カードを使って叢書などの内容細目カードや参照カードを作り、目録の充実を図った。[50]

だが同館の活動は日本の華北文化工作の一翼を担うものであり、それは日本の華北統治政策への寄与を意味していた。同館に対する高い評価は「日本の論理」によるものであり、民族の自決を求める中国の人々からは厳しい目を向けられていたことは疑うべくもない。

一九三八年九月二十七日午前一時半ごろ、本館閲覧室から時限発火装置による火災が発生した。火災は雑誌架三個、雑誌約八十種などを焼いただけで消火されたが、放水による二次的損害も含めて被害総額は七百五十円だった。また西城分館閲覧室からは不発に終わった発火装置が発見され、本館からの出火とほぼ時を同じくして中原公司・美松食堂デパートなどの日系企業でも同様の火災が発生していた。

この「放火事件」は日本憲兵隊などによって秘密裡に処理され、職員には箝口令が発せられた。同館は「図書整理のため」[51]という理由で、二十七・二十八の両日閲覧を中止して復旧工事をおこない、二十九日には業務を再開した。

しかしながら精巧な時限発火装置を用い、同時に複数の日系施設を狙ったその手法から見て、この放火事件は単なる暴発的な反日行動とは思われない。民族としての誇りに目覚めた勢力による組織的・計画的な反日直接行動であり、「当地社会人心ヲ動揺セシメ他面本館ノ対支文化工作ニ蹉跌ヲ与ヘントスル」目的をもっていたことは明白である。(52) そして同館が本館と分館の二カ所に発火装置を仕掛けられたということから、中国の人々が同館をどのように評価していたかを、うかがうことができるだろう。

2　拡大する戦争のなかで

軍部との関係

同館の活動が日本の華北文化工作の一端をなすものであるということは、必然的に軍部との密接な関係が存在していたことを意味する。「月報」連載の「本館日誌抄」には、同館に軍特務部員などが頻繁に出入りしていた記録が残っていて、また前述のように同館の様々な事業には直接・間接に軍が関与していた。

前線慰問文庫の実施も、同館と軍との関わり合いを示すものだろう。一九三八年七月七日、「事変一週年記念日ヲトシテ」前線慰問文庫三函三百冊が、さらに十二月、同館開館二周年記念事業の一つとして、二函二百冊が日本軍に送られた。この文庫の趣旨は以下のとおりである。

今般ノ日支事変ニ際シ支那ニ派遣セラレタル皇軍諸将士ガ激烈ナル戦闘ノ余暇或ハ娯楽的読物ニ慰安ヲ求メ或ハ駐支ヲ機会トシテ支那ニ関スル何等カノ基礎的知識ヲ得ント欲シ乃至遠ク異郷ニ来リテ却ツテ本国ノ歴史・文化等再認識ノ必要ヲ感ズル等図書雑誌ニ関スル需要甚ダ盛ナルモノアルハ周知ノ処ニシテ（略）斯種ノ事業ヲ組織的体系的ニ実施スルハ正ニ図書館ノ事業ニ属シ殊ニモ事変初発ノ地ニ所在シ眼ノアタリ皇軍将

士ノ労苦ヲ見皇軍将士ノ武威ニ依リテ兵火ノ厄ヲ免レタル本館トシテ実施最モ肝要ナル事業ト思料シ、（略）[53]

この前線慰問文庫によって送られた図書類は、「今回ノ事変ハ容易ニ徹《(ママ)》兵期ノ予想ヲモナシ得ズ将来トモ永ク各地ニ駐兵セザルベカラズト思料セラルルニ付[54]」回収不能であるとして、寄贈の形式がとられたが、一九四〇年十二月に開館四周年記念として始められた皇軍慰問文庫は貸出制となった。[55] これは皇軍慰問文庫が先述の外借文庫の一部として実行されたことによるもので、四二年十一月までの外借文庫百四十六回八千九百五十五冊のうち、十八回千十四冊が皇軍慰問文庫であった。[56]

一九四一年七月、「北支軍司令部」は同館に「軍管理図書」の管理を委託する。これは実は清華大学から接収したもので、[57] 欧米の中国研究書や雑誌など「正に宝庫の感がある」コレクションだった。[58] 同館は児童室を移転するなどしてこれを受け入れ、[59] 日中文図書六千百九十六冊、欧文図書五千七百八十五冊、日中文雑誌一万八百九十六冊・欧文雑誌二千五百二冊の合計二万五千三百七十九冊を整理のうえ、『管理図書目録』三冊を作成した。[60]

山室は軍部などによる文化財産の略奪行為を快く思っておらず、その旨を軍部に進言したが、逆に清華大学蔵書の管理を委ねられたのである。そこで搬入された図書類には直接同館の蔵書印を押さずにブックポケットに押印して、書物自体に傷をつけないように注意を払った。しかし十二月の対英米開戦後には、没収したイギリス・アメリカ人の個人蔵書までが、同館に持ち込まれた。[61]

日本の図書館界との関係

前節で記した前線慰問文庫や皇軍慰問文庫は、おそらくは日本図書館協会（以下、日図協と略記）による「皇軍慰問図書雑誌寄附募集」に発想を得たと思われる。

一九三七年の十月と十二月の二回にわたって、日図協は以下の趣旨によって寄付図書・雑誌の募集をおこなう。

今次支那事変勃発以来河北察南の山野又は江南の溝渠地帯を席捲しつゝある皇軍は祖国権益の確守と在留同胞の擁護に日夜勇戦奮闘しつゝあり此等忠勇の将士に対し感謝と激励を送るは銃後国民の荷ふべき本務なり曩に満洲事変に際し本協会は慰問図書雑誌を駐屯軍に贈り聊か典籍報国の誠を効せり茲に再び弘く有志の賛同を得て図書雑誌を募り以て前線将士慰問の資に供せむとす会員諸賢挙つてこの翼図に参加せられむことを望む[62]

この文中にあるように、日図協はかつて満洲事変でも同様の取り組みをおこなった[63]。つまり日図協はこの時期一貫して日本の対中政策を支持する立場をとり、そのために「暴戻なる支那匪賊の剿滅に奮闘せられつゝある我が忠烈なる将兵に対し[64]」慰問図書を贈るのである。日図協が同館と親密な関係をもつに至るのは、日図協のこうした姿勢によるものでもある。

一九三六年十二月の同館開館式での山室の式辞に、次のような一節がある。

本図書館は已に日本図書館協会日本読書協会及び中華図書館協会の三つの団体に加入致しました。何等かの意味で本図書館が日本の図書館と支那の図書館との連絡点となり得る事が出来、ひいては日本の学界と支那の学界とを一歩でも近づけ得る事を願ってやみません、(略[65])

ただし、開館時に同館が日・中両図書館協会に加盟していたという事実は確認できていない。中華図書館協会の一九三六年度新規入会機関十三カ所に同館の名はなく[66]、「図書館雑誌」所収の会員異動欄も同様である[67]。山室は総委員会北京人文研が以前から両協会に入っていたことをもって、このような発言をしたと思われる。

同館と日図協との具体的な接点となったのは、一九三七年六月「満洲国」で開催された第三十一回全国図書館大会だろう[68]。六月二日加藤書記官発佐藤大臣宛二百七十二号電「第三十一回全国図書館大会ニ山室館長代理出席ノ件」では、「第三十一回全国図書館大会側ヨリ近代科学山室ニ対シ勧誘ノ次第アリタルニ付同人ヲ之ニ参加セシムルコトトシ[69]」とあり、大会主催者側からのはたらきかけによって山室がこの大会に参加することになった[70]。そして大会終了後の日図協理事長松本喜一ら「北支」旅行者一行の北京での接待は同館があたり、その費用も同館接待費から支出された[71]。

同館が日本の図書館界から強い注目を浴びるようになったのは、事件を端緒として同館が様々な事業を開始してからである。「図書館雑誌」第三十一年第十二号（一九三七年）三七四―三八五ページ所収の「北支文化の黎明期に輝く北京近代科学図書館の活躍」は、まず冒頭に「戦乱の巷から治安回復に還元する北支に於て文化施設バロメターの第一線に聳ゆる北京近代科学図書館の活躍は斯界の関心を喚起しつゝあるが、最近同館の状況は北支文化の黎明に大きな示唆を与へるものである」としたうえで、同館の事件後の活動を紹介している。この記事以降、「図書館雑誌」には折にふれて同館に関する記事が掲載され、日本の館界に同館の動静が詳細に伝えられるようになった。

一九三八年三月、一時帰国上京した山室は、帝国図書館で日図協評議員を対象に、「事変勃発前後の北京の状態及対支文化工作に於ける同館の使命等に就」いて講演をおこなった[72]。同年山室は松本の紹介で、特別会員として日図協に入会した[73]。翌三九年十一月、山室は「現地にある日本側図書館として日本図書館協会とより緊密なる連絡を保つ為」、日図協未加入職員の入会を希望し[74]、十一人が山室の紹介によって入会する[75]。また四〇年四月から、同館書記朱君煒が委託生として文部省図書館講習所に留学するが、これは三月、山室が同所所長でもある松本に特別入学を依頼し、松本が快諾したという経緯による[76]。

こうして同館と日図協は次第に深いつながりをもつようになり、ついに一九三九年末の日図協評議員改選で、山室は評議員に選ばれる[77]。以後、山室が日図協評議員としてどのような活動をしたかは不明である。「図書館雑誌」を見るかぎり、山室が評議員会に出席した記録さえないし、同誌休刊までに評議員を辞任した記録も見当たらなかった。すなわち山室の評議員選任は、彼の「北支」での存在を意識した、極めて政治的な人事ということができる。

同館と日図協との強い結び付きは、人的には山室と松本、さらには中田邦造によって支えられていた。中田は一九四一年の九月から十月にかけて、興亜院華北連絡部文化局の依頼により北京を訪れる。これは華北各省市社会教育人員短期講習会の講師として招かれたもので、中田は「新秩序建設と図書教育」と題する講義を四日間にわたっておこなった。その講義の最終日、中田は山室に会い「華北の図書館協会の問題、日本図書館協会華北支部の問題」(78)などを話し合った。

この図書館協会云々の両者の話のなかで、「大東亜図書館協会聯盟」構想が、協議されたと思われる。この構想については、日本では中田が、北京では山室が、舞台裏で動いていて(79)、日図協総裁松平頼寿を通じて「満洲国」にも呼びかけられ、計画が具体化しつつあった(80)。だが戦局の悪化は、やがて日図協自身の活動さえ脅かすようになり、この構想も立ち消えとなった。

中国の図書館界の動向

一方、日本の侵略に反対する多くの中国の民衆は、国共合作を中核とする抗日民族統一戦線に結集していた。人々の頑強な抵抗は戦争を長期化させ、日本はその打解のために「大東亜共栄圏」構想を打ち出し、南方への進出を図る。しかしこれはアメリカ・イギリスとの矛盾を激化させ、ついに一九四一年十二月、日本はアメリカ・イギリスに宣戦を布告、日中戦争は第二次世界大戦の一環に組み込まれることになる。

日本の占領地域からは、その支配を嫌う人や機関が続々と「大後方」(国民党支配地)へ、あるいは「解放区」(共産党支配地)へと移っていった。北京図書館も、一九三七年八月館長袁同礼以下北京を離れ、湖南省長沙で北京大学・清華大学・南開大学と合同して「長沙臨時大学」を開校した。翌年同校は雲南省昆明で「西南聯合大学」となり、北京図書館も同じく昆明に遷った。北京図書館は同地で西南聯合大学と合作して中日戦争史料徴集会を組織し、抗日戦争関連資料の収集などの活動をおこなった(81)。

中華図書館協会も同様に昆明に転じた。日中戦争以前に比べれば会員数は激減したものの、蔣復璁・皮高品・劉国鈞・柳詒徴・銭亜新・杜定友・王雲五・王重民など、有力な図書館人はこぞって協会のもと、抗日文化工作に参画していた。[82]だが抗日戦による経費の減少と図書類の損失は深刻であり、図書館の経営は困難を極めていた。一九三八年、協会の会長でもあった袁は、アメリカ図書館協会（以下、ALAと略記）に図書・雑誌の寄付を求めるアピールを発する。ALAはこれを受け「中国に本を」キャンペーンを展開、[83]翌三九年にはイギリスの図書館協会も同様の運動をおこない、[84]中国の図書館への国際的な支援の輪が広がった。

かつて山室は同館の設立に際して、同館を本格的な日本紹介図書館にするべく、北京図書館に経費や人員などについて範を求め、[85]あるいは同館が日中の図書館の連絡役となることを願った。[86]袁もそうした山室の考えに共鳴し、同館の将来に期待したからこそ、多くの中国人が欠席した同館の開館式に出席したのだろう。[87]しかし日本の侵略強化による日中の全面戦争化は、二人を「敵同士」に引き裂いてしまった。

おわりに

日中戦争の長期化は、日本に対中政策の見直しを迫り、一九三八年十二月、対中諸機関の統合を目的に、内閣直属の興亜院が設立された。さらに太平洋戦争勃発後、「大東亜共栄圏」統治政策の統一的実施のために、四二年十一月大東亜省が設置され、興亜院はそのなかに吸収される。

同館の所管も、これにともなって外務省の手を離れ、興亜院へ、さらに大東亜省へと移っていく。そしてこれにより同館は義和団賠償金という財政的基盤を失い、同館の経営に深刻な影響をもたらした。

新しく監督官庁になった興亜院は同館を「継子」扱いし、冷遇した。[88]盛況を続けていた同館の日本語講座が、一九三九年九月の第七期から突然規模を大幅に縮小し、四一年に終結してしまうのは、興亜院自らが作った日本語学校を保護・育成するためだった。また内閣直属の興亜院の指揮下に入ったことで、同館の活動は国や軍部に直接コントロールされるようになった。「軍管理図書」の管理委託は、その表れである。

一九四一年の対米英開戦と、翌年の大東亜省移管は、同館にとって一層の予算削減と、「国策」への従属度を強めるものでしかなかった。同館は以下のように自らを「戦ふ図書館」と規定する。

いま凡ゆるものが戦争の完遂へ動員され其の全力を挙げて戦つてゐる。図書館も亦此の戦ひに力を結集させ共に戦ひ抜かねばならない。其れは将に「戦ふ図書館」であらねばならない。本館が華北にあるといふことは此の意義を益々深め使命の重且大なるを加へる。（略）[89]

一九四三年、同館は外借文庫を発展させ産業報国文庫を設ける。従来の外借文庫は学校などの文化機関に送られたが、この産業報国文庫は華北地方の「国策会社」に発送された。その目的は「大東亜戦争完勝のために展開されつゝある増産増送運動に即応し、図書を通して産業戦士の錬成、教養、娯楽に資し以て側面より増産増送に寄与する」[90]ことだった。

興亜院、大東亜省と所轄が変わり、戦争が南方へと拡大するなか、同館への予算は削られ続け、その経営を圧迫していった。前記の産業報国文庫も「北京翼賛事務局」などから寄付を受けて、発足することができたのである[91]。一九四二年度には資金不足から児童室の開室日を減らし、西城分館にはほとんど新規購入図書が入らない状態になった。このため前年度に比べて本館の利用者が二倍と激増を示した半面、児童室の利用者は頭打ちとなり、西城分館の閲覧者は減少を記録していた[92]。

同館は物資の配給ルートから外され、経費不足から賃上げもできないなど勤務条件も悪化し、退職する職員が続出した[93]。山室を実務面で補佐してきた菊池も、一九四一年十二月に同館を去る。その理由は六月に夫人を病気で失ったことによる精神的ショックとされるが[94]、むしろ彼らが心血を注いで作り上げてきた同館が、その意に反して変容しつつあったことへの「挫折感」が強くはたらいたのではないだろうか。

同館のいわば生みの親であり、育ての親でもある山室は、同館の経営建て直しのために奔走していた。山室は夫人の着物を処分するなどして自身の生活を支えながら、軍や興亜院などに出向いて同館の窮状を訴えた。しかし当局はこれを認めず、かえって当局の方針にいちいち異を唱える山室を疎んじるようになった。

一九四五年七月、当時四十歳の山室は二等兵として召集される。山室の徴兵は、山室本人だけでなく彼が館長を務める同館が、もはやその存在価値を失ってしまったことを物語っている。責任者を欠いた同館では、アルバイトの職員が蔵書を勝手に古本屋に売り払うありさまだった。[95]

八月、日本はポツダム宣言を受諾、降伏した。日本帝国主義は崩壊し、中国の人々は抗日戦に勝利したのである。同館は閉鎖され、中国側に接収された。日本の「領土的野心」の落とし子ともいえる同館は、日本の敗北とともに消え去らざるをえなかったのである。

注

(1)「事変中本館日誌」「北京近代科学図書館館刊」(以下、「館刊」と略記)創刊号、北京近代科学図書館、一九三七年、一四六―一五九ページ

(2) 前掲『概況』四ページ

(3) 前掲「事変中本館日誌」一五八ページ。事件後の武田ら陸軍特務機関員の活動については、『太平洋戦争4』(「現代史資料」38)、みすず書房、一九七七年)、五三七ページ以下に詳しい。例えば栗屋(秀夫)「民政」に就て」には、「図書館にある排日抗日的教科書、新聞、雑誌類の閲覧を禁止せしむること」(同書六〇五ページ)などの占領政策案が示されている。武田はそのなかで文化・総務方面を主に担当していた。

(4) 森島守人参事官発広田大臣宛《参考資料関係雑件北支那文化工作に関する意見》

(5) 前掲『概況』二二―二三ページ
(6) 前章で指摘したように、日本軍の北京入城の前日である八月七日、特務機関員が同館に山室を訪ね、「文化建設」について協議したが、翌八日、日本軍の入城を出迎えた山室は、帰途日本語の参考書三冊を購入している(前掲「事変中本館日誌」一五八ページ)。
(7) この補講は参観者から「この宣撫処は大したもの也」という評価を得ていた(前掲『一週年』二四ページ)。なお本章の記述は特に注記しないかぎり前掲『概況』二二―三八ページ、前掲『一週年』二三―二九ページによる。
(8) 「本館日語学校学生一覧表」「館刊」第五号、北京近代科学図書館、一九三八年、一六九ページ
(9) 「本館記事」「館刊」第二号、北京近代科学図書館、一九三七年、一九三―一九四ページ
(10) 前掲《雑件》第二巻
(11) 前掲『概況』二五ページ
(12) 同所は一九三九年六月から北城閲覧所として一般公開される(詳細は一〇九ページを参照)。
(13) 一九三八年四月、日本は華北・華南を結ぶ要衝である江蘇省徐州を攻略する「徐州作戦」を発動し、五月二十日同地を占領した。
(14) 「本館記事」「館刊」第四号、北京近代科学図書館、一九三八年、一一三ページ
(15) 前掲『概況』二八ページ
(16) 一九三八年八月十八日堀内干城参事官発宇垣一成外務大臣宛千二百二十一号電「北京図書館日語教科書使用先報告」《雑件》第四巻
(17) 前掲『概況』三五ページ
(18) 修身は「日支親善東亜新秩序ノ建設ニ参同スル吾人ノ具備スベキ諸認識及識見ヲ啓発シ責務ヲ悟覚セシメ不動ノ信念ト確タル持操ヲ訓練ス」るためのものであり、山室と菊池が担当した(「本館最近概況」、前掲「館刊」第五号、一四六ページ)。
(19) 「特別講座開始」「月報」第二十九号、北京近代科学図書館、一九四一年、二ページ

(20) 一九三九年以降同館がおこなった日本語講座は次のとおり。
○「日語研究会」(毎週一回一時間半三カ月の授業で、一九三九年一月から五回)―高級班卒業生を対象とした会員制講座(前掲『概況』三七―三八ページ)。
○「日本音楽講座」(毎週三回二時間一カ月の授業で、一九三九年七月から六回)―日本の名歌曲の練習鑑賞をおこない、「情感に訴へることから生れる直接的理解と自づからなる親和感の醸成といふことを期待し」ていた(前掲『概況』三八ページ)。この講座学生による日本歌曲の合唱がラジオ放送されている。
○「特別日語講座」(毎週五回週十時間の授業)―一九四一年五月から七月まで、基礎講座打ち切りの後、その卒業生を対象に実施(「特別講座開始」、前掲「月報」第二十九号、二ページなど)。
○「日本文学夏期特別講座」―一九四一年六月二十七日から一カ月、毎日三時間(「日本文学夏期特別講座に就て」「月報」第三十号、北京近代科学図書館、一九四一年、一―二ページ)。
(21) 中国文学者・竹内好もその一人で、彼が「中国文学月報」に連載した「北京通信」には、当時の彼の心境が綴られている。
(22) 例えば同館日本語講座の講師を務め、同館発行の日本語教科書の編集に携わり、「館刊」や「月報」に日本の文学作品の中国語訳を発表するなど、同館と深く関係していた銭稲孫を、鄭振鐸は「祖国を裏切った男」と評している(鄭振鐸『書物を焼くの記――日本占領下の上海知識人』安藤彦太郎/斎藤秋男訳〔岩波新書〕、岩波書店、一九五四年、一三七ページ)。
(23) 「開館一週年記念事業報告」「館刊」第三号、北京近代科学図書館、一九三八年、一〇二―一〇四ページ
(24) 「記念展覧会」「月報」第三号、北京近代科学図書館、一九三九年、二―六ページ
(25) 「本館日誌抄」同誌八ページ
(26) 前掲『概況』四八ページ
(27) 前掲「開館一週年記念事業報告」一〇五ページ
(28) 「日本文化映画会」「月報」第十四号、北京近代科学図書館、一九三九年、三ページ

(29)「開館以来六年間事業報告」「月報」第四十七号、北京近代科学図書館、一九四三年、五ページ

(30)前掲『概況』四〇ページ。参考までに以下に創刊号の主要目次を掲げる。

一、日本古歌詮訳二則　銭稲孫
二、日本精神与近代科学　永井潜
三、日本国歌的由来　柯政和
四、京山李維楨伝考　橋川時雄
五、人工培養之腐朽的研究　十代田三郎
六、日本図書館的沿革概略
七、柿本人麻呂之反歌二首　傅仲濤
八、空中怪物航研長距離機　中正夫
九、日本文学史書解題　塩田良平
十、温泉治療的話　高安慎一
十一、一封信　山室三良
十二、日本之義務教育
十三、日本的博物館一覧
十四、資料（一）
京都風俗誌　譲廉
十五、本館記事
十六、書誌
一、欧文日本研究書誌（一）
二、北平研究書誌

(31)前掲『概況』四二ページ。各冊の書名と著者名は以下のとおり（同書四二―四四ページ）。

一、日本精神与近代科学　永井　潜
二、宋元理学史上的「心即理」思想　楠木正継
三、航空生理　永井　潜
四、墨之物理的研究——故寺田博士遺業　中谷宇吉郎
五、絵巻物之芸術民俗学的意義　竹内勝太郎
六、関於琥珀与磁石的東洋科学雑史　桑木彧雄
七、都市与騒音　守田　栄
八、黙照体験的科学的考察　佐久間鼎
九、近代絵画上的自然観　沢村専太郎
十、中国文学与日本文学之交渉　塩谷　温
十一、自然与人融合一体之光栄美麗之国永遠不変之日本容姿　Claude Farrere
十二、十九世紀研究　島崎藤村
中宮寺的観音　和辻哲郎
麻雀和人類的愛　北原白秋
十三、転生（対訳）　志賀直哉　銭稲孫訳
十四、訳歌一小径　銭　稲孫
足跡　相馬御風　洪　炎秋訳
猫　夏目漱石　尤　炳圻訳
十五、日本語与日本精神　谷川徹三
十六、三浦梅園的示唆　三枝博音
十七、南画的位置　金原省吾
十八、塔　板垣鷹穂

麴町通信　島崎藤村
十九、黄河的風土的性格　佐藤弘
二十、母親的死和新的母親（対訳）　志賀直哉　張我軍訳
二十一、東洋民族与日本文明　長谷川如是閑
二十二、中国与武士階級　加藤繁
二十三、日本思想史上否定之論理的発達（上）　家永三郎
二十四、日本音楽発達之概観及其本質　田辺尚雄
二十五、落葉松（対訳）　北原白秋　尤炳圻訳
鼻（対訳）　芥川龍之介　張我軍訳
土佐日記方丈記抄（対訳）　尤炳圻訳
日本古歌詮訳（四）（対訳）　銭稲孫訳
二十六、北京的都市形態概報　木内信蔵
二十七、宋代的雑徭　曾我部静雄
二十八、碼頭和埠頭——中国港湾所表現之南北両類型　池田静夫

(32) 従来同館は主として岩波書店から図書を購入していたが、事件によりその輸送が困難になった。そこで北京市内の書店から二百余部の日本と中国研究図書を特別に買い入れた。これは「事変中にも拘らず平常通り執務せる事を周知せしめて一種の人心安定にも資せんとし」たもので、「当時当地方中国人間に在りては日常生活必需品の外は売買殆ど途絶し人心極度に恟々たるものあり、図書購入の如き普通事すら尚且つ特別視せられ居りしを以て相当の宣撫的効果あり」とされた（前掲『一週年』二二ページ）。

(33)「本館記事」、前掲「館刊」第四号、一二二―一二六ページ。ちなみに本館も雑誌類「五百数十種の内特殊なるものを除く大部分」が閲覧室の雑誌架に公開されていた。これは「単なる閲覧の手軽さと共に日本のものに対する親愛を感ぜしむるにも甚だ有効なる方法」であり、学術雑誌以外に娯楽雑誌、少年雑誌、「日文を解せざるものにも眼に直

接訴へて日本の美しき自然・日常生活等に親炙せしむべき写真雑誌・画報類」を多数備えていた（前掲『一週年』一七―一八ページ）。
（34）「雑報」「月報」第八号、北京近代科学図書館、一九三九年、五ページ
（35）「閲覧状況所見」「月報」第十二号、北京近代科学図書館、一九三九年、二ページ
（36）前掲『概況』二二ページ
（37）「児童閲覧室の開設に就て」「月報」第十号、北京近代科学図書館、一九三九年、三ページ
（38）「児童閲覧室開設の経過」「月報」第十一号、北京近代科学図書館、一九三九年、三―四ページ
（39）「本館日誌」「月報」第二十二号、北京近代科学図書館、一九四〇年、七ページ
（40）第一回は「大東亜戦争一周年記念」として、一九四二年十二月十三日に本館児童室でおこなわれた（「紙芝居と映画の会」、前掲「月報」第四十七号、四ページ）。
（41）「北城閲覧所閉鎖」、前掲「月報」第二十九号、三ページ
（42）江嶋寿雄「北京近代科学図書館略史」「月報」第四十六号、北京近代科学図書館、一九四二年、三ページ
（43）前掲「開館一週年記念事業報告」一〇六ページ
（44）前掲「本館最近概況」一四一ページ
（45）「本館日誌抄」「月報」第十七号、北京近代科学図書館、一九四〇年、三ページ
（46）「(北支の図書館) 八．北京近代科学図書館」、前掲「月報」第四十号図書館紹介専刊、八ページ
（47）「図書外借制其他について」「月報」第四十一号、北京近代科学図書館、一九四二年、三ページ
（48）「図書購入雑感」同誌二ページ
（49）一九三八年四月六日広田大臣発森島参事官宛百九十三号電「北京近代科学図書館長山室三良ニ外務省事務ヲ嘱託スルノ件」《雑件》第二巻。なお一九三九年一月、同館が興亜院に移管されたことにともない、山室は同職を解任された。
（50）「菊池先生退職感言」「月報」第三十五号、北京近代科学図書館、一九四二年、二ページ

(51)「本館日誌抄」「月報」第二号、北京近代科学図書館、一九三八年、一〇ページ
(52)一九三八年十月二十八日堀内参事官発近衛文麿外務大臣宛千百八十九号電「北京近代科学図書館ノ放火ニ依ル被害状況」添付山室「本館一部放火ノ為メ罹災報告ノ件」《雑件》第四巻、前掲『インタヴュー』三四ページ
(53)一九三八年七月十九日堀内参事官発宇垣大臣宛七百二十八号電「北支派遣軍ニ対シ前線慰問文庫送付ニ関スル件」添付山室「北支派遣軍へ前線慰問文庫送付報告ノ件」《雑件》第三巻
(54)同文書
(55)「開館第四周年記念外借文庫――皇軍慰問として〇〇病院に発送」「月報」第二十五号、北京近代科学図書館、一九四一年、四ページ
(56)「開館以来六年間事業報告」(前掲「月報」第四十七号、五ページ)などによる。また「北支防疫班」への特別外借文庫も実施されているが、詳細は不明である(「本館日誌抄」「月報」第九号、北京近代科学図書館、一九三九年、七ページなど)。
(57)前掲『インタヴュー』五〇ページ、張錦郎「抗戦期間的図書館事業」『中国図書館事業論集』学生書局、一九八四年、一四六ページ
(58)「最近の特殊収蔵図書に就て」「月報」第三十四号、北京近代科学図書館、一九四一年、一ページ
(59)「本館日誌抄」「月報」第三十二号、北京近代科学図書館、一九四一年、二ページ
(60)「昭和十六年度事業報告」「月報」第三十七号、北京近代科学図書館、一九四二年、二―三ページ
(61)前掲『インタヴュー』五〇―五二ページ
(62)「図書館雑誌」第三十一年第十・十二号、日本図書館協会、一九三七年
(63)「満洲駐屯軍慰問図書雑誌寄附募集」「図書館雑誌」第二十五年第十二号、日本図書館協会、一九三一年
(64)「満洲事変と図書館」「図書館雑誌」第二十六年第二号、日本図書館協会、一九三二年、四四ページ。同様の文が「支那事変と図書館」(「図書館雑誌」第三十一年第十一号、日本図書館協会、一九三七年、三五三ページ)にもある。
(65)前掲『一週年』九ページ

(66)「本会消息」「中華図書館協会会報」第十二巻第五期、中華図書館協会、一九三七年、一三ページ。なお一九三七年度以降は盧溝橋事件後同協会が北京を離れたため、加入は不可能だろう。

(67)同欄に同館関係者の名が初めて載ったのは、菊池の転職のときであり（第三十一年第五号）、山室の入会は三八年である。

(68)この三十一回大会以外にも、日図協の大会などが数回、朝鮮や台湾といった日本の植民地で開かれているが、とりわけこの三十一回大会が盧溝橋事件のわずか一カ月前に「満洲国」でおこなわれたこと、さらにはその議事内容など、歴史的総括を加えるべき重要な大会だといえるだろう（「第三十一回全国図書館大会議事録」「図書館雑誌」第三十一年第八号、日本図書館協会、一九三七年、参照）。

(69)《雑件》第一巻

(70)ただし前掲「議事録」の参加者名簿に山室の名はない。

(71)一九三八年二月十九日森島参事官発広田大臣宛百四十一号電「北京近代科学図書館予備費流用方稟請ノ件」添付山室「予備費流用支出承認方稟請ノ件」《経費関係》第二巻

(72)「山室北京近代科学図書館長上京」「図書館雑誌」第三十二年第四号、日本図書館協会、一九三八年、一〇七ページ

(73)「会員異動」「図書館雑誌」第三十二年第八号、日本図書館協会、一九三八年、二六三ページ

(74)「本館日誌抄」、前掲「月報」第十四号、六ページ

(75)「会員異動」「図書館雑誌」第三十四年第二号、日本図書館協会、一九四〇年、五一ページ

(76)「本館職員日本派遣留学」「月報」第十八号、北京近代科学図書館、一九四〇年、七ページ。なお朱は一九三六年十月、書記に採用され、勤務のかたわら同館日語基礎講座・師範科を卒業、留学後は西城分館主任心得となった。「北京市図書館概況」（「図書館雑誌」第三十六年第八号、日本図書館協会、一九四二年）、「北京だより――公共図書館の近況」（「図書館雑誌」第三十七年第五号、日本図書館協会、一九四三年）、「日本図書館見聞記」（「月報」第四十四号、北京近代科学図書館、一九四二年）などの論著がある。

(77)「新評議員」、前掲「図書館雑誌」第三十四年第二号、四九ページ

（78）中田邦造「北支南満図書館人の旅日記」「図書館雑誌」第三十五年第十一号、日本図書館協会、一九四一年
（79）「銭稲孫氏と大東亜図書館協会聯盟を語る」「図書館雑誌」第三十六年第十二号、日本図書館協会、一九四二年、九一四ページ
（80）「大東亜図書館協会聯盟結成への下準備」「図書館雑誌」第三十六年第十一号、日本図書館協会、一九四二年、八三七ページ
（81）前掲『中国図書館発展史』一二六―一三一ページ、楊宝華／韓徳昌『中国省市図書館概況（1919-1949）』（書目文献出版社、一九八五年、二三―二七ページ）、呉光清「原北平図書館館長袁同礼学術伝略」（「文献」一九八五年第四期、書目文献出版社、一九八五年、一四一―一四二ページ）など参照。
（82）西村捨也「支那奥地に於ける図書館の動向」「図書館雑誌」第三十五年第一号、日本図書館協会、一九四一年、参照
（83）"Books for China," *Library Journal*, vol.63, no.17, 1938, p.714. など
（84）"Oil for the lamps of China," *Library Association Record*, vol.41, no.8, 1939, pp.405-406.
（85）前章注（67）掲「意見書」
（86）山室三良「開館式式辞」、前掲『一週年』九ページ
（87）同書一四ページ所収の袁の祝辞には、「私と山室館長はお互いによく知り合っている」云々とある。また中華図書館協会の機関誌である「図書館学季刊」第十一巻第一期（一九三七年）、巻頭の図版には、同館の写真が載せられていて、同協会も同館の開館を好意的に迎えていたようである。
（88）前掲『インタヴュー』三七ページ
（89）「最近の閲覧室状況」「月報」第四十八号、北京近代科学図書館、一九四三年、四ページ
（90）「大東亜戦争と図書館――産業報国文庫について」同誌一―二ページ
（91）同誌一―二ページ
（92）「昭和十七年度事業成績」「月報」第五十一号、北京近代科学図書館、一九四三年、一ページ

（93）前掲『インタヴュー』四二ページ
（94）前掲「菊池先生退職感言」二ページ
（95）前掲『インタヴュー』四一―四三、五二ページ

北京近代科学図書館関係年表

年	関連事項	北京近代科学図書館の活動の展開	日本図書館界との関連
一九三五年	十二月　十二・九事件。翼察政務委員会成立、日本の華北分離工作すすむ	十月　外務省、北京人文研改組・日本図書館設案をまとめる	十月　第二十九回全国図書館大会を京城で開催
一九三六年	二月　二・二六事件 六月　中国駐屯軍を約三倍に増強 十二月　西安事件	五月　外務省、北京近代科学図書館についての確定方針をまとめる 七月　同館開設準備を非公式に開始 九月　同館開設準備を公式に開始し、山室三良を館長代理に任ず 十二月　同館開館	
一九三七年	七月　盧溝橋事件、北京図書館など北京を離れる 九月　第二次国共合作成立	一月　菊池租、同館司書に就任 三月　外務省、同館の将来像をまとめる	六月　第三十一回全国図書館大会を「満洲国」で開催、大会後の「北支」旅行者を同館が接待 十月　「皇軍慰問図書雑誌寄附募集」（「図書館雑誌」第三十一年第十号）

	十二月　南京大虐殺	七月　盧溝橋事件により一時休館するも、日本軍の北京入城の翌日から業務再開 九月　放送日本語講座開始。「館刊」創刊。図書特別購入実施 十月　日本語教科書発行。日本語補講実施 十一月　日語基礎講座開始（―一九四一年四月） 十二月　開館一周年記念事業として、日本紹介映画会、日本中・小学生徒児童書画展覧会、日本生活風景写真展覧会などをおこなう	十一月　「支那事変と図書館」（「図書館雑誌」第三十一年第十一号） 十二月　「北支文化の黎明期に輝く北京近代科学図書館の活躍」（「図書館雑誌」第三十一年第十二号）
一九三八年	五月　徐州占領。国家総動員法公布 十月　ＡＬＡ、「Books for China」キャンペーン 十二月　興亜院設置	二月　外借文庫始まる 三月　北城に日語講座教室開設 四月　山室、館長に昇格 六月　西城分館開館 七月　前線慰問文庫 九月　師範科開設。時限発火装置による放火事件	三月　山室、帝国図書館で講演（「図書館雑誌」第三十二年第四号） 八月　山室、日図協特別会員になる（「図書館雑誌」第三十二年第八号）

一九三九年		一月　興亜院に移管 六月　北城閲覧所開設 七月　西城分館に児童閲覧室開設。「月報」創刊 九月　日語講座の規模縮小	十一月　同館職員十一人、日図協に集団加入（「図書館雑誌」第三十四年第二号） 十二月　山室、日図協評議員となる（「図書館雑誌」第三十四年第二号）
一九四〇年	十月　大政翼賛会発足	二月　外借文庫再開し、活発化 七月　本館に児童室開設 十二月　皇軍慰問文庫発足	四月　同館書記朱君煩、文部省図書館講習所に留学
一九四一年	十二月　太平洋戦争開戦	四月　日語講座終結。北城閲覧所閉鎖 七月　軍管理図書（清華大学からの接収図書）の管理を命じられる 十二月　菊池退職	九月　中田邦造「北支南満図書館人の旅日記」（「図書館雑誌」第三十五年第六号）
一九四二年	十一月　大東亜省設置	一月　貸出停止。このころから同館の経営状態一層悪化	十一月「大東亜図書館協会聯盟結成への下準備」（「図書館雑誌」第三十六年第十一号）
一九四三年		二月　産業報国文庫発足	
一九四五年	八月　日本、無条件降伏	七月　山室、徴兵される 八月　日本の敗戦により閉鎖	

第2部　満鉄図書館の歴史

第5章　満鉄図書館史の時代区分

はじめに

日露戦争に勝利した日本は、一九〇五年九月に締結されたポーツマス条約で、ロシアから東清鉄道南部支線の経営権などを獲得した。そしてそうした利権を引き継ぐために、翌〇六年十一月に設立されたのが、南満洲鉄道（以下、満鉄と略記）である。

満鉄は、単に鉄道を経営する一企業ではなかった。沿線の鉄道付属地と呼ばれる、事実上の植民地の経営もその重要な任務だった。満鉄はこの付属地に、神社・仏閣・各種学校・病院から火葬場に至るまでのあらゆる施設を作り、運営していた。図書館もまた、そうした付属地の公共施設の一つだった。

他方満鉄は、満洲統治をより確固たるものにするため、さらには中国での日本の権益を一層拡大するための、調査・研究活動をおこなっていた。そのような調査・研究業務に必要な参考資料の収集と蓄積を目的としても、図書館は作られた。

つまり満鉄の図書館は、満洲在住邦人のための公共図書館的要素と、植民地統治のための研究図書館的要素をもって、成立していたことになる。したがって満鉄図書館の活動は、満鉄の経営の展開（それはとりもなおさず日本帝国主義の消長そのものである）を反映して、この二つの、相反するともいえる目的の隔たりの間で、変転を繰り返したのである。本章では、そうした満鉄図書館の歴史を、四つの時代に区分して論じてみたい。(1)

1　第一期——草創期（一九〇七年四月—一九年十月）

調査部図書室

一九〇七年四月、満鉄は調査部（翌年に調査課と改称）図書係管理の図書室を設置、翌年十一月に図書取扱規程を制定、植民地経営に関する資料の収集を開始する。この図書室がのちに大連図書館へと発展する。

図書室の開設を指揮したのは、調査部の担当理事岡松参太郎である。彼は京都帝国大学法科大学教授で、台湾の旧慣調査の経験をもつことから、後藤新平が文部省や大学当局の反対を押し切って、在官のまま理事に招いた人物である。(2) 彼は事務的才覚に長け、京都帝大図書館創設時には自ら図書の整理に従事した。(3) また日本初の欧文図書印刷目録とされる『京都帝国大学法科大学欧文図書目録』編纂の監修をした。(4)

岡松は満鉄の事業の指針として、あるいは社員の教化向上法として、「図書に待つべし」の指導精神を掲げ、図書室創設に際しても自ら図書の整理にあたったといわれる。(5) 彼は「東洋一の理想的図書館」を建設しようと、京都帝大図書館に人材を求め、書庫の新築に力を尽くした。(6)

書庫は満鉄本社第一玄関前に位置し、地上二階・地下一階建て総建坪百十八坪(7)（約三百九十平方メートル）。内部には六層構造のアメリカスニード社製書架を配していた。一九一二年十月起工、一四年一月竣工、同三月移転、十月から夜間と日曜開館を実施した。一八年度末には四万一千四百五十六冊の蔵書があった。

図書閲覧場

一方、一九一〇年七月、沿線付属地の社員・居留民の社会教育機関として、図書館を沿線各地に設置する計画が地方課教育係部内で立案され、九月に図書閲覧場規程が制定される。図書閲覧場の名称は当初主に小学校内の一室をこれに充てたことによるが、その後各閲覧場とも独立した建物を有するに至り、一七年六月簡易図書館と改称され、二二年六月からは単に図書館と呼ぶようになった。

十月、図書閲覧場八カ所（瓦房店、大石橋、遼陽、奉天、鉄嶺、公主嶺、長春、安東）の設置が決定、同月末から翌年一月にかけて順次開館の運びとなった。さらに一九一二年一月本渓湖、同年十一月開原、一三年六月大連電気遊園、一四年七月大連沙河口、一五年五月大石橋図書閲覧場営口分室（一九一八年四月独立して営口図書館）、同年七月撫順、九月大連北公園、十二月大連近江町、一六年十月四平街、一九年四月鞍山、同年八月大連埠頭と、各地に相次いで開設され、第一期の時点で満鉄の図書館網の大半が形成されたのである。

図書閲覧場は「町の書斎」として、開架式と図書の館外帯出制度を採用した。(8) そして後述の巡回書庫とともに、創設から一九一一年十月までは、無料で図書の館外貸出を実施していた。

巡回書庫

初期図書閲覧場を支えていたのは、巡回書庫だった。図書閲覧場の蔵書の大半は、巡回書庫用のものだった。図書閲覧場規定の大部分も巡回文庫に関する条項で占められていて、(9) 草創期の満鉄図書館は巡回文庫が基礎となって発達したともいわれている。鉄道を自ら経営する満鉄にとって、巡回書庫の運営は、非常に容易だったといえるだろう。

一九一〇年十二月に、図書閲覧場の設備がない四カ所に巡回書庫貸付所を設置したのを皮切りに、各地に図書を送り続けた。一九三六年度の統計で巡回区十二区・回付先百五十カ所、蔵書一万三千五百四十九冊、運転冊数で六万七千四百三十二冊を数えている。[10] また一五年五月から、鉄道の乗客のために列車内に書庫を配置する「列車書庫」を実施した。

草創期満鉄図書館の功労者

次に述べる第二期を含めた、満鉄図書館前半期の最大の功労者は、佐竹義継である。佐竹は一九一〇年五月に京都帝大図書館から入社し、「会社教育事業の基礎を確立し、不朽の名を残した[11]」教育係主任岡本辰之助の下で、満鉄図書館事業の礎を築いた。彼は「如何なる所でも社員集団地区で必要さへあれば手続は兎に角先づ図書館を作つておく[12]」という方針で、満鉄図書館網の骨格を作り上げた。

その佐竹の図書館経営の理論的よりどころは、佐野友三郎だった。大連・奉天の両参考図書館は閉架式で館内閲覧中心、公費図書館（つまり通俗図書館）は開架式で館外貸出を活動の中心とし、巡回書庫がこれを補うという、第二期に確立した満鉄図書館のシステムは、佐野理論の忠実な応用といえる。[13] 佐野は一九一四年八月、満鉄の招きで満洲を訪れていて、彼の子息文夫は、一時期大連図書館に籍を置いていた。

2　第二期——公共図書館期（一九一九年十月—三一年九月）

満鉄経営の転換期

一九一一年十月の辛亥革命がバネになって、中国ナショナリズムは高揚の一途をたどる。第一次世界大戦開戦で、欧米列強の中国への関心が低くなっている隙をねらって、日本は中国に二十一カ条条約を押し付け（一九一五年五月）、満洲での利権を半永久的なものにすることに成功する。しかしこれは中国の民族主義を一層刺激し、中国民衆の反日感情は決定的なものになった。満洲でも日系企業でのストライキ、反日デモ、教育権回収運動など、日本の満洲支配に抵抗する勢いが盛んになった。また隣接する植民地朝鮮でも一九年三月、のちに三一独立運動と呼ばれる大規模な朝鮮民族の蜂起が起こった。

こうしたナショナリズムの興起に、日本は有効な対策を見いだせずにいた。第一次世界大戦後の国際協調の流れや、国内でのいわゆる大正デモクラシーなどから、力による解決は困難だった。一九一九年八月、朝鮮総督に斎藤実、十一月、台湾総督に田健治郎と、相次いで初の文官総督が誕生した。満洲だけでなく、日本の植民地統治そのものが大きな転換点に差しかかっていたのである。

大連図書館の公開

満鉄はこの時期、社会公共資本への積極的な投資を開始する。一九一五年から二四年にかけてを「満鉄教育の所謂黄金時代[14]」と称するように、教育・文化事業の振興が図られた。とりわけ一九年度は「満鉄教育史上の一大転換期[15]」と特筆されるが、同年は満鉄図書館史上の一大転機でもあった。

前年一月、会社事務分掌規定改訂により、調査課図書係と地方課教育係（図書係）を一体化、図書館が独立した。十一月、閲覧室増築工事（建坪七十二坪〔約二百三十八平方メートル〕）に着手、一九一九年九月に竣工した。この閲覧室完成に合わせて図書館規則を制定、図書館は会社業務の参考図書館となり、兼ねて公衆の閲覧に供することとし、十月一日から一般に公開された[16]。この図書館は二二年六月に大連図書館と改称されるが、当初は単に会社図書館と呼ばれていた。また二六年九月、書庫の増築工事が起工され、二八年十二月に竣工している（建坪七十五坪〔約二百四十八平方メートル〕、六層構造）。

この一九一九年はまた、第二期・第三期の満鉄図書館の中心的存在である、柿沼介（日比谷図書館）と衛藤利夫（東京帝大図書館）が入社した年でもある。柿沼は二年間の欧米留学の後、二六年五月に大連図書館長となり、四〇年三月までその職にあった。

奉天図書館の改組

他方衛藤は一九二〇年一月、奉天簡易図書館主事となった。同館は四月、大連図書館と同様の本社直属図書館となり、名も「簡易」の二字が外され奉天図書館となった。以後同館は本社直営の社業参考図書館として順調な成長を遂げることになり、翌二一年には新館も建設された[17]。

この新館は市内の文教地区である萩町三番地にあり、五月に工事着工、十一月に竣工した。一九二五年九月、書庫の外壁と基礎工事が完了、さらに二九年四月、書庫内部にアメリカスニード社製書架の取り付けをおこなった。書庫は四層からなり、七万冊の蔵書が収容できるものだった。蔵書も衛藤の赴任当初の二〇年度末では六千五百五十四冊[18]にすぎなかったが、本社直営になってから急増し、三一年度末には五万四千五百七十七冊に達した[19]。

図書館諸規則の制定

第二期はまた、会社図書館の制度的な整備が進められた時期でもある。一九二一年三月、図書閲覧場規定に代わる簡易図書館規則が定められ、図書閲覧場は簡易図書館となった。翌二二年の五月に奉天図書館規則、六月に大連図書館規則がそれぞれ制定され、両図書館は地方課（部）直属の図書館となった。また同じく六月に、図書館の職制と大連図書館の管理事項を定めた図書館通則が成立した。そして二六年九月に前記の図書館通則に代わって図書館規程が、十一月に大連・奉天両図書館規則に代わって会社図書館規則が制定され、図書館をめぐる諸規則の統一・整備が完了した。

会社の図書館に対する一定の理解のもと、柿沼などの人材を得た満鉄の図書館は、一大進展期を迎えた。満鉄図書館は市民へのサービスを主体とした、広範な事業を展開する。

しかしそうした半面、満鉄図書館のいま一つの使命である植民地研究のための活動も、着実に進められていた。奉天図書館の参考図書館昇格は、奉天が満洲の政治・経済の中心地であることを考えての措置でもある。一九二

表14　1929年度の主要図書館の図書費

図書館名	金額（円）
帝国図書館	45,628
東京市立図書館	45,554
市立名古屋図書館	29,731
私立大橋図書館	22,000
大阪府立図書館	20,158
大連図書館	20,000
台湾総督府図書館	15,484
横浜市立図書館	15,368
京都府立図書館	11,000
青森県立図書館	10,000
奉天図書館	10,000

（出典：「全国図書館一覧表（二）」〔「図書館雑誌」第116号、日本図書館協会、1929年〕198―211ページから作成）

八年の張作霖爆殺、三一年の満洲事変、いずれも奉天で起こった事件である。

哈爾浜図書館の開設

また一九二三年五月の哈爾浜《ハルビン》図書館開館[20]は、日本にとって最大の仮想敵国であるソビエト研究に、満鉄が本格的に乗り出した一つの表れといえるだろう。当時満鉄線は哈爾浜まで達しておらず、哈爾浜には満鉄の付属地はなかった。同館は満鉄図書館のなかで唯一、付属地外、関東州外に設立された図書館である。同館は図書館開館のひと月前に設置された、満鉄哈爾浜事務所の調査課とともに、ソ連関係資料の収集の前線基地として設立された[21]。

創立当初の同館の蔵書は二千七百冊余だったが、開設から八年を経た一九三一年九月には二万三千冊と、大連・奉天の二参考図書館に次ぐ規模に急成長する[22]。ところが利用者数では、事変の前までは満鉄図書館のなかで常に最下位を争っていた。

シベリア出兵の際、満鉄図書館は兵士慰問のため「勇士に図書を」の標語を掲げ、「戦時巡回書庫」を編成した（一九一八年十月から翌年五月にかけて、十回約一万一千冊）。この際、弾薬箱に転用可能な図書輸送箱を使用した[23]。

シベリアからの撤兵が閣議決定されたその日に買収が合意した後黒竜軍管図書館蔵書、通称オゾ文庫は、陸軍の援助を得て哈爾浜から大連図書館の書庫に運び込まれた[24]。その後も、大連・哈爾浜両図書館には、大量のソビエト研究文献が集められた。そうした資料の整理には亡命ロシア人があたったが、そのなかにはソ連のスパイがいたという[25]。満鉄図書館の書庫は、国際諜報戦の戦場でもあった。

特別図書費の支出

一九二七、二八、二九年の三年で、会社は通常の図書費以外に、総額十七万九千円にのぼる特別図書費を支出した。この金額は当時の帝国図書館の、四年分の図書購入費に匹敵する（表14を参照）。

一九二七年の金融恐慌、二九年の世界恐慌と、このころ日本だけでなく全世界が不況のどん底にあった。満鉄も世界的な景気の低迷や、中国側の「満鉄包囲網」の形成によって、深刻な経営危機に陥っていた。

こうしたなかでの多額の図書購入を、単に会社の文化に対する理解と片付けることはできない。満蒙分離を取り決めた一九二七年六月の対支政策綱領など、日本の対中政策の新たな展開に対応するため、満鉄が資料の収集を急いだものと思われる。

多額の図書買い付けは、当然図書館活動の活性化を招来した。一九二九年四月、会社の初等教育研究会規定に準じて図書館業務研究会内規を制定、それまで非公式におこなわれていた図書館員の研修が公認された。[26]同月、満鉄各図書館館報「書香」が再刊され、[27]さらに三〇年九月「撫順図書館報」（―第百六十九号、一九四四年五月）、三一年十一月哈爾浜図書館「図書館新報」（―第三号、一九三二年三月）が創刊された。

3　第三期――建国工作期（一九三一年九月―三七年十二月）

満洲事変と満鉄図書館

一九三一年九月十八日、奉天郊外柳条湖での日中軍事衝突（それは関東軍による謀略である）に端を発する満洲事変から、「満洲国」建国の過程で、満鉄図書館はそれまでに蓄積した豊富な資料を提供して、建国工作を支援した。

十月一日、哈爾浜図書館は館蔵の北満、極東関係諸資料を収容した露支満蒙研究室を開設した。(28)翌月十二日、奉天図書館は時局文庫を公開する。(29)これは事変勃発直後、奉天に移駐した関東軍司令部、特に調査などを担当する第四課のために、館蔵の関係図書を一室に集めたものである。

十一月二十一日、第二区(奉天図書館を中心とする地区)の第十七回図書館業務研究会が開催された。(30)その席で「時局に対する図書館の対策如何」が協議され、「満蒙に対し正しき認識を与へむが為に、各館時局文庫の綜合目録を編纂し竝出征軍人に対する慰問図書を募集し時局に対し、些少なりとも貢献すべし(31)」という結論に達し、「満洲関係和漢書件名目録」の編纂と陣中文庫の編成が計画された。

陣中文庫

まず陣中文庫は「多数の兵匪土匪を前にして極度の危険と骨に徹する酷寒とに堪えて、東亜永遠の平和の為に馳駆する我が将兵竝警察官、満鉄社員等第一線に活動する人々に対する、精神的慰安の一手段として書物を提供する(32)」ものである。陣中文庫の募集は現地新聞で大々的に報じられたこともあって異常なほどの反響を呼び、十二月十九日の募集開始から翌年五月までに、十一万六千六百八十三冊の図書雑誌と一万六千四百八十部の新聞が集まった。これを沿線各図書館が取りまとめて奉天図書館に送付、奉天図書館は軍当局と打ち合わせて満洲各地二百五十六カ所に送付した。

この他、一九三二年九月から翌年三月にかけて、社外から寄託された社員慰問金の一部で雑誌など六千冊を購入、これを慰問文庫として社外線に派遣された社員に送付した。次いで六月から翌三四年五月にかけて、鉄道建設に動員された社員にも慰問文庫を発送した。また三七年三月に、図書館業務研究会が北部満洲などの移民地に一万七千冊の慰問図書を送っている。

『全満二十四図書館共通満洲関係和漢書件名目録』

『全満二十四図書館共通満洲関係和漢書件名目録』は、関東庁図書館を含めた満洲二十四図書館に一九三一年十二月末日現在で所蔵する、満洲関係文献の件名目録である。[33]その集録範囲は次のとおりで、満蒙関係図書だけでなく、中国全般からソビエト情勢など、建国に際して参考となる図書を網羅しようとするものだった。

イ　満蒙に関する一切の図書（満蒙に於て刊行する雑誌を含む）
ロ　支那の政治・経済・財政・外交・諸条約・国民性・近世史・産業・交通・軍備・教育・社会制度・風俗・旅行記
ハ　国際法、世界の最近外交及蘇聯の東方に関する動き
ニ　日支関係
ホ　満洲事変（排日資料をも含む）
ヘ　其の他時局に関係ありと思惟せらるゝ図書

各図書館は奉天図書館に関係図書のカードを提出、奉天図書館がこのカードによって編纂をおこなった。同書は一九三二年八月に大連右文閣から発行され、さらに続篇が、満鉄図書館業務研究会の手によって三五年三月に刊行された。

以上のような満洲事変時の満鉄図書館の活動は、奉天図書館長衛藤利夫の指導に基づく部分が大だった。衛藤は事変を企てた関東軍将校や国内右翼勢力と密接な関係をもっていて、「満洲国」建国運動に深く関与していた。[34]彼は事変を「図書館本来の使命を果すべき千載一遇の秋[35]」ととらえ、満鉄図書館を戦争協力の道へと導いていったのである。

各館蒐書分担協定の締結

こうした戦時下の活動から、各図書館間の"co-operation"[36]が強調されていく。一九三五年五月、「満鉄図書館業務研究会年報」(―第四輯、一九四〇年五月)が創刊されるなど、満鉄図書館員の研修組織である満鉄図書館業務研究会の活動も活発化した。

各館蒐書分担協定締結は、その成果の一つである。一九三四年度、図書館業務研究会は「会社図書館蔵書の統制並にその相互貸借制度に関する研究」を主要研究題目とし、数次にわたる協議をおこなった。その結果「各図書館蔵書分野の協定」「綜合目録の編成」「各図書館蔵書の相互貸借」が、三五年から実施に移された。[37]

「各図書館蔵書分野の協定」は、大連・奉天両参考図書館を除く図書館二十二館を地域の隣接する五つのブロックに分け、各ブロックごとに蔵書分野を協定、各ブロック内の図書館は、その所在地の事情などによってさらに蔵書分野を分担し、大連・奉天図書館が全体の連絡統制を図るものである。[38]

「綜合目録の編成」は、各図書館蔵書の相互貸借を促進するために、各図書館の増加図書綜合目録を、満鉄図書館報「書香」の付録として刊行・配布するものである。

「各図書館蔵書の相互貸借」は、五章十三条からなる会社図書館図書相互貸借規約によって、各図書館間の相互貸借を円滑ならしめようとするものである。

そして一九三六年五月、大連・奉天両図書館間にも収書協定が成立し、[39]蔵書総数六十万冊を超す満鉄図書館網が完成された。満鉄図書館は満洲事変―「満洲国」建国を契機に、その最盛期を迎えたのである。

その他の図書館

ここで第三期での、その他の状況についてまとめて記しておきたい。

一九三三年三月、奉天に満鉄の鉄道部門を統括する鉄路総局(のち鉄道総局)が置かれ、奉天図書館は鉄道関係図書の充実を求められることになった。前記大連図書館との収書協定、また同じく三六年五月に鉄路総局との間に締結された収書協定はその表れである。[40]またその年の二月、同館の館報「収書月報」が創刊された（―第九十一号、一九四三年八月）。

長春が「満洲国」の「首都」になり、一九三二年十一月に新京と名を改めたことによって、長春図書館も新京図書館と改称された。同館は三三年度から三五年度の三年にわたって特別図書費の支給を受け、三四年十一月には鉄筋コンクリート二階建ての書庫が増築された。また三五年五月に市内白菊町図書閲覧場と范家屯分館が開設されるなど、急速な発展を遂げた。[41]

この時期も一九三四年十二月に蘇家屯図書館が開館するなど図書館の整備が進められたが、なかでも注目すべきは伏見台児童図書館の成立である。同館の前身は一三年六月開館の電気遊園図書閲覧場である。二八年十一月、新築・移転にともなって伏見台図書館と改称され、三三年六月から児童と女性を対象とした図書館に改組され、名称も伏見台児童図書館となった。同館は日本初の児童向けの独立した図書館である。[42]

4　第四期――社業図書館期（一九三七年十二月―四五年八月）

新たな転機

「満洲国」という、より大きな植民地収奪機構が成立したことで、満鉄は満洲での独占的な地位を失った。満鉄は経営の立て直しのために、調査部門の拡大・強化を図る。

満鉄の経営基盤の動揺は、図書館にも重大な影響を及ぼした。一九一九年の大連図書館公開以来、満鉄図書館は「会社業務の参考」よりも、むしろ「公衆の閲覧」を優先させながら発展してきたといえる。だが「満洲国」の建国による経営環境の激変は、それまでの図書館のあり方に、全面的な見直しを迫るものだった。

一九三七年十二月の付属地行政権の「満洲国」移管は、満鉄図書館の新たな転機となった。変化の兆しは三六年初頭から具体化する。

一月、図書館の定員制が改正され、大連図書館は二十五人から四十三人、奉天図書館は二十四人から三十五人へと、大幅な増員がおこなわれた[43]。

四月、前年三月にソビエトから接収した哈爾浜鉄路図書館（旧北満鉄路中央図書館、ロシア・イギリス・フランス・ドイツなど各国資料十一万二百七十二冊の蔵書）を、哈爾浜鉄路局直属の満鉄三番目の参考図書館とした（従来の哈爾浜図書館は併合され、埠頭区分館となった[44]）。

また同じく四月から、大連図書館は中等学生以下の入館を禁止する一方で[45]、社員の閲覧料を無料にした[46]。奉天図書館でも一月から新聞閲覧室の利用を有料化し[47]、五月から社員の閲覧を無料にした[48]。

そして五月、前記のように大連・奉天両図書館間、奉天図書館・鉄道総局間に、収書などの協定が結ばれた。これら一連の措置は、社業参考図書館としての機能を強化する目的をもっておこなわれたといえる。しかしそれは同時に、図書館から一般利用者を締め出すことでもあった。大連図書館の中等学生入館謝絶の事情について、図書館側は次のように述べている。

近年満鉄会社に於ては、調査関係業務が益々増大し、社員の当館を使用するもの愈々頻繁になり、本館の社業参考図書館としての使命を達成せんが為には、図書蒐集上、社業の参考資料に専ら集注することが益々切実となつた。それで、中等学生の利用に応ずることは、蒐集並に蔵書の種類程度よりしても、収容人員の関係よりしても、最早困難（略）[49]

付属地行政権の移譲

一九三七年十二月、満鉄は付属地行政権を「満洲国」に移譲した。これにともなって満鉄図書館は四つに分化した。第一に「満洲国」に移され、一般市民へのサービスを担当する図書館[50]。第二に会社の福利・厚生部門に移され、社員読書室となった図書館（巡回文庫を含む）[51]。第三に社業参考図書館として、会社の調査部門に所属することになった図書館[52]。第四に地方部残務整理委員会に移管された図書館である[53]。

会社に残留した大連など三図書館は、調査機関の一部に明確に位置付けられた。これは図書館に、それまでの運営方針の抜本的な再検討を求めることだった。すなわち、従来は社員ばかりでなく、在満邦人全体がサービスの対象であり、その活動範囲も幅広く設定されていた。しかし今後は社員、それも調査部門の人たちが利用の中心になり、彼らの調査活動を支援することが、事実上図書館の唯一の任務となったのである。

一方図書館員たちは、一九一九年以来の「市民の図書館」という、従来のあり方を頑なに守ろうとしていた。例えば奉天図書館長の衛藤利夫は、館報「収書月報」誌上で「われらが図書館の経営方針に、根本的な動揺あるべからず[54]」と公言し、会社側の方針と真っ向から対立した。

調査部の図書館統制

こうした図書館側の姿勢に、調査部門の人々は不満を募らせていた。前述の衛藤に対しても、「奉天の鉄道総局の調査課が利用できるような「社業図書」の蓄積に努力したわけでなく、死蔵図書に経費を充てている[55]」という批判があった。

一九三九年四月、定員二千五百人に近い、いわゆる「大調査部」が成立した。日中全面戦争、対ソ戦準備、南進政策と、「日本のシンクタンク」満鉄調査部には、取り組むべき課題が山積していた。調査マンたちは、図書館を自らの調査業務の展開に対応した調査・研究図書館に再編すべく、独自の図書館論を構築し、新たな資料組織法を開発した[56]。

一九四〇年三月、柿沼介大連図書館長が更迭された。柿沼の後任は、水谷国一調査部資料課長の兼任だった。大連図書館の館長に調査部門の人物が就いたのは、二十年ぶりのことである[57]。これは調査部が名実ともに大連図書館をその管下に置いたことを意味する。

続けて調査部は、奉天・哈爾浜図書館の統制強化を一九四〇年度の業務方針に組み入れた。(58) 四〇年五月、資料機関聯絡事務打合会議が開催され、満鉄各調査機関・図書館の代表者が一堂に集まった。一日目、調査部の新たな「図書館運営方針」が提示され、二日目、それに基づいての「図書館運営に関する分科会」が設けられた。(59)

もちろん図書館側は、調査部案に強く反発した。しかし国家的要請を背景とする会社の方針を覆すことはできなかった。同じ月の満鉄社員会会誌「協和」には、柿沼の退職に寄せて次のような一文が、「図書館の悪臭」と題して掲載されている。

> 従来大満鉄の庇護の下にむしろ公衆図書館として発達して来た同館〔大連図書館をさす：引用者注〕のイージイ・ゴーイングな行き方は、今後清算される必要があらう。まざまざしい現実の世界から隔離されて、たゞ館長といふ人格を中心に運営されて来た同館のいはゞ中世期的ギルド的性格は今日ではいろいろな点で破綻を示してゐる。新しい時代は新しい経営を要求してゐるのだ。
> 　このことは多かれ少なかれ奉天、哈爾浜の二大図書館にも該当することで、満鉄における図書館経営は一大転換期に達したといふべきであらう。水がど（マヽ）よむと悪臭を発する。(60)

また十一月の同誌には、大連図書館庶務主任大島豊彦が、会社の「図書館の新体制」を支持する文章を発表した。(61)「市民の図書館」を守ろうとする図書館員グループの、社内での孤立は明らかだった。

調査部の図書館統括強化の過程で、柿沼以外にも、図書館員たちの退職や他部門への配転が相次いだ。柿沼とともに、第二・三期の満鉄図書館を支えてきた衛藤も、一九四二年一月奉天図書館長を退いている。

「図書業務の統合調整案」の実施

一九四二年十二月、「図書業務の統合調整案」が社議決定され、これに基づき翌年二月三・四の両日、図書館長会議が開催された。大連・奉天・哈爾浜の三図書館ともに調査部の所属となり、各図書館の任務が以下のように定められた。

大　連：東亜に関する学術的専門図書館
奉　天：交通を中心とした社業関係図書館
哈爾浜：北満並びに北方（特に寒地農業）関係図書館(62)

前記の図書館統合計画を立案したのは、調査部第一資料係主任兼大連図書館書目係主任石堂清倫である(63)。この決定に従って、各図書館蔵書の配置替えがおこなわれた。大連図書館の一般図書は小村侯記念図書館に(64)、鉄道関係図書は奉天図書館に、また奉天図書館の漢籍類は大連図書館に移された。

新しい研究図書館のため、五十万円の特別資料費が支給された。「書香」「収書月報」の誌面も、いわゆる館報から学術誌に刷新された。調査部による図書館再生は、軌道に乗ったかに見えた。

ところが、いわゆる「満鉄調査部事件」が起こり、一九四二年九月と翌年七月の二度にわたって主要調査部員が検挙され、調査部の機能はマヒ状態に陥る。図書館再編の立て役者石堂も第二次検挙で拘引された。

図書館の活動も、その影響によって著しく低下する。「収書月報」が第二次検挙の直後に廃刊になったのを皮切りに、各図書館の館報も、相次いで刊行を停止した。満鉄図書館の歴史は、一九四五年八月の敗戦を待たずに、事実上その幕を閉じることになる。

注

(1) 本章は、一九九一年十月の第三十九回日本図書館学会研究大会での、同名の口頭発表の内容を加筆・修正したものである。
(2) 鶴見祐輔編『後藤新平』第二巻、後藤新平伯伝記編纂会、一九三七年、七〇二―七〇六ページ
(3) 斬馬剣禅『東西両京の大学――東京帝大と京都帝大』(講談社学術文庫)、講談社、一九八八年、六四ページ。なお、京都帝大時代の岡松の事跡については、大阪府立大学総合科学部図書室の石井敬三氏の教示を得た。
(4) 京都大学附属図書館『京都大学附属図書館六十年史』京都大学附属図書館、一九六一年、二二六―二二七ページ
(5) 南満洲鉄道株式会社総裁室地方部残務整理委員会『満鉄附属地経営沿革全史』(復刻)上、龍渓書舎、一九七七年、七四二ページ(以下、同書を『全史』と略記)
(6) 神田城太郎「憶ひ出づるまゝ」、荒川隆三編『満鉄教育回顧三十年』所収、満鉄地方部学務課、一九三七年、三六六―三六八ページ
(7) 南満洲鉄道編『南満洲鉄道株式会社十年史』(南満洲鉄道、一九一九年)、八五四ページなど。前掲『全史』上、七六七ページには、建坪「三九〇・〇九坪」に作る。
(8) 嶋田道弥『満洲教育史』(〔旧植民地教育史資料集〕5)、青史社、一九八二年、五七四ページ
(9) 『南満洲鉄道株式会社経営教育施設要覧』南満洲鉄道地方部地方課、一九一七年、一一一―一一三ページ
(10) 前掲『全史』上、七四八ページ
(11) 同書七四三ページ
(12) 同書七七七ページ
(13) 佐野については、佐野友三郎著、石井敦編『佐野友三郎』(〔個人別図書館論選集〕)、日本図書館協会、一九八一年)などを参照。
(14) 前掲『全史』上、三二三ページ

（15）同書三二六ページ
（16）南満洲鉄道庶務部調査課『南満洲鉄道株式会社第二次十年史』（南満洲鉄道、一九二八年、一一九三ページ）など。前掲『全史』上、七五七ページ以外の多くの資料は図書館の公開を九月一日に作るが、当時の新聞報道によれば、十月一日が正しい。
（17）衛藤については第9章を参照。
（18）南満州鉄道株式会社『統計年報 大正九年度』南満洲鉄道株式会社総務部調査課、一九二二年、五八〇ページ
（19）「書香」第三十八号、満鉄大連図書館、一九三二年、二〇ページ（南満州鉄道大連図書館「書香」復刻版〔「日本植民地文化運動資料」1〕、緑蔭書房、一九九二年）
（20）第二期では哈爾浜図書館のほか、大連南沙河口図書館（一九二三年十一月）、奉天八幡町図書館（一九二七年九月）などが開館している。
（21）南満洲鉄道株式会社総裁室地方部残務整理委員会『満鉄附属地経営沿革全史』（復刻）下、龍渓書舎、一九七七年、一〇五九―一〇六〇ページ
（22）哈図生「八歳半の歩み」「図書館新報」第一号、満鉄沙河口図書館、一九三一年、三ページ
（23）前掲『全史』上、七四七ページ
（24）柿沼介「購書の思ひ出二、三」「書香」第百一号、満鉄大連図書館、一九三七年、二ページ
（25）原覚天『現代アジア研究成立史論――満鉄調査部・東亜研究所・ＩＰＲの研究』勁草書房、一九八四年、五六五―五六六ページ
（26）図書館業務研究会については、岡村敬二「満鉄図書館業務研究会の歴史」（大阪府立中之島図書館編「大阪府立図書館紀要」第二十六号、大阪府立図書館、一九九〇年、八―四〇ページ）を参照。
（27）第一次の「書香」は一九二五年（大正十四年）四月に創刊、翌年三月に第十二号をもって休刊になった。第二次「書香」は第百二号（一九三八年一月）から大連図書館報となり、四四年十二月、第十六巻第五号通巻百五十八号まで刊行された。

（28）「爆煙下に生まれた露支満蒙研究室」、前掲「図書館新報」第一号、五ページ
（29）「「時局文庫」公開」「書香」第三十三号、満鉄大連図書館、一九三一年、九ページ
（30）「満鉄図書館だより」同誌九ページ
（31）南満洲鉄道株式会社総務部資料課『満洲事変と満鉄』南満洲鉄道、一九三四年、四五〇ページ
（32）陣中文庫については、同書五〇六―五〇九ページなど参照。
（33）この目録については、同書四五〇―四五一ページなど参照。
（34）衛藤については、第9章を参照。
（35）衛藤利夫「満洲事変と図書館」「書香」第三十九号、満鉄大連図書館、一九三二年、二ページ。また「協和」第七十五号（満鉄社員会、一九三二年、二三ページ）にも同文が掲載されている。
（36）衛藤利夫「序」、南満洲鉄道編『全満二十四図書館共通満洲関係和漢書件名目録』所収、右文閣、一九三二年、Ⅷページ。また「書香」第四十号（満鉄大連図書館、一九三二年、三ページ）にも同文が掲載されている。
（37）以下、「会社図書館蔵書の統制並にその相互貸借制度に関する研究」（満鉄図書館編「満鉄図書館業務研究会年報」第一輯、南満洲鉄道、一九三五年、一―九ページ）を参照。
（38）協定された各図書館の蔵書分野は以下のとおり。

第一区
日本橋図書館　文学、特に日本文学
伏見台図書館　児童、及び女性図書
埠頭図書館　法制、経済、特に海事資料
沙河口図書館　工学、工業
近江町図書館 ｝家事、児童図書
南沙河口図書館 ｝
第二区

瓦房店図書館　　地誌、園芸
大石橋図書館　　風俗、陸運、鉄道
営口図書館　　経済、商業、水運、海運
鞍山図書館　　工学、工業
遼陽図書館　　歴史、兵事、軍用犬
第三区
蘇家屯図書館　　鉄道
奉天八幡町図書館　　商工業、運動、満洲風俗
鉄嶺図書館　　伝記、俳句、満洲地誌
開原図書館　　日本精神、満洲統計
第四区
四平街図書館　　宗教、哲学、教育、歴史、地誌、数学、理学、家事
公主嶺図書館　　移植民、動植物、農業、水産
新京図書館　　法制、経済、社会、統計、産業、交通
哈爾浜図書館　　北満関係資料
第五区
撫順図書館　　採礦、石炭、電気、工学
本渓湖図書館　　地誌、風俗、美術、特に写真術
安東図書館　　山林、木材、港湾、関税、刀剣、犬

(39)「蒐書の担当分野に付大連図書館との協定」「書香」第八十五号、満鉄大連図書館、一九三六年、七ページ。協定の内容は以下のとおり。
大連図書館：地誌、政治、法律、経済、財政、社会、統計、植民、産業、中国本部

奉天図書館：交通、工学、満蒙・シベリア等の辺境研究図書
(40)「消息」「収書月報」第五号、満鉄奉天図書館、一九三六年、三一ページ。協定の内容は以下のとおり。
奉天図書館：原理原論に関する図書及局員の一般教養に資すべき図書類
鉄路総局：直接業務に必須なる印刷物
(41)前掲『全史』下、四二九―四三三ページ
(42)前掲『全史』上、七七〇―七七一ページ
(43)同書七五八ページ、南満洲鉄道株式会社総裁室地方部残務整理委員会『満鉄附属地経営沿革全史』(復刻)中、龍溪書舎、一九七七年、七三二ページ
(44)南満洲鉄道『南満洲鉄道株式会社第三次十年史』南満洲鉄道、一九三八年、一二九九ページ
(45)大佐生「満鉄図書館閲覧規則の改正に就て」「書香」第八十二号、満鉄大連図書館、一九三六年、一―二ページ
(46)「図書館風景四月分」「書香」第八十四号、満鉄大連図書館、一九三六年、七ページ
(47)「図書館風景二月分続き」「書香」第八十三号、満鉄大連図書館、一九三六年、六ページ
(48)「図書館風景五月分」、前掲「書香」第八十五号、六―七ページ
(49)前掲「満鉄図書館閲覧規則の改正に就て」
(50)瓦房店・大石橋・海城・営口・鞍山・遼陽・八幡町・蘇家屯・鉄嶺・開原・四平街・公主嶺・新京・范家屯・白菊町・本渓湖・安東・撫順の各館
(51)南沙河口・近江町・同日出町分館の各館
(52)産業部所属：大連(分館：埠頭・沙河口)、鉄道総局所属：奉天・哈爾浜
(53)日本橋(一九三八年八月閉鎖)・伏見台(一九三八年八月、小村侯記念図書館となる)
以上、注(50)―(53)については「会務報告」(「満鉄図書館業務研究会年報」第四輯、満鉄図書館、一九四〇年、一ページ)など参照。
(54)衛藤利夫「奉天図書館の行くべき道」「収書月報」第二十四号、満鉄奉天図書館、一九三八年、一―二ページ

(55) 石堂清倫「満鉄の図書館」「彷書月刊」第四巻第六号、弘隆社、一九八八年、二ページ
(56) 調査マンによる図書館研究は、「満鉄資料彙報」および「資料彙報」に掲載された諸論文に見ることができる。これについては、一九九二年八月の日本図書館研究会愛知研究例会第七七回例会で、「後期満鉄図書館における資料論の展開」と題して、その概略を口頭発表した。
(57) 柿沼までの歴代の大連図書館長は以下のとおり（前掲『全史』上、七五九ページ）。
初代―一九一九年七月　島村孝三郎（第二代調査課課長）
二代―一九二〇年二月　唯根伊与（第三代調査課課長）
三代―一九二五年三月　神田城太郎（司書係主任）
四代―一九二六年三月　法貴慶次郎（教育研究所主事、学務課長）
代理―一九二六年五月　佐竹義継（学務課庶務主任）
五代―一九四〇年三月　柿沼介
(58) 調査部長「部所長会議報告事項覚書」、調査部資料課編「満鉄調査部報」第一巻第二号、南満州鉄道、一九四〇年、七ページ
(59)「資料機関聯絡事務打合会議々事報告――自五月七日至九日、於厚生会館」「満鉄資料彙報」第五巻第五号、南満洲鉄道、一九四〇年、四三―六七ページ
(60) 黄車亭「図書館の悪臭」「協和」第二百六十四号、満鉄社員会、一九四〇年、一七ページ
(61) 大島豊彦「満鉄図書館の新体制――「読書週間」の開催に因みて」「協和」第二百七十七号、満鉄社員会、一九四〇年、三〇ページ
(62) 資料課「図書館長会議々事務報告」「資料彙報」第十号、南満洲鉄道調査部、一九四三年、一一七―一三一ページ
(63) 石堂清倫『わが異端の昭和史』（勁草書房、一九八六年）、二三七―二三八ページなど参照。
(64) 小村侯記念図書館は、一九三八年十一月の開館（旧伏見台児童図書館）。四三年三月に第二次増築（書庫）工事が完成、十二月に書庫内書架建造工事が完了しているが、これは大連図書館からの図書受け入れ対策だろう。

第6章　大連図書館の成立

はじめに

草創期の満鉄の図書館は、その目的・機能などによって二種類に大別される(1)。

一つは地方課（部）教育係が所管し、沿線付属地や大連市内に設置された図書閲覧場である。それらは満鉄社員と在満一般邦人のための公共図書館といえる。いま一つは調査課（部）の図書室である。こちらは調査関係者を中心とした社員が利用対象となる研究・参考図書館だった。

ところが一九一八年一月の会社分掌規定の改正により、地方課教育係と調査課図書室が合併して図書室は地方部直属の図書館となり、一九年十月から一般公開された。これが大連図書館である(2)。

本章では、社員対象の調査課図書室が、大連図書館として一般にも公開されるに至った経緯とその背景を検討し、満鉄の図書館事業の特質を考察する。

1　初期の満鉄図書館

まず、創業期の満鉄の図書館事業の概略を見ておく。

図書閲覧場

一九一〇年七月、付属地に住む社員・居留民の教育文化施設として、図書館を沿線各地に設置する計画が立てられ、九月に図書閲覧場規程が制定された。十一月に遼陽・奉天・長春・公主嶺・瓦房店・大石橋、翌年一月に安東・鉄嶺の、合計八カ所の図書閲覧場が相次いで開設された。

図書閲覧場は「町の書斎」として在満邦人に親しまれ、以後も図書閲覧場は沿線各地や大連市内に続々と開設された。図書閲覧場規定制定から十年を経た一九一九年には十九館に達し、最盛期満鉄図書館網の大半がこのころまでに形成されたことになる。

こうした発展を受け、図書閲覧場は一九一七年六月に簡易図書館と改称され、二二年六月からは単に図書館と呼ぶようになった。

調査部図書室

一九〇七年四月、調査部（翌年、調査課と改称）図書係管理の図書室が設置された。満鉄が調査事業を重視していたことが、創業の翌年に早くも図書室を作り、資料収集の体制を整備していたことからも理解される。

図書室設置・運営の責任者が、調査部の担当理事岡松参太郎である。岡松はかつて京都帝国大学付属図書館の創設に関与していて、図書室開設の際にも、自ら図書の整理にあたったといわれる。

表15　図書室所管図書数の推移

年度	普通図書（冊）		専用図書（冊）	
	和書	洋書	和書	洋書
1907	2,580	388	1,099	376
1908	2,919	1,218	3,414	1,466
1909	4,165	1,918	5,254	3,455
1910	10,464	3,229	10,411	5,328
1911	11,696	5,051	15,890	8,983
1912	12,263	5,225	21,750	13,362
1913	13,035	5,376	27,197	15,428
1914	15,325	5,601	32,931	17,756
1915	17,853	5,795	41,197	18,969
1916	24,190	6,731	53,025	20,441

（出典：『南満洲鉄道株式会社十年史』〔南満洲鉄道、1919年〕854―855ページから作成）

図書室は設置当初は満洲資源館三階の一室にあったが、一九〇八年の本社社屋の移転にともない、本社の一室に移転した。しかし所蔵資料の重みで床板が下がり危険になったため、本社内の別室に再移転した。その後も収集資料は年々増加し、満鉄本社第一玄関前に書庫を建設することになった。書庫は二階・地下一階建て総建坪百十八坪（約三百九十平方メートル）。内部には六層構造のアメリカスニード社製書架を配していた。一二年十月に起工し、一四年一月に竣工した。

図書室の資料

図書室所管の資料には普通図書と専用図書の二種類があり、このうち普通図書が図書室の資料だった。専用図書は社内各課や学校などの諸施設に職務上必要な図書で、図書閲覧場の巡回書庫と常備図書が含まれていた。[3]図書閲覧場規定によれば、図書閲覧場の図書には、巡回書庫・常備図書・臨時備付図書の三種類があった。[4]巡回書庫は地方課の要求により、調査課が編成し、一定期間回付された。常備図書・臨時備付図書も同様に、地方課の要求によって調査課から配布された。

つまり図書類の注文・管理など一切の事務を調査課図書係が担当し、図書閲覧場側は施設の管理だけを受け持っていた。これは所有図書類の一元的管理を目的とした、会社の方針に基づくものだろう。しかし図書館にとって資料は施設以上に重要な要素であり、図書閲覧場に購入資料の選定などの権限がないことは、かえって不合理だった。

他方調査課としても、その本来の職務を外れた一般的な内容の図書類を含む会社全体の資料の管理は、重荷だったと思われる。普通図書の専用図書をはるかに上回る増加は、調査課には余計な負担増だった（表15を参照）。

また資料の購入は調査課が一括しておこなうべきであるのに、撫順炭坑のような業務が活発なところでは、資料の直接購入がおこなわれていて、会社側が意図した図書類の一元的管理は事実上破綻していた(5)。

満鉄の図書館は、施設の数から見ると創業初期から充実していたが、運営上では改善すべき課題もあったといえる。資料の購入や管理のあり方については、見直しを求める声も強かったと考えられる。だがこれは地方課と調査課という、異なった部署にまたがる所管業務の調整であり、実務者レベルでは処理のできないことだった。この問題の解決には、会社上層部の合意と、それを促す背景が必要だった。

2　大連図書館の公開

書庫の新築

前述のように、調査課図書室の書庫の建設が一九一二年十月に着手され、一四年一月に竣工した。書庫建設に至った事情は、所蔵資料の増加により収蔵スペースが不足するようになったこと、また「将来図書館トシテ公開スルノ基礎ヲ作ルヘク一大図書館ヲ建設スルノ計画ヲ立テ(6)」たことによる。

これは一九一〇年代の初頭（明治末年）に、大連市内本社前に大規模図書館を設立する構想が社内で検討され、一定の合意が形成されていたことを示す。この場合の図書館は、おそらく調査課図書室を発展させたもので、社員以外への公開も多少は想定されていたと思われる。

実際、書庫完成後「社員閲覧ノ傍ラ社外ノ一部閲覧者ニ其ノ便宜ヲ与ヘ(7)」、社外の利用者が書庫内の資料を利用できるようになった。また一九一四年十月から夜間と日曜開館を実施し、利用者へのサービス向上が図られた。

しかし部外者の書庫内資料の利用は、前記のように「社外ノ一部閲覧者ニ其ノ便宜ヲ与ヘ」たもので、満洲研究者などごく少数の人たちに限定されていたと思われる。なぜならば閲覧室の建設はその後一九一八年十一月に始まったのであり、一四年竣工の書庫は閲覧者のためのスペースが十分に確保されていない、文字どおりの「書庫」だった。

つまり書庫建設の時点では、会社はその全面的な公開を予定していなかったと見るべきだろう。ところが一九一八年一月の会社分掌規定改正によって、調査課図書室が図書館となり、同年十一月に閲覧室増築工事が着手されたことで、公開へと大きく舵が切られた。すなわち一〇年代の半ば以降に、満鉄社内で調査課図書室の位置付けをめぐって方針の転換がなされたと考えられる。

一九一八年の分掌規則改正

一九一八年一月、満鉄は調査課図書室を図書館として独立させ、調査課図書係と地方課教育係を一体化する、会社事務分掌規定の改正をおこなった。この改正によって、従来調査課図書係が担当していた図書類の購入と管理に関する事務と、地方課教育係が担当していた簡易図書館と巡回書庫に関する事務を、あわせて図書館が担当することになった。

この機構改革を受け、同年十一月に閲覧室の増築工事が始まり、翌一九一九年九月、竣工した。閲覧室は建坪七十二坪(約二百三十八平方メートル)、百席の一般閲覧室、十席の特別閲覧席、新聞閲覧室からなっていた。閲覧室工事が竣工した九月に図書館規則が制定され、十月一日から大連図書館公開が始まる。

図書館独立時の職員数は十四人(職員六、雇員二、傭員六)で、これが公開時には六十人(職員七、雇員十三、傭員四十)に増員された。[8] また初代の館長には、第二代の調査課課長であった島村孝三郎が就任した。

蔵書数は一九一八年度末で四万一千四百五十六冊(和漢書三万六千三百六十一冊、洋書五千九十五冊)であり、[9] 調査課図書室の普通図書の大半を受け継いだものとみられる。大連図書館の蔵書数はその後着実に増え続け、三七年七月には二十一万五千六百四十五冊を数えるに至り、[10] アジア有数の規模となる。

表16　1920年度大連市内各図書館の利用状況

図書館名	蔵書数（常備）	閲覧人員（下段：%）							
		社員	官公吏軍人	実業家	女性	児童	その他	合計	1日平均
大　連	54,937	14,093 (39.7)	433 (1.2)	1,366 (3.8)	194 (0.5)	－	19,506 (54.8)	35,592	101
北公園	5,764	7,941 (26.9)	911 (3.0)	2,441 (8.3)	2,750 (9.3)	5,251 (17.8)	10,264 (34.7)	29,558	88
電気遊園	2,305	3,487 (10.1)	1,336 (3.9)	4,588 (13.4)	1,377 (4.0)	6,550 (19.1)	16,954 (49.5)	34,292	101
近江町	2,218	4,643 (33.4)	99 (0.7)	1,109 (8.0)	5,296 (38.1)	824 (5.9)	1,928 (13.9)	13,899	39
埠　頭	5,504	10,647 (68.5)	143 (0.9)	51 (0.3)	528 (3.4)	3,552 (22.9)	618 (4.0)	15,539	44

（出典：篠崎嘉郎『大連』〔大阪屋号書店、1921年〕1276ページから作成）

大連図書館の利用状況

表16は一九二〇年度の大連図書館、ならびに大連市内各簡易図書館の蔵書冊数と閲覧者数である。大連図書館が他の簡易図書館に比べて蔵書数については群を抜いた存在であるにもかかわらず、閲覧者数では大きな差がないことがわかる。これは公開初期の大連図書館の蔵書のほとんどが旧調査課図書室所蔵の資料であり、一般向けではなかったことが理由だろう。

閲覧者の内訳を見ても、簡易図書館では女性・児童の閲覧者が多いのに対し、大連図書館は女性閲覧者は極めて少なく、児童の利用はできなかった（ただし、図書館規則では児童の利用制限を明文化してはいない）。また「その他」の閲覧者が多いが、その大半は閲覧席目当ての学生だったと思われる。

学生たちの来館の目的は、図書館の資料ではなくその閲覧席を使っての受験勉強にあった。試験期に学生の利用が増える傾向は、開館初期にすでに現れていて[11]、閲覧席を占拠する学生に対しては、会社内からも一般の利用者からも強い不満が集まり、一九三六年四月から中等学生以下の入館が禁止になった。

表17は大連図書館公開前後の、同館と大連市内各簡易図書館閲覧者数の推移である。大連図書館公開のあおりを受けて、他館の

表17　1918―20年度閲覧者数の推移（下段：前年度比伸び率）

	1918年度	1919年度	1920年度
大　連	－	14,407	35,582
北公園	20,901	29,350	29,558
電気遊園	19,771	21,784	34,292
近江町	19,164	17,506	13,899
埠　頭	－	6,239	15,539
大連を除いた合計	59,836	74,879 （+25%）	93,288 （+25%）
総合計	－	89,286 （+49%）	128,870 （+44%）

（出典：前掲『大連』1275ページから作成）

利用が激減するようなことはなかった。むしろ大連図書館の公開、埠頭簡易図書館の開館（一九一九年八月）というサービス拠点の増強によって、市民の図書館利用が一層盛んになった様子がうかがわれる。その意味で大連図書館の公開は意義あることだった。

大連図書館の運営方針

大連図書館の任務は、「内外ノ図書ヲ蒐集シ南満洲鉄道株式会社業務ノ参考ニ資シ又ハ公衆ノ閲覧ニ供スルコト」[12]（図書館規則第一条）にあった。図書館の公開は、後段の「公衆ノ閲覧ニ供スルコト」を実現するための措置であり、それはすでに記したように、一九一八年の社内改革によって方向付けられた。

しかし大連図書館の創立初期、図書館の将来に対する社内の考えは必ずしも一本化されておらず、図書館経営は不安定な状態に置かれた。図書館の運営方針が明確に定まっていなかったことは、第四代館長となった法貴慶次郎が指摘するように、館長がしばしば更迭されたことにも現れていた[13]。

初代館長の島村は、第二代の調査課課長であり、調査課図書室の事務を統括していた。島村は図書室の将来について、「大連市民に公開することが社会的義務があると同時に、満鉄自体の必要よりして参考書を弘く蒐集することが肝要であるから、一般的図書館と参考図書館との二個の特徴を持つ図書館を創立せねばならぬと考へ[14]」た。

島村は、自分自身は図書館の専門家ではないが「在職中図書館の基礎をよりしっかりしたものにしたい」と計画した。彼は東京市立日比谷図書館と東京帝国大学図書館に範を取り、日比谷図書館から柿沼介を、東京帝大図書館から衛藤利夫を、さらに簡易図書館のためにも日比谷図書館などから図書館職員を採用した。

このように島村は図書館公開への道筋をつけ、さらに以後の満鉄図書館全体の発展の礎を作った人物といえる。しかし彼は閲覧室完成を目前にした一九一九年七月に更迭され、唯根伊与が代わって館長となる。

第二代館長の唯根は第三代の調査課課長だったが、「敬遠されて図書館長に左遷された」[15]。唯根は大連図書館の性格について、「社業参考図書館として進むべきか一般市民に対する公開図書館とすべきかの二途につき」[16]種々考えたという。これは閲覧室完成の直前に至っても、大連図書館の一般公開に対して社内に異論が存在したことを物語っている。

唯根は最終的に大連図書館の一般への公開を決断する。しかし、彼の決断には「結局二途を追ひしことが大連図書館の旗幟を欠くに至らしめた基であった[17]」との批判がついてまわる。

第三代館長の神田城太郎は、京都帝国大学付属図書館から岡松参太郎理事の勧誘によって満鉄入りした。神田は調査課図書係主任として図書室の運営の実質的な責任者を務め、改組後は大連図書館司書係主任となった。彼の図書館長就任は、その履歴から見れば順当な人事といえる。実際彼の館長在任は、一九二〇年二月から二六年三月のおよそ五年と、前任の二人と比べるとだいぶ長期に及んでいる。

図書館長として神田は、大連図書館だけでなく満鉄図書館全体の充実に寄与する業績を多く残している。例えば図書館職員の研修も彼が実現に力を尽くした事業である。文部省図書館員教習所（図書館講習所）への職員派遣は一九二一年度から始まった。また柿沼介の欧米留学（一九二三年十月―二六年四月）も彼の在職中に実現した[18]。

一方神田は、資料収集に関しては、調査課図書室時代から継続する中国州県志（中国各地の地理・歴史書）の収集など、中国古典籍の購入に精力的だった。早川千吉郎社長の時代（一九二一年五月―二二年十月）には、北京にある四庫全書の複写を企図したが、この事業は当時の金額で百万円の経費と十年の歳月を要する壮大な計画で、神田自身が「無謀」な企てと回想するものだった[19]。

第四代館長法貴慶次郎の館長在任期間は一年と短いが（一九二五年四月―二六年三月）、彼の館長就任は大連図書館史上特筆すべきことといえる。すなわち前三代館長が調査課出身であったのに対し、法貴は教育研究所主事、学務課長を歴任した、地方部教育畑の人物である。この人事は、大連図書館が名実ともに「地方部の図書館」となったことを示す。

法貴は欧米の教育事情を視察した際の図書館利用経験に基づき、以下のように図書館の機能を論じている。[20]

今日の公共図書館は昔日の貴族富豪はた好事家の手に成つた骨董文庫の真似事では無い。大衆の日常生活を基礎とする資料共蔵の場処であり、同時に大衆に対して、自由に且つ平等に、研究指導の機会を均等に与ふる機関であらねばならぬ。

こうした見地に立って彼は、当時の大連図書館の状況を所蔵資料の内容から次のように批判する。

高価でありながら、特殊の好事家に非ざる限り、必ずしも要としないやうな骨董的珍籍があるかと見れば、一方に於ては、実務家に取つて、必要欠くべからずと思はれる文籍資料に、少からぬ欠乏があつた。又廃棄してもよいでは無いかと迄思はるゝ無価値な書籍に、しかも、類同の冊本が相当重複して、併存されて居るのを見た。はた又、或方面殊に東洋古文等に関する資料は、稍豊富なるも、新進の理科学、工芸技術等に関する資料は、貧弱を極め、酷評すれば、矢張り一箇の懐古的なる骨董図書館に堕せんとして居るのを感じた。日新の科学文明を以て、東洋を啓発せんことを期する、我満鉄会社の有する図書館としては、似ても似付かざる、十九世紀式の旧態を留めんとする弊あるを感じた。

法貴は一九二六年三月に退任し、同年五月、柿沼介が第五代の館長に就任する。欧米留学中の柿沼が大連に帰着するまでのおよそ二カ月、大連図書館庶務係主任の佐竹義継が館長代理を務めた。

佐竹は京都帝大図書館から一九一〇年に満鉄に入社、地方課教育係で草創期満鉄図書館の基礎を築いた。[21]佐竹が法貴の図書館経営路線を引き継ぎ、柿沼に確実にバトンを渡す役割を果たしたことは間違いない。

柿沼は東京帝国大学を卒業し、東京市立日比谷図書館に勤務、一九一九年五月、島村の招きに応じて大連図書館に転じた。二三年、神田の尽力によって欧米留学の途につき、大連に戻るや大連図書館長となる。

柿沼はいわば満を持して館長となったのであり、彼の館長就任によって大連図書館の経営は安定期に入ったといえる。彼は一九四〇年三月までおよそ十四年間の長期にわたって大連図書館長に在任する。柿沼のもとで、大連図書館は社業参考図書館としての任務のかたわら、一般市民への幅広いサービスを展開することになる。

3　大連図書館公開の背景

一九一八年の規則改正に始まる大連図書館公開の方向は、途中多少の曲折があったが貫徹された。大連図書館が一般市民に開かれた図書館として発展したのは、関係者の努力の結果といえるが、同時にそれを後押ししたいくつかの要因を指摘することができる。

奉天図書館の改組

大連図書館の成立は、一九一八年の分掌規則改正によって決せられたのだが、満鉄は同時期に図書館事業全体の将来計画を検討したと思われる。その構想の根幹をなすのは、大連・奉天の二大参考図書館体制の構築にあったと推定される。

前述のように、初代大連図書館長島村は図書館経営の範を市立日比谷図書館と東京帝大図書館に求めて東京に赴く。[22]島村は柿沼とともに、東京帝大選科を修了し同大図書館に勤務していた衛藤利夫を獲得した。衛藤は柿沼より二カ月遅れの一九一九年五月に満鉄に入社し、一時期大連図書館に籍を置いた後、二〇年一月に奉天簡易図書館主事となった。[23]

一九一九年から満鉄は東京帝大などからの新規学卒者の定期採用を開始した。そのなかから、のちに満鉄経営の中枢を担うエリート社員が育成されていったことはよく知られている。「帝大出」の柿沼と衛藤（厳密には選科修了の衛藤には「学士」の称号はない）には、将来の図書館幹部の地位が約束されていただろう。しかも柿沼は一八八四年生まれ、衛藤は八三年生まれと、両者の年齢に大差はなく、一方が「次」でもう一方が「次の次」と考えての採用とは思われない。

もちろんこうした人事は島村の独断でおこなえるはずはなく、社命を受けてのものであることに相違あるまい。満鉄がこの時期すでに大連・奉天の二大図書館構想を確立していたからこそ、年齢の近い二人の「高級図書館員」を同時に採用したとみていいだろう。

奉天簡易図書館は、衛藤の赴任直後の一九二〇年四月、大連図書館と同様の本社直属の社業参考図書館となり、名も「簡易」の二字が外され奉天図書館となった。翌二一年五月、新館建設工事が始まり、十一月に竣工した。二五年九月書庫の外壁と基礎工事が完了、二九年四月、書庫内部にアメリカスニード社製書架の取り付けをおこなった。蔵書は二〇年度末で六千五百五十四冊にすぎなかったが本社直営になって急増し、[24]一九三七年七月には八万四千八百四十八冊に達した。[25]

奉天は満洲の政治・経済・交通の中心地であり、日本の満洲統治上大連とともに重要な都市だった。奉天簡易図書館の改組は、同地に情報・資料収集の拠点を置くことが満鉄の経営上不可欠と考えて実施されたと思われる。それはまた、大連図書館との相互関係をふまえての措置でもあるだろう。[26]

満鉄の都市計画

一九一五年五月、日本は中国に二十一カ条条約を押し付け、満洲での利権を半永久的なものとすることに一応成功した。以後満鉄は、付属地での近代都市建設を本格化し、社会公共資本の整備を進める。

特に一九一〇年代後半、学校など教育・文化施設の重点的な建設がおこなわれ、教育・文化事業の振興が図られた。「満鉄教育の所謂黄金時代」[27]の到来であり、なかでも大連図書館が公開された一九年度は、「満鉄教育史上の一大転換期」と特筆される。[28]

大連・奉天の二大図書館の建設は、この時期の都市基盤整備の一環でもある。図書館のような施設は、街づくりのうえからも決して無用のものではなく、むしろ日本の「野心」を覆い隠すには格好の施設だった。大連図書館については、大連市側からは大広場の一角への建設を要請されていた。[29]奉天図書館も奉天市の都市景観の一部をなすことが、以下の引用からも理解されるだろう。

一九二三〜二四年頃には奉天付属地は面目を一新し、日本の満洲経営の中心地の一つたるに「ふさわしい」近代都市の相貌を現わしたのである。たとえば、その中心にあった富士町通りには、東から女学校、医大と付属病院、中学堂、中学校、教育専門学校の壮大な建物が森の中に整然と立ち並び、道を隔てて満鉄図書館も整った文教地区が完成したのである。[30]

一九一一年十月の辛亥革命後、中国での民族主義の勢いは極めて盛んになる。二十一カ条条約締結は、一方で人々の対日感情を極度に悪化させた。満洲をはじめ中国各地で、教育権回収運動などの反日運動が繰り広げられた。朝鮮でも、一九年三月、大規模な民族蜂起（三一独立運動）が起こった。

第一次世界大戦の終結前後から、国際社会は協調の時代に入った。民族の自決は世界的な潮流であり、それは当然日本の植民地政策にも波及する。斎藤実の朝鮮総督就任（一九一九年八月）、田健治郎の台湾総督就任（同年十一月）は、その表れである。

満鉄の場合、二十一カ条条約問題、「五・四運動」（一九一九年五月）、ソ連の「カラハン宣言」（同年七月）などの影響によって、ナショナリズムへの対応はより難しいものがあった。満鉄の社会公共資本への積極的な投資は、中国ナショナリズムの興起に苦しむなかで、日本側の権益を守り、さらに拡張するための一つの方策でもあった。「進んだ」街づくりは、日本の満洲支配の「正しさ」を内外に示し、それを強固なものにするためにも求められていた。

図書館経営の目的

大連図書館は市民に公開された図書館になったが、同時に社業参考図書館としての任務をもっていた。それは前身である調査課図書室の役割を継承した、会社の調査事業に必要な資料の収集・蓄積が主なものだった。一九一七年十月のソ連成立は、満鉄の調査機関にソビエト研究という新たな使命をもたらすことになった。図書館もソビエト・ロシア関係文献の収集というかたちで、当然その一翼を担うことになる。

後黒竜軍管図書館蔵書、通称オゾ文庫の約三万冊の買収が成立したのは一九二二年六月。シベリアへの干渉出兵に失敗し、撤兵の正式決定が迫るなかで交渉が進められた。ソビエト側は満鉄の反革命勢力相手の買収交渉に強く反発し、オゾ文庫は陸軍の援助を得て哈爾浜から大連図書館の書庫に運び込まれた(31)。その後も大連図書館と、二三年五月開館の哈爾浜図書館には、続々とソビエト研究文献が集められていった。

哈爾浜図書館の開館当初の蔵書は二千七百六十八冊にすぎなかったが、満洲事変勃発時の一九三一年九月には二万三千六十五冊と、大連・奉天の二参考図書館に次ぐ規模に成長する。しかし利用者数では、事変の前までは他の満鉄図書館に比べると少数にとどまっていた(32)。これは、そのころまだ満鉄線は哈爾浜まで達しておらず、同地に日本人はあまり居住していなかったからである。哈爾浜図書館は満鉄図書館のなかで唯一、付属地外、関東州外に設立された図書館だった(33)。

満鉄は一九二三年四月、従来の哈爾浜公所を哈爾浜事務所に格上げし、そこに調査課を新設した。この調査機構の改革の目的が、満鉄の北満・極東ロシア研究体制の強化にあったことは周知のところである。哈爾浜図書館の開館は、この「哈調」と略称される哈爾浜事務所調査課設置のひと月後にあたる。哈爾浜図書館と哈調は、極東ロシア関係の資料・情報収集の前線基地として創設された。

おわりに

大連図書館の成立は、満鉄図書館事業全体の進展の一大契機となった。柿沼をはじめとする新たな人材を得て、満鉄図書館は市民へのサービスを中心とした広範な活動を繰り広げる。大連図書館開館から満洲事変に至る十数年は、満鉄図書館四十年の歴史のなかで、最も穏やかで充実した時期だった。

しかしそれは、十九世紀末から二十世紀初めにかけての、国際協調の時代だったからこそ可能だったといえる。その時代は束の間に終わり、世界は再び大きな戦争へと向かっていく。日本は満洲での支配権を強化しようとして、中国側と衝突した。対中積極政策によって中国の排日気運は一層激しくなり、両国は全面対決へと進む。

満鉄は一九二七・二八・二九年の三年で、通常の図書費のほかに総額十七万九千円にのぼる図書費を計上した。これは当時の帝国図書館のおよそ四年分の図書費に相当する。来たるべき「有事」に備えて、資料の収集を急いだのだろう。大量の図書買い付けは、満鉄図書館界にかつてない活況をもたらした。だがそれは図書館を否応なく戦争の準備へと駆り立てることでもあった。

注

(1) 満鉄図書館史の概要については、第5章を参照。

(2) この図書館は当初は単に「会社図書館」と呼ばれていたが、一九二二年六月に大連図書館と改称された。本章では便宜上一八年から二二年にかけての時期を含めて、大連図書館とする。
（3）前掲『南満洲鉄道株式会社十年史』八五四—八五五ページ（以下、同書を『十年史』と略記）
（4）「図書閲覧場規定（明治四三、九、二社則第五号）」、前掲『南満洲鉄道株式会社経営教育施設要覧』所収、一一一—一一三ページ
（5）前掲『全史』上、七四三ページ
（6）前掲『十年史』八五四ページ
（7）同書八五四ページ
（8）前掲『全史』上、七五八ページ
（9）篠崎嘉郎『大連』大阪屋号書店、一九二一年、一二七四ページ
（10）「満鉄図書館業務研究会年報」第三輯、南満洲鉄道、一九三七年、七二ページ（以下、同誌を「年報」と略記）
（11）「公開後の満鉄図書館」「満洲日日新聞」一九二〇年三月二十六日付
（12）前掲「年報」第三輯、二ページ
（13）法貴慶次郎「満鉄図書館追懐」、前掲『満鉄教育回顧三十年』所収、三五八ページ
（14）島村孝三郎「図書館の創設」、同書所収、三六五ページ
（15）衛藤利夫「満鉄図書館育ての親、佐竹さんの思出」、同書所収、三八三ページ
（16）前掲『全史』上、七五七ページ、前掲「憶ひ出づるまゝ」三九〇ページ
（17）同書七五七ページ
（18）「前館長を送る」「書香」第二号（満鉄大連図書館、一九二五年）一ページ、図書館職員の留学制度については前掲「年報」第三輯、二五七—二六〇ページ参照。
（19）前掲「憶ひ出づるまゝ」三七六ページ
（20）前掲「満鉄図書館追懐」三六〇—三六一ページ
（21）前掲『全史』上、七七七ページ

(22) 前掲「図書館の創設」三六五ページ
(23) 衛藤については、第9章を参照。
(24) 前掲『統計年報 大正九年度』五八〇ページ
(25) 前掲「年報」第三輯、七二ページ
(26) 前掲『全史』上、三三三ページ
(27) 同書三二六ページ
(28) 前掲「図書館の創設」三六五ページ
(29) 平野健一郎「一九二三年の満州」『近代日本とアジア――文化の交流と摩擦』(国際関係論のフロンティア)、東京大学出版会、一九八四年、二三八ページ
(30) 一九一九年前後の大連・奉天図書館間の相互関係は不明だが、一九三六年五月に成立した両図書館間の収書協定は、以下のようなものだった(「蒐書の担当分野に付大連図書館との協定」、前掲「書香」第八十五号、七ページ)。
大連図書館：地誌、政治、法律、経済、財政、社会、統計、植民、産業、中国本部
奉天図書館：交通、工学、満蒙・シベリア等の辺境研究図書
(31) 柿沼介「購書の思ひ出二、三」、前掲『満鉄教育回顧三十年』所収、三七七―三七九ページ
(32) 前掲「八歳半の歩み」三ページ
(33) 前掲『全史』下、一〇五九―一〇六〇ページ

第7章　満鉄図書館協力網の形成

はじめに

満鉄の経営は、大正の末年に至るまで多少の曲折はあったものの、順調な発展を遂げていた。ところが、一九二七年の金融恐慌、二九年の世界恐慌の影響により、その営業収支は一転悪化する。さらに「満鉄包囲網」（中国側資本による並行鉄道網の整備）の形成に、銀安が重なり、満鉄は深刻な経営危機に陥る。満鉄経営の行き詰まりは、日本の満洲支配の動揺・後退を意味する。「日本の生命線」満鉄を守り、大恐慌下の日本経済立て直しと、中国ナショナリズムの興起に対抗するため、日本は一九三一年九月、満洲事変を引き起こし、翌年三月「満洲国」を建国する。

本章では、前述のような一九二〇年代から三〇年代にかけての、満鉄図書館の歴史を取り扱う。満鉄図書館の極盛期と称すべき、同時期に展開された活動から、戦時下の図書館の諸相を考察する。(1)

1　満鉄図書館業務研究会の成立

特別図書費の計上

前記のように、一九二〇年代後半から、満鉄の経営は苦境に直面する。二七年七月に社長に就任した山本条太郎は、「経済化と実務化」を掲げ、事業の見直しなどを実行した。(2) 業績の悪化が著しくなった三〇年度には、人員整理や定期昇給の停止もおこなわれた。

こうした厳しい環境にもかかわらず、一九二七年から二九年の三年で、会社は通常の図書費以外に、およそ十八万円にのぼる特別図書費を支出した。この金額は当時の帝国図書館の、四年分の図書購入費に匹敵する。(3)

その内訳は、まず一九二七年に会社創業二十周年記念図書費二万九千円。二八年に「御大礼」（昭和天皇の即位）記念図書費五万円。(4) そして二九年一月に漢籍購入費として特別支出された約十万円である。(5)

山本社長は、創立二十周年記念事業の一つだった大連駅建設工事などを、不急のものとして中止した。その一方で、「経済的には不利であつても国策上喫緊なものには、思ひ切つて費用を惜しまぬ」(6) とした。多額の図書購入は、満蒙分離を取り決めた一九二七年六月の「対支政策綱領」など、日本の対中政策の新たな展開に対応し、「有事」に備える措置とも考えられる。

満鉄図書館業務研究会の発足

多量の図書買い付けは、当然図書館活動の活性化を招来した。一九二九年四月に、満鉄各図書館館報「書香」が再刊され、図書館員の研修組織である満鉄図書館業務研究会（以下、業務研究会と略記）が成立したのは、その端的な現れである。

満鉄図書館の職員研修は、近接する図書館が参集して、それ以前から非公式におこなわれていた。一九二四年、遼陽・鞍山・大石橋・営口・瓦房店の各館が集まり、業務の改善や相互の連絡を目的に遼南図書館協会を結成した。二七年には、鉄嶺・開原・四平街・公主嶺・長春の各館が、同様の研究会を設立した。さらに大連市内の各館も、大連図書館を中心とした会合を毎月一回開催していた(7)。

業務研究会は、こうした非公式研究会を統合し、会社の初等教育研究会規定に準じた図書館業務研究会内規を制定することで、公式化したものである。しかし実際の活動は、全満鉄図書館を以下のような地域別三区に分け、各区ごとに「自治的に研究を進めて行(8)」くことになった。

第一区：大連・日本橋・伏見台・近江町・埠頭・沙河口・南沙河口（以上、大連市内）、瓦房店・大石橋・営口・鞍山・遼陽

第二区：奉天・奉天市内八幡町・安東・撫順・本渓湖

第三区：鉄嶺・開原・四平街・公主嶺・長春・哈爾浜

すなわち、一区は旧遼南図書館協会傘下の各館と、大連市内図書館の集合である。三区は一九二七年成立の鉄嶺以北の研究会所属の各館に、哈爾浜図書館を加えたもの。二区はそれ以外の図書館ということになる。

前記区分を採用した理由は、「大会とか総会とかいふものに比し、此の種の会合の方が、よい《(ママ)》実際的の効果があらうと期待され(9)」たからという。だが一つの側面として、研修組織の全的統一に対し、必ずしも積極的でない図書館があり、従前の組織に準じた三区に分かたざるをえなかったとも考えられる。

一九二六年の一連の図書館関係規則の改廃までは、大連図書館が満鉄図書館全体を管掌していた。ところがこれに対して奉天図書館長衛藤利夫が、「同業者が、他の経理、人事を抑えて居るといふのは怪しからぬ(10)」と、異を唱えた。大連図書館長や会社の図書館担当者の反対を押し切り、衛藤の主張に沿うかたちで諸規則が制定され

た。大連図書館の「格下げ」は、会社館界に「不必要のもつれを生じ(11)」させることになった。

業務研究会が、旧来の研修組織を統合する目的をもって設立されながら、当初は事実上、その目的を果たすことができなかったといえる。その背景には、自館の独自性に固執する勢力の影響があったものと推定される。

満鉄図書館の課題

一九二九年九月の「書香」は、十月四・五の両日に一・二区連合の業務研究会が開催されるだろうと伝えた(12)。ところが翌月の同誌上には、同じ日程でおこなわれた一区第六回の業務研究会の報告が掲載されているだけで(13)、連合研究会の実施には触れていない。

一九三〇年五月、業務研究会成立から一年が過ぎて、三区連合の研究会が初めて開催された。各区から合計十二の議案が提出されたが、その採択状況は以下のとおりである。各区の「温度差」とその意思統一の難しさを読み取ることができる。

一区提出：可決四　否決○　採択せず一
二区　　：可決一　否決一　採択せず二
三区　　：可決一　否決○　採択せず二(14)

各館がそれぞれ独立・対等の運営を希求することそのものは間違いではない。だが、相互の連絡・調整もまた重要である。図書館間の協力関係の構築こそが、満鉄図書館の大きな課題だった。

一九三一年四月二十七日の図書館長および主事会議の席上、地方部長大森吉五郎は「満鉄図書館の使命」と題する訓示をおこなった。そのなかで彼は、前年の部長着任後、沿線各地の図書館を視察して得た印象をふまえ、次のように述べている。

各地の図書館の内容はあまりに一律に傾きすぎる嫌があります。図書館経営の事務、図書館作業の技術に於ては、もとより単一性標準化を旨とし、一定の規格に依るを便宜とするのであるが、図書館それ自体は、その所在地の地理的環境、社会的環境の異なるに従つて、各その地方固有の色彩を発揮し、より密接にその土地に即せしめねばならぬ。即ち『図書館の個性化乃至地方化』が最も肝要であると思ひます。[15]

会議の後、さらに大森は地元紙の記者に対し、訓示の前記の部分に関連して「備付図書を見るに何処もすべてあまりに一律すぎる、もつと環境を顧慮してその地方に適した図書を備へる必要がある」[16]と付言している。大森は内務官僚（熊本県知事）から満鉄入りした人物である。図書館の専門家でもない大森に看破されるほど、各館の蔵書は没個性的だったのである。図書館間の連携が不十分だったことを示す一例である。

2　満洲事変下の活動

各館の独立性が優先された満鉄図書館だが、一方で協調への動きが全く見られなかったわけではない。一九三〇年十月、二・三区合同の業務研究会が開催された。[17]以後両区が合併して、新たな二区となった。新二区の発足後、「図書館業務諸用紙と其統一」[18]「著者名記号共同作製」「第一区との研究事項の協定」[19]（以上二区）、「図書館閲覧案内共同印刷」（一区）など、日常の業務のなかから図書館間の連携を図ろうとする兆しが見える。

満洲事変

前記のように、一九三〇年十月の二・三合区以後、業務研究会という場を軸に、図書館相互の連携を志向する傾向が現れてくる。そしてこうした機運を一気に加速させたのが、三一年九月の満洲事変の勃発である。

満洲事変から「満洲国」建国に至る過程での、満鉄図書館の諸活動と、それを促した衛藤の存在については後述する。[20]ここでは事変を契機に、満鉄図書館が変容していく様相を、その活動から検討したい。

九月二十六日、一区第二十一回業務研究会が開催された。事変直後の高ぶる満洲世論をよそに、「図書の型体と書架との関係」など、実務的な課題が冷静に取り組まれた。[21]

ところが十月三十一日の二区第十六回業務研究会に至って、「議題中には相当重要なものがあつたので」大連図書館長柿沼介や本社学務課員が出席したほか、遼陽・鞍山の一区所属図書館からの参加もあった。[22]

次いで十一月二十一日、二区第十七回業務研究会が開催され、「時局に対する図書館の対策如何」が協議された。[23]そして「満蒙に対し正しき認識を与へむが為に、各館時局文庫の綜合目録を編纂し竝出征軍人に対する慰問図書を募集し時局に対し、些少なりとも貢献すべし」[24]という結論に達した。

満洲事変時の満鉄の諸活動を同社が後日まとめた『満洲事変と満鉄』によれば、一区も十一月下旬に大連で業務研究会をおこない、同様の結論を得たという。しかしながら、これを「書香」誌上で確認することはできない。前記の計画が二区先行で決定され、一区がこれを追認、「各館の意嚮一致」となったのだろう。いずれにしても、「時局に対する図書館の対策」は、「各図書館の総意」として総裁に申請され、十二月十五日付で決裁を受けたのである。

四日後の十九日、一・二区連合の業務研究会が開催され、二つの事業について、その具体的取り組みが協議・決定された。[25]全満鉄図書館連合の業務研究会は、一九三〇年五月以来、旧二・三区合同後は初めてのことである。議案についても、緊急かつ重要である。しかし柿沼は、この連合研究会に参加していない模様である（他に大連市内四図書館からも出席者がいない）。

満鉄図書館内には、事変下に計画された事業を、批判的に見ていた人々も存在していたと思われる。だが大勢としては、「日本図書館史上真に画時代的の各事業を敢行し」[26]、時局への貢献を果たそうとする方向に流れていった。満洲に住まう者たちにとって、この戦いに敗北することは、自らの生活の基盤を失うことに等しかった。

満洲事変下の二事業

満鉄図書館挙げて遂行した二つの事業とは、『全満二十四図書館共通満洲関係和漢書件名目録』の編纂と、陣中文庫の編成である。(27)

前者は、関東庁図書館を含めた満洲二十四図書館に、一九三一年十二月末日現在で所蔵する、満洲関係文献の件名目録である。

各館は奉天図書館に関係図書のカードを提出、奉天図書館がこのカードによって目録を編集した。同書は一九三二年八月に大連右文閣から発行された。また続篇が、業務研究会の編集で三五年三月に刊行された（一九三二年一月一日から三四年十二月末日分を収録）。

陣中文庫は「多数の兵匪土匪を前にして極度の危険と骨に徹する酷寒とに堪えて、東亜永遠の平和の為に馳駆する我が将兵竝警察官、満鉄社員等第一線に活動する人々に対する、精神的慰安の一手段として書物を提供する」ものである。

満洲事変時の慰問図書募集は、日本図書館協会によってもおこなわれた。(28)また図書以外の金品を戦地に贈る慰問運動が全国的に展開された。(29)

陣中文庫には、十二月十九日の募集開始から翌年五月までの半年あまりの間に、十一万六千六百八十三冊の図書雑誌と一万六千四百八十部の新聞が集まった。当時の満洲在住日本人はおよそ二十万人だから、実質的な総動員体制といえるだろう。

その背景として、まず現地のマスコミによる大々的な報道があったことが挙げられる。「満洲日報」紙では、陣中文庫について計画段階から紙面を割き、十二月十二日の重役会や十九日の連合業務研究会の模様などを、逐一伝えている。

さらに満洲各地の婦人会などによる組織的な協力があったことも見逃せない。「書香」誌上に掲載されている「作業報告」を見ると、各地の婦人会、学校、企業などが、書籍などを寄贈していることがわかる。陣中文庫は、草の根の戦意高揚運動として、一定の役割を果たしたのである。

3　「各館蒐書分担協定」の締結

図書館間協力の伸展

事変下の二つの事業は、満鉄の図書館員たちにとって、昼夜兼行休日返上の過酷な作業だった。だがその営為は同時に、「五族協和」の新国家建設に参加することであり、彼らに深い充足感を与えたことも確かである。衛藤にいわせれば、満洲事変は「文化的価値の高い文化現象[30]」なのである。

戦時下の活動は、彼らに意識変革をもたらした。従来の満鉄図書館は、それぞれの独自性を優先し、互いの協調をあまり重視していなかった。ところが、この間の共同作業の過程で、彼らのなかにある種の一体感が醸成されていった。これも衛藤の言葉を借りるならば、図書館間を横につなぐ“co-operation[31]”である。

事変勃発から一年を経た一九三二年九月、一区が三日、二区が十日と、相次いで研究会を開催した。次いで二十五日、両区連合の研究会が開かれ、一・二区の合併が提案された[32]。

しかもこの連合研究会は、朝鮮の図書館研究会との交流を目的とした、第一回の鮮満図書館連合研究会と同時におこなわれたもので、以下のような議題が協議された。設置母体を超えた、植民地図書館の大きな連携を目指す内容である。

第一　鮮満相互に必要なる特殊図書の蒐集連絡に関する件

第二　鮮満に於て図書館経営上特に留意すべき事項如何
第三　鮮満各図書館研究会の作業連絡に関する件
第四　移動書架の実施並に之による蔵書整理の実績に関する件
第五　鮮満図書館協議会設立に関する件[33]

もっとも、あまりに性急な“co-operation”の追求は、反発を招いたようだ。一・二区の合併案は、一区委員の多数と提案者側の二区委員からも保留の希望が出、そのとおりに決定した。鮮満図書館連合研究会についても、第二回を「明春天長節前後」に開催することを決定しながら、実現しなかった。[34]

新生図書館業務研究会

怪しげな精神主義に基づいた“co-operation”は頓挫したが、満鉄図書館間の相互協力関係確立の機運は、熟しつつあった。

一九三三年八月二十五日の図書館長会議の席上、地方部長中西敏憲は次のように訓示した。

今日の図書館は、閲覧者の来館を拱手して待つと言ふが如き消極的活動に満足すべきではないのでありまして、進んで積極的に働きかけて行かねばなりません。そのためには、内部的には、図書館相互の提携協調を図ると共に、外に向つては、各種社会教育施設と連絡して、図書館本然の使命を遂行達成しなければならぬと考へます。[35]

この館長会議で、業務研究会の改組が具体化し、六人の委員に内規の改訂が付託された。[36]翌一九三四年三月末、新たな満鉄図書館業務研究会規定が制定され、[37]四月一日から施行された。

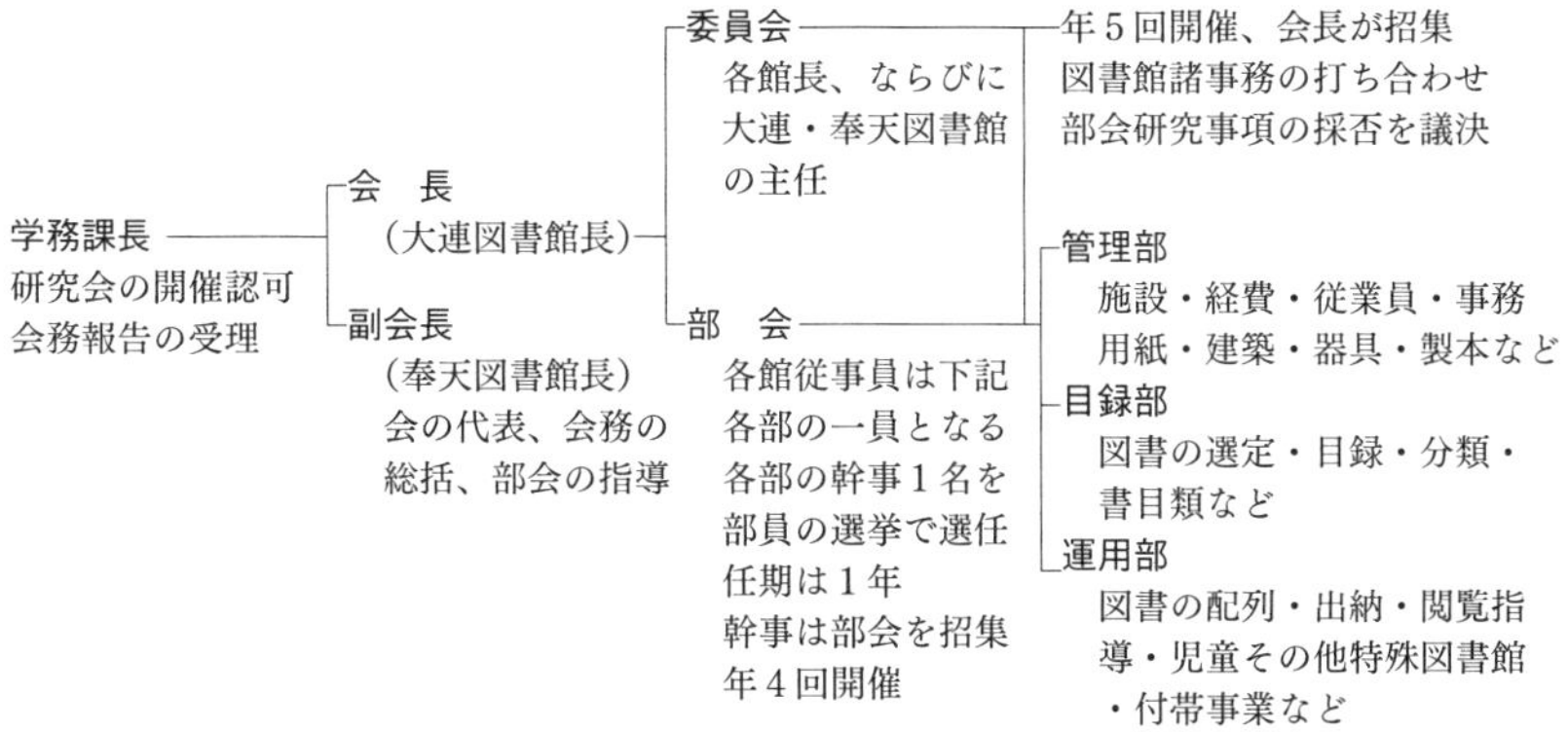

図1　業務研究会組織図
（出典：「満鉄図書館業務研究会年報」第3輯〔南満洲鉄道、1937年〕255ページなどから作成）

新しい内規によれば、業務研究会の組織は管理職による協議決定機関である委員会と、職員の研究機関としての部会によって構成されている。部会は、管理・目録・運用の三部からなり、満鉄図書館全職員がいずれかに所属することになっていた。

満鉄図書館の協力体制

一九三四年四月十四日、新生業務研究会の第一回委員会が大連図書館で開催された。以後委員会や各部会による協議・研究が活発におこなわれ、各図書館の連携が促進された。また三五年五月には、機関誌「満鉄図書館業務研究会年報」（―第四輯、一九四〇年五月）が創刊された。

この第一回委員会で、「各図書館蔵書の統制を図り、相互貸借を増進せしむべき方策」が、一九三四年度の委員会の研究題目に決定された[38]。満鉄図書館かねての懸案だった各館蔵書分野の調整が、初年度の研究課題となったことは実に意義深い。

一九三四年度は計五回の委員会を開催、この問題を検討した。また各図書館蔵書の相互貸借については、運用部に立案を委託した。かくて次のような概要の、「会社図書館蔵書の統制並にその相互貸借制度に関する研究」がまとまり、三五年一月から実施に移された[39]。

①各図書館蔵書分野の協定

大連・奉天を除く全図書館を五つのブロックに区画、区内の図書館はその所在地の事情などによって、蔵書分野を協定するとともに密接な連絡を保つこととし、大連・奉天図書館が、全体の連絡・統制にあたるとした。ブロック制を採用したのは、全図書館を一組織にすると、地域的にかえって不便であるためである。そこで近接する四、五館同士で一区を形成し、このブロックがさらに全体として連絡する形態となった。各ブロックの図書館と、各館の蔵書分野は以下のとおり。

第一区

日本橋図書館	文学、特に日本文学
伏見台図書館	児童、および女性図書
埠頭図書館	法制、経済、特に海事資料
沙河口図書館	工学、工業
近江町図書館 南沙河口図書館	家事、児童図書

第二区

瓦房店図書館	地誌、園芸
大石橋図書館	風俗、陸運、鉄道
営口図書館	経済、商業、水運、海運
鞍山図書館	工学、工業
遼陽図書館	歴史、兵事、軍用犬

第三区

蘇家屯図書館	鉄道

奉天八幡町図書館　商工業、運動、満洲風俗
鉄嶺図書館　伝記、俳句、満洲地誌
開原図書館　日本精神、満洲統計
第四区
四平街図書館　宗教、哲学、教育、歴史、地誌、数学、理学、家事
公主嶺図書館　移植民、動植物、農業、水産
新京図書館　法制、経済、社会、統計、産業、交通
哈爾浜図書館　北満関係資料
第五区
撫順図書館　採礦、石炭、電気、工学
本渓湖図書館　地誌、風俗、美術、特に写真術
安東図書館　山林、木材、港湾、関税、刀剣、犬

②各図書館蔵書の相互貸借

各館蔵書の相互貸借制度については、先述のように運用部に規約の立案が委託された。(40) 運用部提案を委員会で検討、五章十三条からなる会社図書館図書相互貸借規約が制定された。図書の輸送は、鉄道経営を主体とする満鉄だから、列車便によった。

③総合目録の編成

各館蔵書の相互貸借を円滑にするためには、総合目録の存在が必要不可欠である。第一区が冊子体の、第二区がカードによる総合目録を編成した。一九三五年一月以降の各館増加図書の総合目録については、満鉄図書館報

「書香」の付録として、毎月刊行・配布された。また、『全満二十四図書館共通満洲関係和漢書件名目録』の続篇出版も、この事業の一環である。

満鉄図書館協力網の完成

満洲事変下の諸活動で指導的役割を果たしたのは衛藤だが、今回の取り組みの中心を担ったのは柿沼とみられる。柿沼は前述の協定の発足にあたり、「書香」に「図書の相互貸借」という一文を寄せ、新制度の意義を解説している。(41)

ここで彼は、相互貸借制度に関してドイツやイギリスの事例を、また蔵書分野の協定では、シカゴ市のそれを紹介している。新制度が海外の先例を広く検討して成立したことがうかがえる。翻って柿沼は、前年に公布された図書館令によって作られた、中央図書館制の欠陥を指摘する。

もっとも今回の取り決めが、万全なものでないことも事実である。協定の内容が公表されると、「書香」誌上に、渾不一なる人物による批判の文章が掲載された。(42)彼も問題視するように、この蔵書分野の調整に、大連・奉天の両館が「全体の連絡統制を図る」だけで実質的に参加していないのは、大きな欠点である。

一九三五年一月現在で、満鉄図書館の蔵書冊数の総計は五十二万五千百十七冊。そのうち大連がおよそ三七パーセントにあたる十九万四千六百二十八冊を、奉天が一二・六パーセントの六万六千三百八十二冊を所蔵していた。(43)渾不一の「大連奉天両図書館の蔵書を除外したる図書の統制は、無意味であり従つてその結果は零でさへある」との所論は、決して極言ではない。

こうした批判に応えるように、一九三六年五月、大連・奉天両図書館間に次のような収書協定が成立した。ここに至って、蔵書総数約六十万冊の満鉄図書館網は、一応の完成をみたといえる。

大連図書館：地誌、政治、法律、経済、財政、社会、統計、植民、産業、中国本部

奉天図書館：交通、工学、満蒙・シベリア等の辺境研究図書(44)

おわりに

一連の協定成立に前後する時期、業務研究会は他にも種々の多彩な活動を展開する。職員の旺盛な意欲に支えられ、満鉄図書館はその歴史のなかで最も充実した時期を迎えた。

だが、この黄金時代は束の間のものだった。一九三七年十二月、満鉄付属地の行政権が「満洲国」に移譲され、満鉄図書館の多くも、同国に移管された。

図書館側は、その帰属が「満洲国」に移されることに反対だった。図書館は満鉄に留保され、「日本の国の機関により日本人の手にて運営せらるべき」とし、業務研究会会長名で、その旨を満鉄総裁などに陳情した(45)。

図書館員たちは、なぜ「満洲国の図書館」になることに反対したのだろうか。「満洲国」の虚構に気づいたからだろうか。あるいは現在の図書館の経営が、「大満鉄」の庇護があってはじめて可能であることを知っていたからだろうか。

しかしながら、その願いは退けられ、ようやく構築された図書館協力網も、たちまち崩壊してしまう。それは彼らにとって不本意な、後期満鉄図書館の歴史の始まりでもあった。

注

（1）満鉄図書館史の概略については第5章を参照。

（2）『山本条太郎伝記』山本条太郎翁伝記編纂会、一九四二年、五三六―五四九ページ

（3）一九二九年度の帝国図書館の図書費は、四万五千六百二十八円である（「全国図書館一覧表（二）」、前掲「図書館雑誌」第百十六号、日本図書館協会、一九二九年、一九八ページ）。
（4）前掲『全史』上、七四九ページ
（5）同書七六一ページ
（6）前掲『山本条太郎伝記』五四四ページ
（7）前掲「年報」第三輯、二五二―二五三ページ。なお、業務研究会を取り扱った論考に、前掲「満鉄図書館業務研究会の歴史」八―四〇ページがある。
（8）「満鉄図書館から」「書香」第一号、満鉄大連図書館、一九二九年、八ページ
（9）同論文
（10）前掲「満鉄図書館育ての親、佐竹さんの思出」三八五ページ
（11）橋本八五郎「歴代大連図書館長」、前掲『満鉄教育回顧三十年』所収、三九一ページ
（12）「満鉄図書館から」「書香」第七号、満鉄大連図書館、一九二九年、五六ページ
（13）「満鉄図書館から」「書香」第八号、満鉄大連図書館、一九二九年、六四ページ
（14）「満鉄図書館だより」「書香」第十五号、満鉄大連図書館、一九三〇年、一四四ページ
（15）「満鉄図書館の使命」「書香」第二十六号、満鉄大連図書館、一九三一年、二六一―二六二ページ
（16）「満洲日報」一九三一年四月二十七日付夕刊、一ページ
（17）「満鉄図書館だより」「書香」第二十一号、満鉄大連図書館、一九三〇年、二一六ページ
（18）「満鉄図書館だより」「書香」第二十四号、満鉄大連図書館、一九三一年、二五二ページ
（19）「満鉄図書館だより」「書香」第二十八号、満鉄大連図書館、一九三一年、二九六ページ
（20）第9章を参照。
（21）「満鉄図書館だより」「書香」第三十一号、満鉄大連図書館、一九三一年、三三二ページ
（22）「満鉄図書館だより」、前掲「書香」第三十三号、三五三ページ

(23)同誌三五三ページ
(24)南満洲鉄道株式会社総務部資料課『満洲事変と満鉄』南満洲鉄道、一九三四年、四五〇ページ
(25)「満鉄図書館だより」「書香」第三十四号、満鉄大連図書館、一九三二年、三七一ページ
(26)前掲『満洲事変と満鉄』四四九ページ
(27)以下、同書四五〇―四五一、五〇六―五〇九ページなど参照。
(28)「満洲駐屯軍慰問図書雑誌寄付募集」(「図書館雑誌」第二十五巻第十二号、日本図書館協会、一九三一年)など参照。
(29)陸軍省の調査によれば、事変勃発から一年間で、恤兵金額で四百五十八万二千七百円、恤兵品は慰問袋百八十八万四千九百個、酒類六百五十石、食料品五十万二千点、日用品六十四万六千点、越中褌三十六万三千本などが国民から寄せられた(江口圭一『日本帝国主義史論』青木書店、一九七五年、一八三ページ)。
(30)前掲、衛藤利夫「満洲事変と図書館」四六一―四六三ページ
(31)衛藤利夫「序」Ⅶ―Ⅺページ。また、前掲「書香」第四十号、四七五―四七六ページの衛藤利夫「二十四図書館合成の満洲関係和漢書件名目録」は同文である。
(32)「満鉄図書館だより」「書香」第四十三号、満鉄大連図書館、一九三二年、五〇九ページ
(33)同誌五一〇―五一一ページ
(34)第二回の鮮満図書館連合研究会は、一九三六年十月に実施されている(「図書館業務研究会」「書香」第八十九号、満鉄大連図書館、一九三六年、九七〇ページ)。
(35)「社会教育としての図書館の使命――昭和八年八月二十五日の図書会長《(ママ)》会議に於ける――中西地方部長の訓示要旨」「書香」第五十二号、満鉄大連図書館、一九三三年、六〇二ページ
(36)前掲「年報」第三輯、二五四ページ
(37)「満鉄図書館業務研究会規定」「書香」第五十九号、満鉄大連図書館、一九三四年、六五五―六九四ページ
(38)「図書館業務研究会第一回委員会」「書香」第六十号、満鉄大連図書館、一九三四年、六九八ページ

(39)以下、「会社図書館蔵書の統制並にその相互貸借制度に関する研究」、前掲「年報」第一輯、一九三五年、一―九ページ。なお、前掲「年報」第三輯、六五―六八ページ所収の内容には、若干の異同がある。
(40)「図書館業務研究会運用部例会」「書香」第六十五号、満鉄大連図書館、一九三四年、七五九ページ、「図書館風景――昭和十年一月」「書香」第六十九号、満鉄大連図書館、一九三五年、八一一ページ
(41)「図書の相互貸借」「書香」第六十七号、満鉄大連図書館、一九三五年、七八一ページ
(42)渾不一「所感二三――研究会年報を見て」「書香」第七十三・七十四号、満鉄大連図書館、一九三五年、八三七―八三八・八四五―八四六ページ
(43)「各図書館統計月報」「書香」第七十号、満鉄大連図書館、一九三五年、八二〇ページ
(44)「図書館風景――五月分」、前掲「書香」第八十五号、九三九ページ
(45)「会務報告」、前掲「年報」第三輯、二―三ページ

第８章　満鉄児童読物研究会の活動――満鉄学校図書館史の一断面

はじめに

第二次世界大戦前の日本での学校図書館の歴史については、塩見昇や清水正男などの研究がある。それら先行研究を総合すれば、戦前期日本にも一定の学校図書館の活動実践があったことがわかる。(1)

しかしそれらの実践はおおむね単発的であり、組織化・理論化の取り組みは十分ではなかったと思われる。管見のかぎりでは、沢柳政太郎らの成城小学校、山口県明木図書館、山形市男子国民学校とそれを支えた間宮不二雄ら青年図書館員聯盟の存在などが、わずかな例外として特筆される。

本章で取り上げる満鉄児童読物研究会は、先行研究では全く論及されていない。だが残存する満鉄資料からうかがえるその活動は、前記のような戦前期学校図書館の歴史からすると見逃すことができないものがある。そこで、未解明の部分も多々あるが、その営為の一端を紹介することにしたい。

なお、満鉄児童読物研究会と関係諸機関などに関する略年表を本章末（二一六ページ）に付録した。

1 満鉄の教育事業と満鉄児童読物研究会

満鉄の教育事業

満鉄は、沿線付属地で各種事業を展開することで、同地を事実上植民地支配した。図書館もその一例で、最盛期二十二館、総蔵書数六十万冊の図書館網が形成された。[2]学校教育も同様で、日本人向けに幼稚園から大学まで、また現地人向けにも多種の学校が設置された。一九三四年度の時点で、各種の学校の総数は百九十二、生徒などの総数は五万五千七百二十二人だった。[3]このうち、本章に関連がある邦人子弟対象の小学校についての詳細は、表18のとおりである。

教員の研修と養成

満鉄は独自に教員養成と研修の機関も開設した。[4]一九一三年四月、教員講習所を大連に新設、一五年にこれを改組して教育研究所とした。二〇年七月、教育研究所に調査機関を設け、植民地教育の研究や教科書の編集を開始した。

一九二四年九月、満洲教育専門学校（以下、教専と略記）が創設され、教育研究所はその付属機関となり、教員の研修と、教育に関する調査研究を分掌することになった。教専は二六年九月、奉天に移転、その付属研究学校として千代田小学校が二七年四月に開校した。[5]

ところが満鉄は経営の悪化から、一九三三年三月で教専を廃校とした。教専廃止にともない、三四年度から教育研究所は教員の養成や現職者の研修、教育に関する調査研究をおこなう機関として機能を拡充し、千代田小学校はその付属研究学校となった。

一方満鉄創業から間もない一九一〇年四月、小学校教育の改善方法の調査研究のために、付属地小学校教務研究会が設立された。この教務研究会は一七年五月に満鉄教務研究会と改称し、小学校教員だけでなく満鉄経営各種教育機関関係者全員の組織となった。さらに教務研究会は二一年十月に教育研究会に改称された。(6)教育研究会は第一部日本人教育、第二部中国人教育の二部に分かれ、第一部は地区別に五区に分かれていた。その第一部の活動状況は、次のように記されている。

教育研究所との連絡等に努め、真に自治的なる研究機関として発達し、教育の実際指導改善に貢献せる所洵に大なるものがあり、就中、児童図書室の経営、映画教育の実施、体育会、精神作興大会などの開催等は其の著しきものである。(7)

満鉄の学校図書館と関係団体・機関

表18　邦人師弟対象の小学校

校数	本　校		38
	分　校		4
学　級　数			545
職員数	本　務		684
	兼　務		6
	嘱　託		12
	臨　時		1
児童数	尋常科	男	11,543
		女	11,163
	高等科	男	1,335
		女	1,049
合　　計			25,090

（出典：南満洲鉄道株式会社総裁室地方部残務整理委員会『満鉄附属地経営沿革全史』上〔龍渓書舎、1977年〕350ページから作成）

満鉄が経営する学校の学校図書館（児童図書室）の全体状況は十分解明できていない。すべての学校で活発な学校図書館経営が展開されていたのではなく、いくつかの学校で、理解がある校長や教員らの手で意欲的な学校図書館運営がおこなわれていたと思われる。

例えば四平街尋常小学校の場合、一九二二年十一月、学制発布五十周年記念に父兄会の援助のもとに児童図書室が開設された。二八年の「御大典」記念事業として同室の充実が計画され、父兄会から六百円の補助を得て蔵書の充実や書架の整備がおこなわれた。その後満洲事変後の児童急増時に教室に転用されたこともあったが、教室増築後、旧に復し、三六年度末で三千二百冊の蔵書となった。同校では児童自治会に図書部が設けられ、部員の自治的な活動によって図書室が運営されていた(8)。

こうした個別的な学校図書館活動の蓄積のなかから、その担当者同士の連絡・交流を求める機運が醸成され、学校図書館経営に関する研究の必要性が認識されていったと推定される。

一九二九年四月発行の、満鉄各図書館報「書香」第一号に、「推薦された児童の読物」という記事が掲載されている(9)。この記事は大連読書研究会の第一・二回発表と、教専読物調査会の第九回発表の、推薦児童図書のリストである。

前者の大連読書研究会は、同年三月「大連市内の教育者、新聞記者、図書館員の有志数名を以て」結成されたもので、満鉄図書館員を中心とした研究グループと推定される(10)。しかしその後の活動状況については不明である。後者の教専読物調査会は、その名が示すように教専内に生まれた組織とみられるが、結成時期などは不明である。一九二九年四月の時点で九回目の推薦図書の発表であることから、調査会は教専設立の二四年九月から二九年の間に作られたことになる。「書香」誌上にはその後二回、推薦図書が発表されている(11)。

教専では、一九二九年十一月から毎週二時間、衛藤利夫奉天図書館長を講師に、次のような趣旨の図書館講座が開講され、同館でその実務演習がおこなわれた。

これは主として生徒の為めの特別授業であるが学校当局は特に斯界の向上に資する為め、奉天又は沿線の学校図書係、図書館従事者等の聴講をも妨げずといふ特典を設けた(略)(12)

同年には奉天児童読物調査会が発足している。詳細は不明だが、「書香」には次のような記事が掲載されている。

奉天の初等教育者、図書館当事者の間には協力して児童図書の推薦供給方法を円滑ならしめんとの趣旨にて過般奉天図書館にて教専、同附属春《ママ》、弥生、敷島の各小学校、奉天、八幡町ニ図書館の当事者が集合して協議会を開いたが、児童図書の選択と運用はこれを学校側に委ね、供給は図書館側よりすることに大体協議纏まり、この冬より奉天の児童は、学校を通じて選ばれたる読みものゝ供給を受けることゝなるべく、この運用よろしきを得ば教育者側と図書館側との共同戦線の第一歩として注目されてゐる。(13)

さらに同年には、奉天図書館に「母と子の室」が開設された。以下のように同室の設置も教専の活動と密接に関係している。

お隣の教専の教授たちが専門的立場から児童読物を厳選して居るのを、奉天図書館が買込んだものが相当の冊数に達したので、今度、玄関側の小室にその図書を備へ、安心して子どもをやられる児童室、同道のお母あさんなり、おもりなりの為に、平易な婦人読物をも備へて、所謂「母と子の室」を特設した。こんな献立をして置いて近く八幡町図書館が新築された后譲り渡すつもりだと云ふ。(14)

満鉄児童読物研究会の成立

先に見たように、一九二〇年代後半に教専読物調査会が結成され、児童図書の研究が開始された。同会の活動は二九年に一つの頂点を迎えた。図書館講座の開講や、「母と子の室」の設置がそれを示している。その活動はまた、満鉄図書館との連携のもとに展開された。その関係は一方的なものではなく、相互に影響を受け合うものだった。

前記のように、教専は一九三三年度末で廃校となる。しかし、教専読物調査会はこれに動揺して、弱体化することはなかった。この変動を乗り切り、翌三四年度から改組・改称して満鉄児童読物研究会となり、さらなる発展を遂げることになる。
児童読物研究会の設立当初の規約は不明だが、一九三五年七月改定の規約は次のとおりである。

満鉄児童読物研究会規約

一　本会ハ満鉄児童読物研究会ト称ス

二　本会ハ初等学校ニ於ケル読物ノ調査研究推薦編輯及児童図書室ノ経営図書ノ購入ノ統一合理化ヲ計ルヲ以テ目的トシ満鉄初等教育学校以テ組織ス

三　本会ニ左ノ役員ヲ置ク　会長　顧問　委員長　委員（評議員　研究委員）

会長ハ教育研究所長ヲ推シ会ヲ統率ス

顧問ハ若干名ヲ置キ会ヲ指導ス

委員長ハ会長之ヲ委嘱シ会ノ実務運用ヲ掌ル

委員ニ評議員ト研究委員トヲ置ク

○評議員ハ各学校ヨリ一名宛選出シ第二条ノ事業ヲ計画シ必要ニ応ジ調査研究ニ従事スルコトアルモノトス

○研究委員ハ委員長ノ推薦ニヨリ会長之ヲ委嘱シ評議員ノ企画セル事項ニ付テ調査研究等ノ実務ニ当ル

四　事務所ハ教育研究所内ニ置ク(15)

満鉄児童読物研究会の組織は、規約第三条に示されているが、一九三四年度は研究委員会と調査委員会の二つの委員会が置かれていた。研究委員会は、「児童読物選定方針児童読書室の設備利用等の研究」を担当した。調査委員会は、「児童読物の審査」を担当し、毎月会合の予定だった。(16)

満鉄児童読物研究会の事業内容は、規約第二条に定めるとおりだが、活動状況から見ると前記のように、二つに大別することができる。次にその活動の概要を紹介する。

2　満鉄児童読物研究会の事業

児童読み物の推薦

満鉄児童読物研究会では新刊児童図書を審査し、その結果をまとめて「満鉄児童読物研究会推薦図書目録」を作成し、教育研究所の広報誌である「満鉄教育たより」に逐次掲載した。この事業は確認できる範囲で、一九三四年度から開始され三七年度まで精力的に取り組まれた(17)。その審査方法などは年度によって若干異なるが、ここでは三五年度のそれを紹介する(18)。

新刊書は大阪屋号書店、弘文堂書店から提供・寄贈された。担当委員は六班（各班三人、うち一人が責任者）に分かれ、審査対象の図書を回覧した。担当委員は所定の「推薦用紙」に感想批評を書き、最後に責任者がそれを参考に「推薦用紙」に「書名・定価・著者・発行所・発行年月日・活字・形態・装丁・ページ数・推薦（上中否）・学年・梗概・批評注意・責任者名」を記入する。

毎月第四火曜午後二時から教育研究所に委員が集まり、推薦会が開催された。出席者は自己の意見を述べ、その意見を総合して採否が協議・決定された。推薦図書は、前記のように「満鉄教育たより」に発表された。一九三四年五月から三五年十二月までの推薦内容は表19のとおりである。

これらの推薦図書を、ここですべて紹介することは不可能である。昭和戦前期のそれであることを考えれば、むしろ中正な態度で選択されているといえるだろう。試みに確認できる最後の「推薦図書目録」から、上・中・否各三点を紹介する。

表19　1934年5月—35年12月までの推薦図書冊数

審査結果	冊　数	対象学年	冊　数
推薦　上	291冊	高学年	246冊
推薦　中	108冊	中学年	93冊
推薦　否	8冊	低学年	68冊
合　計	407冊	合　計	407冊

（出典：「満鉄教育たより」第18号、満鉄教育研究所、1936年、16ページ）

日本児童芸術協会編『五年生の童話と児童劇』厚生閣、一九三七年、四三五ページ

童話は小出正吾、児童劇は斎田喬氏の著書である。

童話「文助と洋傘」の外九篇になつてゐて修身、国語、理科の各教科に連絡のある読物で表現は流暢で読み易く内容も芸術的なもので、児童心理に即した子供の為良き童話、読ませて役立と思ふ、情操陶冶によい。

児童劇—学芸会用としても又単に朗読用として発表させても結構、劇を好む児童にはかうした方面を指導てやる《ママ》のは適切だと思ふ。

推薦—上　学年程度—五年

久米元一著『ワン助名探偵』（漫画）日日谷印刷所、一九三六年、一八六ページ

犬のワン助がごりらのゴン助を向ふに廻して千変万化の大活躍を演ずる。

漫画一篇と、お話一篇である。相当長編だが、あまりあくどさもなく、又非教育的な点もなく、此の種のものとしては、推薦上としてもよからうと思はれる程近来珍らしい出版である。

推薦—上　学年程度—一・二・三年

国枝史郎著『南蛮秘話森右近丸』盛光社、一九三七年、三一三ページ

「森右近丸」と「異国八荒八万船」といふ時代物を二つ収めてゐる。どれもこれも陳腐なものであり、読んで見れば只の講談物に少し探偵的な味の加つたものである。考へて見れば果して教育的な価値なんてあるだらうか。—私はこんなのは取り度くない。然し表現はとてもうまい。そんな意味で推薦は中とした。定価八十銭は少し高すぎる。

推薦—中　学年程度—五・六年

豊島次郎著『一年生童話』金蘭社、一九三六年、二〇四ページ

「北風トキヤウサウ」以下十六篇の童話童謡をのせたもの、内容は古今東西の名作を改作したものであるだけ、悪いものはないが、上といふ推薦はこの装幀とこの紙質などから遠慮しなければならぬ

推薦―中　学年程度―一・二年

江戸川乱歩著『怪人二十面相』講談社、一九三六年、二四〇ページ

彼独特のグロ味も少なく面白く読めるものだが、怪人二十面相をめぐる少年探偵の活躍も面白く描けてはゐるが内容が複雑で怪人のすごみ奇怪さに圧倒されて小学校の児童には不向と思つて推薦しない。中学二三年ならよい読物と思ふ。

推薦―否

金蘭社編輯部『大久保彦左衛門』金蘭社、一九三六年、二〇四ページ

子供のよく知つてゐる大久保彦左爺さんの若い時から、死ぬ迄を通じて、その逸話が講談式に書かれてゐる。

軽く読み捨てらるべきもので優良図書としては推薦しかねる。

推薦―否[19]

他方研究会では、新刊図書の推薦のほか、既刊図書の推薦事業もおこなっている。

まず「満鉄教育たより」第二号付録に「児童読物研究会余録」として、「奉天児童読物調査会推薦図書目録」「教専内児童読物調査会推薦図書目録（昭和五年四月）」「伏見台児童図書館推薦図書目録（昭和九年二月）」「東京出版協会図書目録（昭和七、八年）」が掲載された。[20]

奉天の児童読物調査会については前述したが、その「推薦図書目録」は未見である。教専の児童読物調査会については前記のように、その推薦図書目録の一部が「書香」に掲載されている。大連・伏見台児童図書館の推薦図書目録は、未見だが『基礎となる児童文庫の書目』という小冊子のことと思われる。[21]また同館の「児童むき良

書百選」が「書香」に連載されている（ただし「百選」と銘打ちながら、二十二点で中断している）。

伏見台児童図書館の前身は、一九一三年六月開館の電気遊園図書閲覧場である。二八年十一月、新築・移転にともなって伏見台図書館と改称され、三三年六月から児童と女性対象の図書館に改組され、名称も伏見台児童図書館となった。同館は公設で日本初の児童向けの独立した図書館とされる(22)。

一九三五年度には、「既刊優良図書推薦」がおこなわれた。

最初に次の七種の既刊推薦図書目録などが収集された。

一　満洲教育専門学校調査会の推薦によるもの。
二　満鉄教育研究所読物調査会の推薦によるもの。
三　大連伏見台児童図書館の推薦によるもの。
四　玉川学園推薦によるもの。
五　茗渓会の推薦によるもの。
六　東京日比谷図書館の読書傾向より調査せるもの。
七　今沢慈海民《ママ》の調査によるもの。

一と三は、前記「余録」を流用したようだ。二は、満鉄児童読物研究会の前述の推薦図書事業だろう。四は玉川学園出版部の出版図書目録と思われるが、未確認である。同所からは一九三〇年に小学校各学年別に「小学文庫」が刊行され、また「児童図書館叢書」が継続出版中だった。五は『優良図書一覧――茗渓会読物調査部推薦』第一輯（茗渓会読物調査部編、昭和出版社、一九二八年）・同第二輯（松邑三松堂、一九三三年）のことである。六は本章末で取り上げるが、日比谷図書館児童室の読み物などの調査である。七は今沢慈海の「児童用図書百種」（今沢慈海『図書館経営の理論及実際』叢文閣、一九二六年、五三三―五三七ページ）と思われるが、特定できなかった。

以上に掲載されている図書について、書店を通じて品切れ・絶版を調査し、重複書を整理し、高・中・低学年の三種に分類。さらに低学年は十区分、中学年は十四区分、高学年は十七区分して、「優良図書目録」を編成、教育研究所の紀要である「研究要報」第九輯所収の「児童図書室経営の理論と実践」の第十二章として発表された[23]。

作成された推薦図書目録は、各学校の図書室担当者の資料選択に役立っただろう。また、こうした活動を通して、担当委員の児童図書の評価・選択に関する力量の向上が図られたと思われる。

「児童図書室経営の理論と実際」の作成

「児童図書室経営の理論と実際」（以下、「理論と実際」と略記）は一九三四・三五年度の二年間、延べ三十二人の委員が参加して作成され、三六年九月に「研究要報」第九輯に発表された[24]。以下にその編纂過程の概略を記す。

前記のように、この事業計画は一九三四年度に始まる。その編纂意図について「理論と実際」の「緒言」で、三上登児童読物研究部長は次のように述べている。

児童図書室の充実と課外読物の豊富な指導とは満洲に於ける初等教育の顕著なる特徴である。然るに折角の児童図書室も其の経営管理法が各校各人各様であるが為に非常に不便を感じつゝ今日に及んだ。即ち、これと云つた経営指針が無いが為に経営者が代る毎に其の経営方法に動揺を来し、為に、転校児童は困惑し、管理教師は幾多の手数と時間とを浪費し来た。

是の如き不便と不統一を除去するが為に、こゝに児童図書室経営の指針ともなるべきものを編纂せんと意図したものである[25]。

一九三四年十一月三十日、児童読物研究部会《(ママ)》が教育研究所で開催された。参加した部員から、それぞれの所属校での児童図書室経営の現状について、次の事項に関する報告がなされた。(26)

一　児童図書室の設備について
二　児童図書室の管理保管について
三　経費及び購入について
四　読物指導の方法について
五　研究調査記録用紙類等

さらに以下のような次回研究題目と、その担当者が取り決められた。

一　図書貸出方法及び閲覧方法
二　分類及び配列法
三　諸帳簿の形式
四　整理上の記録
五　読物指導法
六　読書時間について
七　読書作業
八　製本について
九　設備備品について
十　学級文庫の経営について

十一　読書の必要性について
十二　課外読物の必要について
十三　児童の管理法

この会では、奉天図書館庶務主任の松原浅右衛門の「講話」がおこなわれた。講話の内容は図書の購入方法と分類法についての概略だった。松原は一九二四年四月から奉天図書館に勤務し、衛藤館長のもとで同館の発展に尽力した人物である。また後述する十二月二日と翌年三月八日の研究会には、同館司書の下内矢之助が参加し、研究の取りまとめに協力している。下内は三一年十一月から同館に勤務、在職中の四〇年十一月、死去した。[27]

このように満鉄児童読物研究会の活動には、奉天図書館の館員の援助があった。これは第一に教育研究所の所在地が奉天だったという、地理的な事情によるものだろう。第二に前述のとおり、教専時代からの同館とのつながりという歴史的な経緯によるものだろう。

こうして分担してまとめられた草案は、一九三五年度になって浦上武夫委員（四平街小学校訓導[28]）を中心に検討・審議され、三五年十二月二日の会合で十章からなる原案が浦上委員から説明された。[29]この席では次回会合までに各委員がいま一度この原案を考察することになり、三六年三月八日の会合で再度協議された。この会合でも一部再吟味となった個所はあるものの、前節で見た「既刊優良図書目録」などと一括して、「研究要報」に掲載依頼することになった。[30]

「研究要報」第九輯に掲載された「児童図書室経営の理論と実際」の目次は次のとおりである。

緒言
第一章　児童読物の必要性
一、諸教科学習上の参考的補助的立場から

二、児童精神生活拡充の上から
三、読書趣味養成の上から
第二章　児童図書室経営の様式
第三章　図書室の設備・備品
一、設備
二、室内備品
三、経費
第四章　図書の選択及購入
一、図書選択の必要
二、選択の標準
三、実際選択購入の方法
第五章　諸帳簿の形式とその記載
一、図書受入原簿
二、事務用図書カード
三、図書費収支会計簿
第六章　図書の分類排列
一、図書の分類
二、図書の排列
第七章　図書の閲覧及帯出
一、室内閲覧
二、閲覧時間

三、帯出閲覧
第八章　図書室の管理及整理上の諸記録
一、図書室の管理
二、図書の製本及廃棄
三、整理上の記録
第九章　学級文庫の経営
一、低学年学級文庫の経営
二、過渡的学級文庫の経営
第十章　読物指導
一、読物指導の必要性
二、学年的指導系統
イ、低学年　ロ、中学年　ハ、高学年
第十一章　新聞学習
一、新聞指導の必要性
二、新聞指導上の実際的諸問題
三、新聞指導の具体的方法
第十二章　優良児童図書目録
一、作成の趣意
二、選択の材料
三、選択の方法
四、下学年用優良図書目録

五、中学年用優良図書目録

六、高学年用優良図書目録

本章では「理論と実際」の逐条的な検討はおこなわない。ここで注目したいのは、「理論と実際」を指針とした学校図書館運営が実際におこなわれ、さらに高水準の学校図書館を目指した組織的活動が推進された点である。それが次に見る翌年度の新規研究事業「児童図書室経営の実際及調査研究」である。

「児童図書室経営の実際と児童読物に関する諸調査」の作成

一九三六年六月八日、教育研究所で同年度第一回の会合が開催された。この席上、「新刊優良図書推薦」などの継続事業についての協議のほか、同年度新規事業「児童図書室経営の実際及調査研究」の打ち合わせがおこなわれた。

この新規事業の趣意は次のようなものだった。

前年度の研究に於て児童図書室経営の理論と実際上の指針は示された、本年度はこれを全満の代表校として委員の中の学校にて実地に実施しその経過及成績につき詳細に記録し　全満に於ける児童図書室経営又は読書指導の傾向の記録とすると共に　昨年度草案せるものゝ反省資料となし　以て　児童図書室経営の実践書として出版刊行に迄努力して見たい[31]。

そして以下のような研究方法などが立案された。

i　実施学業四

A　平街《ママ》小学校　東公園小学校　千代田小学校　鉄嶺小学校
B　富士小学校　朝日小学校　平安小学校　加茂小学校

ii　研究題目

A　共通題目

(1)施設の記録

設備状況　葉書及内容　維持方法　特殊研究施設　等

(2)管理の記録

管理の方法　毎月利用状況　学年別利用状況　紛失状況等

B　特殊題目及担当学校

(1)読書指導の実際について……………………………………四平街　東公園
(2)読書環境の調査について……………………富士　朝日　加茂　平安
(3)児童図書室の管理について…………………………………………千代田
(4)児童の読書速度の進歩について……………………………千代田　東公園
(5)児童図書室の多方的利用………………………………………………四平街
(6)一般図書館との連絡利用について……………………………………四平街

iii　発表

(1)各責任校にては直に立案、実施調査に着手し第二回会合（十月中旬）にて中間報告をなす
(2)第三回会合（二月中旬）にて整理し適当な方法にて発表紹介
(3)更に前年度の研究材料の継続と合せて刊行発表への準備整理
(4)事情が許すならば児童図書室の経営を中心とせる座談会乃至協議会に類するものを開催し、委員の研究発表紹介をなすと共に各校有志の発表意見の交換をなす(32)

以上のような計画・分担に基づき、各委員・学校で調査研究がさっそく実施され、十一月七日に千代田小学校で開催された会合でその中間報告と意見交換がおこなわれた。この中間報告を受け、次のような構成で、調査研究の取りまとめを分担して進め、次回会合までに草稿を作成することになった。

一　児童図書室経営の実際

「理論と実際」に準拠して各委員の学校で適用した結果をまとめる。まとめの章立ては、後述する発表された「経営の実際」のそれとほぼ同一であるので、ここでは省略する。

二　児童図書室経営の調査研究

一、読書指導の実際に就いて
二、読書環境に就いて
三、児童室利用状態
四、児童読書力発達傾向
五、低学年児童に現れた読速の変化
六、図書室の他方面的利用又一般図書館との連絡利用(33)

明けて一九三七年三月六日、研究の整理について打ち合わせがおこなわれ、四月中旬までに原稿の整理を終えることになった。なお、この段階で前記「児童図書室経営の調査研究」六項目が、次のように四項目に変更されている。

一、読書指導の実際について

二、読書環境の調査について
三、児童の速読について
四、児童図書室の多方的利用及一般図書館との連絡について(34)

満鉄児童読物研究会の一九三六年度の調査研究の報告記録は、「児童図書室経営の実際と児童読物に関する諸調査」と題して「研究要報」第十二輯に掲載された。(35)この記録は以下の三篇から構成されている。

第一篇「児童図書室経営の実際」（以下、「経営の実際」と略記）は、千代田小学校での一九三六年度の児童図書室経営の記録をまとめたものである。同校では「理論と実際」に示された指針を実施具体化していて、「理論と実際」の成果を問うものでもあった。前述のように、同校は研究所の付属研究校だった。また同校の三上登校長は満鉄児童読物研究会の役員の一人であり、「理論と実際」に基づいた図書室経営が可能だった。なお、「経営の実際」では図書室の管理記録が主になっていて、読み物指導の実際方面については割愛されている。「経営の実際」は次のような章立てになっている（一部省略）。

第一章　経営の方針
一、経営の一般目的
二、本校の経営の方針
第二章　経営の様式
第三章　施設
一、室の設備
二、備品
三、備品設置

四、蔵書及其の内訳
第四章　図書購入及製本廃棄
一、財源
二、図書の選択購入
三、製本及廃棄
第五章　諸帳簿の形式
第六章　図書の分類排列
第七章　図書の閲覧
一、閲覧様式
二、室内閲覧
三、帯出閲覧
四、帯出手続
第八章　図書の管理
一、管理の方針
二、係員の組織
三、係員の事務内容
第九章　管理に関する諸記録
一、図書日誌
二、毎日の読書数及未返却数
三、週末調査及紛失数
四、月末調査

五、毎月各学級読書情況
六、毎月の読書数及前年度の比較

本章では「経営の実際」についても、「理論と実際」同様その内容に関する詳細な検討はおこなわないが、参考までに「児童係員」（今日でいう児童の図書委員）に関する部分を取り上げ、両者を比較してみる。[36]千代田小学校が「理論と実際」に基づきながらも、それをさらに発展させて学校図書館の運営をおこなっていたことがわかる。

まず「理論と実際」の第八章の「一、図書室の管理」では、児童係員として「イ　学校図書係」「ロ　学級図書係」「ハ　カード係」の三種を置いている。このうち学校図書係は、高学年の学級自治会の役員中から約十二人を選定し、それを各曜日に配当して図書室専属とし表20のように事務を分掌させるとしている。

これに対し「経営の実際」第八章の「二、係員の組織」では、「一、学校図書係」「二、学級図書係」「三、図書連絡係」の三係となっている。このうち学校図書係は、尋常科五年以上の六学級から選出されている自治会役員（各学級六人）のうち二人を学校図書係兼務とした（全部で十二人）。十二人の係員は、学年・男女別に整理などを分担する書架と、学校図書係を選出していない低学年学級との連絡の担当が割り振られた。なお、千代田小学校には養護学級が設けられていて、高等科二年女子が担当になっていた。

第二篇の「読物環境調査」は、読み物指導の参考資料とするために現地の読書環境を調査したものである。撫順の東公園小学校、奉天の平安小学校、鞍山の富士小学校の児童とその保護者を対象におこなわれた。当時の図書館利用状況、読書傾向、購読雑誌などがわかる興味深い調査だが、各校の調査の質問項目が不統一であることなどの問題点がある。

第三篇の「読速の調査」は、東公園小学校の第三学年児童を対象におこなわれた読書能力の調査である。満鉄の初等教育関係者には子どもの読書能力に対する関心が高かった。これは教専教授寺田喜治郎（一八八五―一九

表20 「理論と実際」と「経営の実際」での学校図書係の事務内容

「理論と実際」	「経営の実際」
イ　日々の整理事務 ○自由閲覧時の監督・閲覧人員調べ ○閉室後の整理整頓の点検・掃除 ○各学級返却のカード・図書の整理事務 ○未返却図書がある学級に対する督促 ○図書室日記の記入 ○その他管理監督事項	一　日々の整理事務 ○自由閲覧時の監督・貸出返却手続き ○貸出数・未返却図書数の調査 ○掃除当番の監督 ○閉室後の整理整頓 ○図書日誌の記入 ○乱雑図書の整頓、破損図書の摘出
	二　週末整頓 ○週末大掃除 ○図書数の点検 ○未返却図書の督促 ○図書箋の補貼・破本図書の摘出 ○図書週番の引継・反省会
ロ　月末整理（学校図書係全部で） ○貸出カードの整理保管 ○蔵書冊数の点検・紛失図書の調査 ○図書箋の点検、必要なものの貼換 ○破損図書の修理・製本図書の選出 ○各学級図書数の調査記入	三　月末整頓 ○月末大掃除 ○図書数の点検 ○未返却図書の督促 ○図書箋の補貼・破本図書の摘出 ○各学級読書数の調査記入 ○学級読書人員・多数読書児童の調査 ○帯出カードの整理保管 ○反省会 ○月末報告
ハ　学期末の整理 ○図書箋の総貼換、書架の整備 ○製本図書の発送 ○新着図書の整理・台帳記入など	四　学期末整理 ○学期末大掃除 ○貸出図書の回収 ○図書数・紛失数の点検 ○図書箋の総貼換・書架の整備 ○未製本図書の発送・既製本図書の整備 ○新着図書の備付・台帳記入 ○各学級読書数の調査合計 ○学級読書人員・多数読書児童の調査合計 ○帯出カードの整理保管 ○反省会 ○学期末報告

七四）の指導・影響によるものだろう。教育研究所から一九三〇年六月に『読書量速度及理解度』（未見）が、また「研究要報」にも三編の関係論文が発表されている。[37]

寺田は教科書中心の国語教育を批判し、「読む国語教育」の実践と、そのための学校図書館の整備を唱導した。[38]千代田小学校の宮武城吉訓導（教専文科第一部第四回卒業）は、寺田から読書指導を課題として与えられ、「馬車馬のように」それを実行した。[39]高学年の成績上位の児童は、「出来るだけ図書室へ追いやり、もっともっと自由に、多量の読書指導に専念させた」。[40]撫順・永安小学校の国語研究部は、「読解指導」をテーマとした共同研究を進め、図書室が整備・拡充された。「子どもにぜひ読ませたいのは同じ本を五冊も十冊もそろえた。読書時間を週二時間特設した」[41]

以上のような一九三六年度の研究事業に参加した学校を、教育研究会第一部の地区別に整理すると次のようになる。

第一区　鞍山・富士
第二区　撫順・東公園
第三区　奉天・千代田、平安、加茂、鉄嶺・鉄嶺
第四区　四平街・四平街

教育研究所の所在地奉天の学校が軸となり、各地区の代表校が参加していることがわかる。そのなかで教育研究所の付属校である千代田と、充実した図書室をもつ四平街、加えて東公園の各校が中心的な役割を担っていたと思われる。こうした拠点校には寺田門下の教専出身者が配属され、積極的な読書指導と学校図書館づくりが取り組まれた。

おわりに

本章では、「理論と実際」と「経営の実際」の作成を中心に、満鉄児童読物研究会の活動を紹介したが、これ以外にも、日比谷図書館読書調査、学習件名目録の作成、児童雑誌の内容調査などの事業もおこなわれている。

このうち日比谷図書館読書調査とは、同館児童室の読書傾向を満鉄東京支社庶務課調査係が月単位で調査し、その報告を満鉄児童読物研究会が受けるもので、既述のように、「理論と実際」所収の「優良図書目録」作成に使われた。(42) この調査は「理論と実際」完成後も継続され、毎月日比谷図書館の読書冊数・読者数が、満鉄東京支社を通じて届いていた。(43)

満鉄児童読物研究会の活動と奉天図書館など満鉄図書館との密接な連携はすでに指摘したが、日比谷図書館の影響も前述のように強かった。そして満鉄図書館には、柿沼介大連図書館長をはじめ日比谷図書館出身の職員が勤務していて、日比谷図書館と満鉄図書館のつながりも深いものがある。

一九三七年十二月、満鉄の付属地経営権は「満洲国」に移譲され、満鉄経営の教育機関は解体される。日本人対象の学校は学校組合の経営となった。教育研究所は廃止になり、満鉄児童読物研究会の歴史も同時に終わった。満鉄児童読物研究会の命脈が尽きようとしていた一九三七年、東京市児童読物研究会が設立された。(44) その後、東京市児童読物研究会は、東京市児童読物調査会と名を変え、新刊児童図書の推薦事業などをおこなう。それはあたかも満鉄児童読物研究会の衣鉢を継いだ営みにも見える。

しかし東京市児童読物調査会の推薦児童図書は、次第に軍事色の濃いものが大半を占めるようになる。一九三八年十月、内務省図書課は「児童読物改善ニ関スル指示要綱」をまとめ、子どもの読書に対する統制を強化する。子どもは「少国民」に再編され、戦争に駆り立てられようとしていた。

注

（1）塩見昇『日本学校図書館史』（『図書館学大系』第五巻）、全国学校図書館協議会、一九八六年）、清水正男『わが国における学校図書館発展の研究』（ほおずき書籍、一九八六年）など参照。
（2）満鉄図書館史については第5章など参照。
（3）前掲『全史』上、三四九ページ
（4）研究所・教専については同書六〇三―六一〇ページ、前掲『全史』中、七四八―七五四ページなど参照。
（5）千代田小学校については前掲『全史』中、六九〇―六九二ページなど参照。
（6）前掲『全史』上、六三七―六四七ページ
（7）同書六四二ページ
（8）前掲『全史』下、一五八九ページ
（9）「推薦された児童の読物」、前掲「書香」第一号、七ページ
（10）「大連読物研究会」同誌八ページ
（11）「優良な児童の読物」「書香」第四号、満鉄大連図書館、一九二九年、七ページ、「推薦された児童の読物」「書香」第十二号、満鉄大連図書館、一九三〇年、一一ページ
（12）「満洲教育専門学校の図書館講座公開」、前掲「書香」第八号、八ページ
（13）「奉天図書館の児童読物打合会」「書香」第九号、満鉄大連図書館、一九二九年、七ページ
（14）「奉天図書館特設「母と子の室」」、前掲「書香」第八号、八ページ
（15）「満鉄教育たより」第十一号、満鉄教育研究所、一九三五年、一四ページ（本章では「満洲国」教育史研究会監修『「満洲国」教育資料集成』二期〔エムティ出版、一九九二年〕所収の復刻本を使用）
（16）「満鉄教育たより」創刊号、満鉄教育研究所、一九三四年、三六ページ
（17）同誌掲載の「満鉄児童読物研究会推薦図書目録」は次のとおり。

創刊号、一九三四年九月、三七―三八ページ
第三号、一九三四年十一月、一四―一六ページ
第四号、一九三四年十二月、一一―一二ページ
第五号、一九三五年一月、一七―一八ページ
第六号、一九三五年二月、一一―一三ページ
第七号、一九三五年三月、六―九ページ
第八号、一九三五年四月、五―七ページ
第十号、一九三五年六月、二一―二二ページ
第十一号、一九三五年七月、一五ページ
第十三号、一九三五年九月、二五―二七ページ
第十四号、一九三五年十月、一五―一八ページ
第十五号、一九三五年十一月、一七―一八ページ
第十八号、一九三六年二月、一六―一九ページ
第十九号、一九三六年三月、一九―二一ページ
第二十四号、一九三六年八月、一九ページ
第二十五号、一九三六年九月、一一―一二ページ
第二十八号、一九三六年十二月、一九―二一ページ
第三十二号、一九三七年四月、二二―二三ページ

(18) 前掲「満鉄教育たより」第十一号、一四―一五ページ

(19)「満鉄児童読物研究会推薦図書目録(18)」「満鉄教育たより」第三十二号、満鉄教育研究所、一九三七年、二二―二三ページ。なお推薦上はこの他に六点、同中は五点ある。

(20)「満鉄教育たより」第二号付録、満鉄教育研究所、一九三四年、一―一一ページ

(21)「基礎となる「児童文庫の書目」」、前掲「書香」第五十九号、八ページ
(22)伏見台児童図書館については、前掲『全史』上、七七〇―七七一ページなど参照。
(23)前掲「満鉄教育たより」第十一号、一四ページ、「満鉄教育たより」第十八号、満鉄教育研究所、一六ページ、児童読物研究会「児童図書室経営の理論と実際」「研究要報」第九輯、南満洲鉄道、一九三六年、二六六―三二二ページ
(24)前掲「児童図書室経営の理論と実際」一七三―三二二ページ
(25)同論文一七六ページ。なお三上の肩書は、掲載誌によった。
(26)「満鉄教育たより」第五号、満鉄教育研究所、一九三五年、六―七ページ
(27)松原と下内については、第9章を参照。
(28)浦上は山口県の出身。教専文科一部第二回（一九二七年三月）の卒業。また研究所演習科第二回（一九三三年九月）の修了（『昭和四年三月　学校概要　満洲教育専門学校』二一ページ、『昭和十一年三月　教育研究所要覧』三六ページ。本章では「満洲国」教育史研究会監修『「満洲・満洲国」教育資料集成』第八巻（「「満洲国」教育資料集成」三期）、エムティ出版、一九九三年）所収の復刻本を使用。
(29)前掲「満鉄教育たより」第十八号、一六ページ
(30)「満鉄教育たより」第二十号、満鉄教育研究所、一九三六年、一六ページ
(31)「満鉄教育たより」第二十三号、満鉄教育研究所、一九三六年、二一ページ
(32)同誌二一ページ
(33)「満鉄教育たより」第二十八号、満鉄教育研究所、一九三六年、二三―二四ページ
(34)前掲「満鉄教育たより」第三十二号、二二ページ
(35)「児童図書室経営の実際と児童読物に関する諸調査」「研究要報」第十二輯、南満洲鉄道、一九三七年、一二四―二一八ページ
(36)前掲「児童図書室経営の理論と実際」五四―五五ページ、前掲「児童図書室経営の実際と児童読物に関する諸調

査」一四八―一五六ページ

(37)「研究要報」に掲載されている関連論文は次のとおり。

第三輯：千代田小学校国語研究部「読方考査法」二五一―三四八ページ

第四輯：同　同「読方考査法（続）」二〇七―二五二ページ

同　：永安小学校国語研究部「本校における読書診断テスト」二五三―二七四ページ

(38)「寺田イズムの培養」、満洲教育専門学校陵南会『満洲忘じがたし』満洲教育専門学校同窓会・陵南会、一九七二年、一二五ページ

(39) 同書一二五ページ

(40) 同書一三〇ページ

(41)「撫順永安の国語教育」、同書一三四ページ

(42) 前掲「満鉄教育たより」第十八号、一六ページ

(43) 前掲「満鉄教育たより」第二十八号、二三ページ

(44)「東京市児童読物研究会」（「市立図書館と其事業」第七十号、東京市役所、一九三七年、一八ページ）など参照。

満鉄児童読物研究会と関係諸機関の略年表

一九〇六年十一月	満鉄創立
一九一〇年四月	付属地小学校教務研究会設立
一九一三年四月	教員講習所を大連に新設
一九一五年四月	教員講習所を改組して教育研究所とする
一九一七年五月	付属地小学校教務研究会などを改組して、満鉄教務研究会とする

一九二〇年七月	教育研究所に調査機関を設け、植民地教育の研究や教科書の編集を開始
一九二一年十月	満鉄教務研究会を教育研究会に改称
一九二四年九月	満洲教育専門学校（教専）開校、教育研究所はその付属機関となり、教員の研修、教育に関する調査研究を分掌
一九二六年九月	教専を奉天に移転（このころ教専読物調査会成立か）
一九二七年四月	教専付属研究学校として千代田小学校が開校
一九二九年三月	大連読書研究会発足
一九二九年十一月？	奉天児童読物調査会発足、奉天図書館に「母と子の室」開設
一九三三年三月	教専廃止（一九三一年一月、募集停止）
一九三三年四月	教育研究所は教員の養成、現職者の研修、教育に関する調査研究をおこなう機関となり、千代田小学校はその付属研究学校となる
	教専読物調査会を改組・改称して満鉄児童読物研究会成立
一九三三年六月	伏見台児童図書館開館
一九三四年九月	「満鉄教育たより」創刊
一九三六年九月	「児童図書室経営の理論と実際」発表（「研究要報」第九輯）
一九三七年九月	「児童図書室経営の実際と児童読物に関する諸調査」発表（「研究要報」第十二輯）
一九三七年十二月	付属地行政権を「満洲国」に移譲、教育研究所廃止

第9章　衛藤利夫——植民地図書館人の軌跡

はじめに

衛藤利夫という人物については、すでにいくつかの先行業績がある。本章はそれらで提示された、衛藤の人物像の再検討を目的としている。

本章ではその方法として、第一に衛藤の著作に関する書誌的考察[1]、第二に周辺資料の踏査に力点を置いた。それは裏返していえば、従来の論考ではこうした人物研究についての最も基礎的といえる作業が十分におこなわれておらず、その結果あまり正確でない衛藤評が通行していると考えるからである。

繰り返すが、本章の目的は衛藤像の見直しにある。だがそれは、衛藤の個人的な「戦争責任」を問うことを目指したものではない。満洲など日本の植民地に展開された図書館事業と、そこに生きた多くの日本人図書館人に共通する「帝国意識」を探り、これまでほとんど顧みられないままになっている植民地図書館の歴史を解明する一つの突破口になることを目標としている。本章が衛藤の全体像を完全に解明しているとは言い難い。大方の叱正を期待する。

1　渡満

奉天へ

衛藤が東京帝国大学図書館を辞して満鉄に入社、満洲に渡ったのは、一九一九年七月のことである。彼は十月の一般公開を控えた大連図書館（当初は単に会社図書館といっていた）にしばらくいた後、翌年一月三十一日付で奉天簡易図書館主事となり、奉天に赴く。(2)

一九二〇年度末の奉天簡易図書館の蔵書は六千五百五十四冊。(3)文字どおり「村の図書館」だった。帝大図書館の職を辞して満鉄に入った衛藤にすれば、意外な人事だっただろう。衛藤を知る帝大教授も彼の奉天赴任を「鶏を割くに牛刀を用ふるものだ」と評したという。(4)

さて、衛藤にはいくつかの「神話」がある。本章ではそうした衛藤にまつわる「神話」の実態を探ってみたい。まず、衛藤が「村の図書館」にすぎなかった奉天図書館を、東亜資料の一大コレクションをもつ蔵書数二十万の大図書館に仕立て上げたという説について考える。

前述のように衛藤が奉天簡易図書館主事になったころ、同館の蔵書は六千五百冊あまり、これが衛藤が奉天図書館長を退いた一九四一年度には図2のように十三万冊を超えていた（二十万冊ではない）。しかしこうした蔵書数の伸びは、国策会社満鉄の経営方針によるものであり、衛藤の個人的力量をもって果たしうるものではないだろう。

一九一九年の大連図書館公開を転換点として、満鉄図書館は新たな時代を迎えつつあった。(5)一八年一月の職制改正で、満鉄は調査部門の強化を図る。(6)同時にそれまでの調査課図書室を、地方部直属の社業参考図書館として独立させ、一般市民への公開の準備を開始した。初代館長には前調査課課長の島村孝三郎が就任、彼は前記方針

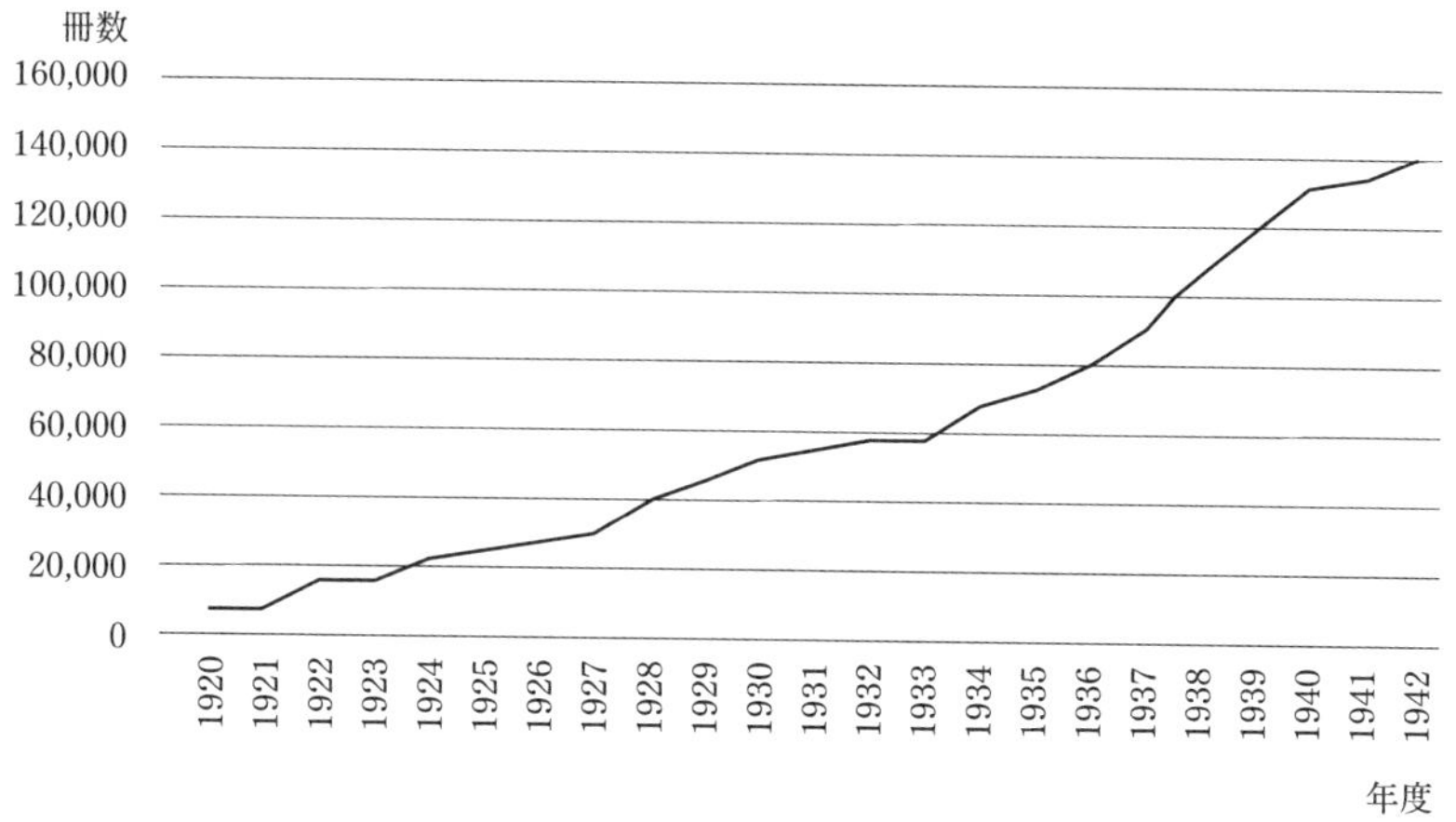

図2　奉天図書館蔵書数の推移
(出典：1920－28年度＝南満州鉄道株式会社『統計年報』〔南満洲鉄道総務部調査課〕、1929－34年度＝「書香」〔満鉄大連図書館〕、1935－39年度＝「収書月報」〔満鉄奉天図書館〕、1940年度以降＝「資料彙報」〔南満洲鉄道調査部〕などから作成)

による図書館経営のため、市立日比谷図書館と東京帝大に範を求める。東京に自ら足を運んだ島村は、和田万吉に交渉して「当時幾分ヤンチヤと言はれた」衛藤を、今沢慈海に交渉して柿沼介（衛藤よりも二カ月早い一九一九年五月入社）を獲得した[7]。

「帝大出」の衛藤（ただし選科出の彼は「学士」の称号はもっていない）と柿沼には、将来の図書館幹部の地位が約束されていただろう。そして幹部候補館員の二人同時採用は、会社が大連・奉天の二大図書館構想をもっていたことを意味するだろう。衛藤の奉天転勤は「左遷」ではなく、奉天簡易図書館の社業参考図書館昇格計画の具体化を示す。事実、衛藤の奉天赴任から二カ月後の四月一日、同館は大連図書館と同じく地方部直属となり、奉天図書館と改称された。

満洲の中央部に位置する奉天は、張作霖政権の首都であり、満洲の政治・経済・交通の中心地だった。満鉄創立の際、本社を奉天に置くことが検討されたが、領土に準じる租借地に置くほうが有利であるとの見地から、大連に決定したという経緯もある[8]。奉天は大連に並ぶ、日本の満洲統治上の要衝だった。

一九一〇年の奉天駅完成を皮切りに、満鉄は奉天での近代都市建設を本格化する。奉天警察署など多くの公共施設の建築、下水などの社会資本整備に続き、一〇年代後半からは学校や病院など教育文化施設が重点的に建設された。

一九二一年の奉天図書館新築も、こうした満鉄の奉天都市計画の一環である。建築にあたって衛藤の希望や意見が取り入れられることはあっただろうが、衛藤の個人的な努力によって会社が新築を決定したわけではない。第三代大連図書館長を務めた神田城太郎が、大連図書館新築が難産だったのに比べ、奉天図書館新築は楽に進行したと回想しているのは、これを裏付けるものである。(9)

一九二二年五月、衛藤は奉天図書館長に就任、二十一日に新装なった奉天図書館の開館式が挙行された。そのころには図書館付近は奉天の文教地区として、美しく整備されていた。奉天はもはや「村」ではなかった。

一九二三―二四年頃には奉天付属地は面目を一新し、日本の満州経営の中心地の一つたるに「ふさわしい」近代都市の相貌を現わしたのである。たとえば、その中心にあった富士町通りには、東から女学校、医大と付属病院、中学堂、中学校、教育専門学校の壮大な建物が森の中に整然と立ち並び、道を隔てて満鉄図書館も整った文教地区が完成したのである。(10)

満鉄の経営、つまり日本の満州支配強化の観点から、奉天図書館は「大図書館」に成長することが約束されていた。それは誰が館長になっても同じであり、衛藤はその蔵書の一部に若干の色付けをしたにすぎない。しかも最終的にはその色付けが批判され、彼は奉天図書館を去ることになる。

衛藤の図書館経営

衛藤の「ヤンチヤ」ぶりは、奉天図書館の経営にも発揮された。一九二四年ごろには「従事員の勤務に対しては勿論、業務万端に対し、とに角、相当やかましい人」との噂が、他の図書館にも伝わっていた。(11)

衛藤は奉天図書館を自分の「独立王国」にしようとした。従来満鉄の図書館は、大連図書館が統括していたのだが、衛藤にはこれが面白くなかった。

奉天図書館の母館の形で、人事、経理ともに、大連図書館長がこれを掌握してる限り、奉天図書館は成長せぬ、大体同業者が、他の経理、人事を抑えて居るといふのは怪しからぬ、[12]

こうした衛藤の考えに、満鉄図書館の草創期を支えてきた古参館員たちは強く反発した。しかし衛藤は自分の主張を押し通し、一九二六年新しい会社図書館規程が制定された。後には奉天と大連の気まずい関係が残された。

奉天の格上げは、図書館界の慶事であるが、大連の格下げは会社館界全体の為には必ずしも満足すべき改正ではなかつた。相似た性質のもの二つが同じ分野に向つて行動を開始する時、不必要のもつれを生じ易いことは、之を運用する人の如何によるといふよりも、制度それ自身の中に既に、萌芽を蔵してゐるといふことは、理論的にも言ひ得るのではないか。[13]

対照的に大連図書館長の柿沼は温厚な性格だった。館員の行動に口やかましく干渉することはなく、図書館は自由な雰囲気に包まれていた。衛藤の奉天図書館自慢の一つに辞書体目録があるが、柿沼はこれに疑問をもっていたようである。柿沼は辞書体目録は小規模な通俗図書館には適当だが、それ以上の大図書館や学術図書館にはむしろ分類目録を採用すべきと考えていた。[14]つまり満鉄の参考図書館で、将来はかなりの蔵書数になると見込まれる奉天図書館に、辞書体目録は不向きということになる。だが万事に控えめな柿沼は、衛藤にこうした助言をすることはなかっただろうし、また仮にしたとしてもそれを受け入れるような衛藤ではない。結局奉天図書館の辞書体目録は、一九三八年に解体となるまで使用された。[15]

衛藤が奉天図書館長の職にあった二十三年間に百六十七人の職員の出入りがあったという。[16]彼はその人情味ある親分肌の性格によって、多くの館員から慕われていた。だが他面、彼らに共通する衛藤の印象は、「おつかない人」であっただろう。[17]自分が気に入らない館員には「お前達はクビだ！此の図書館は俺一人でやる[18]」と怒鳴りつけた。衛藤の「鋭さと癇癖には周囲の人々がビクビクしていた[19]」。

衛藤は「祈れ／歌へ／働け」という業務標語を作り、館員たちに強いた。

祈れ　よし宗教的信仰はなくとも何か知ら天を仰ぎ地に俯し、至上のものにわれとわが心を投げつける敬虔な心持ち、そこから人間の至誠が生れる。

歌へ　歌へるやうな朗明透徹の気分、弾力のある霊魂、そこに吾人の生活の歓喜がある。

働け　働くことがわが生命の創造であり、飛躍である、生きん為に働くのぢやない、働かん為生きてるのだ。[20]

いかにも衛藤らしい精神主義的な文言である。この標語について、衛藤はこう述べている。

全館を貫串して、一日たりとも、従事員に呼びかけぬ日はない。特に、経営の上に、何等かの難渋さが加はつた時、同人はこのモットーを高誦することによつて朗らかになる[21]

このモットーがいつ制定されたかは定かでない。しかし一九二三年五月の新聞記事にすでに見えていることから、[22]かなり早い時期から使われていたと思われる。

モットーには、その第一条「祈れ」ばかりでなく、全体を通して一種の宗教臭が感じられる。ここに衛藤の宗教に対する並々ならぬ関心を読み取ることができるだろう。彼は後年満洲でのヨーロッパのキリスト教宣教師たちに関する文献の収集と紹介に執念を燃やし、クリスチャンと間違えられるほどだった。だが彼はキリスト教を特に信じていたのではなく、元来宗派を超えた宗教そのものに強い関心をもっていたのである。

新館開館式から半年ほどたった一九二二年十一月、奉天図書館は「親鸞週間」を開催する。その内容は親鸞についての講演会の実施と、関係資料の展示だった。[23] 衛藤は次のような案内状を発し、その目的を述べている。

> 図書館のうちに此世界と人生とのあらゆるものが含まれてある筈です何となればそれは人類の頭脳の総和でありその思惟と感激との総交響でありますから宗教もとよりその最も著しいものの一つでありますわたくしその微加《ママ》自ら揣わず未だ世界の如何なる図書館も試みませぬ宗教と図書館の握手連携の運動を企画致しましてその第一着手として現代の人心に最も共鳴深く見えます親鸞上人を地下から起こしてその絶対他力摂取不捨の大きな信念を従来の宗教的行事ならぬ別な方法で照明する事に致しましたこれは上人に関する古今の本を成す丈け広く集めたわが所謂「親鸞週間」で御座います意気込みだけは大したものですが実行上の不便と最初の試みで色々準備に遺憾の点も多分御座います希くば私共の微衷を諒として之を将来に達成せしむる御心得で何卒御通りがゝりでも御立寄り下さいまして至らぬ処を御指導下さいます様御案内をかねて御願ひ致します右各位に御伝達を御願い致します[24]

さて満洲時代の衛藤は、地元新聞に多くの文章を寄せている。そのなかには単行本未収録のものもあり、また五六年版・八四年版『韃靼』所収の「衛藤利夫著述目録」（以下、「著述目録」と略記）に漏れている作品も少なくない。

一九二五年の七月から十二月にかけて、彼は「満洲日日新聞」に「図書館夜話」「村夫子生活」と題して、断続的な連載をおこなっているが、その一編に「独逸に於ける成人教育の一転機」がある（署名は汀隅生）。これは八月五日から九月十一日まで、十五回にわたって掲載されていて、「著述目録」には掲載紙・日付ともに不明とされている。[25]

その内容は、一九二七年に「図書館雑誌」に発表された「成人教育の苦悶」とほぼ同じといっていい。[26]この「成人教育の苦悶」についていては、良書読書普及の押し付けを厳しく批判したとの趣旨の評価があるが、この一文、あるいは「独逸に於ける成人教育の一転機」を仔細に検討すると、別の見地に立つことができるだろう。

二つの論文で衛藤は、確かに日本の成人教育の現状を批判している。だが衛藤が強調したいのは、そうした現状を打破する新たな読書運動の構築であり、その解決策としての、ドイツのヴァルター・ホーフマンの社会教育思想なのである。

第一次世界大戦敗戦後、ドイツは帝政から当時の世界で最も自由といわれたワイマール憲法をもつ共和制へと移行した。しかし敗戦国ドイツに対して過酷なベルサイユ条約、悪性のインフレなどは、国民の間に大ドイツ主義を呼び起こし、アドルフ・ヒトラーの登場を許した。ホーフマンの成人教育運動はワイマール共和国から第三帝国に至る過程で、これを側面から促す役割を果たしている。[27]

衛藤はドイツと日本の国情の類似を指摘する。日本でいえば明治維新以来の、ドイツでいえば普仏戦争以来の、近代化政策で政治的な「国力」は伸びた。しかし画一的な学校教育のため、日本固有の精神が失われ、ドイツもドイツ固有のクルツールを失った。その結果ドイツは戦争に負けベルサイル条約を押し付けられた。その精神的な復興に、あるいはワイマール憲法で「トテツもない権利成り金[28]」となった労働者の教育に、ホーフマンの成人教育運動が注目されるようになった。日本も普選運動が広がり大正デモクラシーが風靡し、世界的に不人気となり行き詰まっている。「吾人も独逸の民衆の如く今「一歩踏み止まつて考へて見る」べき時期に臨んで居るのではあるまいか[29]」

ホーフマンの成人教育運動が、やがてナチスの台頭につながったことは前述した。こうした精神運動はともすれば「英雄」の登場や、「国威」の発揚を求めたりする潮流とつながりやすいといえるだろう。衛藤のホーフマンへの傾倒は、彼の胸底にある「国家」に対する意識の反映と考えられるだろう。

植民地人の民族意識

衛藤が満洲に来たころから、中国の民族運動は高揚の一途をたどっていた。満洲でも日本の支配に対する反発が強まり、教育権回収運動などの組織的な反日運動が展開された[30]。張作霖政権の本拠奉天は、そうした反日ナショナリズムの中心でもあり、反日デモ、日系企業でのストライキなどが頻発していた[31]。

こうした中国の民族主義の激化に対し、在満邦人の危機感も高まっていく。中国側の主張を認めることは、植民地に暮らす者にとって自らの生活基盤そのものを奪われるに等しい。彼ら植民地人の心の中に、中国ナショナリズムに対抗する民族意識が徐々に醸成されていった。

一九二一年九月の奉天神社秋祭りの折のことである。御輿を担いで町中を練り歩く日本人の姿が、中国人の民族感情を刺激した。軒先に張り巡らされたしめ縄を中国側巡警が引きずり下ろし、これに怒った日本人が巡警を殴りつけた。日中双方で大乱闘になる寸前、日本領事館警察署から警察官が来て事態はおさまったが、「青年図書館長」衛藤はその対立の最前線で、「頑張つた」一人だった[32]。中国ナショナリズムと向かい合う日々の生活は、衛藤にも植民地人独特の民族意識を生み出していたのである。

一九二四年四月、アメリカ議会で、東洋人の移民を制限する移民法が成立した。このことは在満日本人にとって決して対岸の火事ではなかった。一八年のウッドロウ・ウィルソン大統領の「民族自決」原則が、中国などのナショナリズム興起の大きな契機となったように、アメリカの移民制限が、中国の日本人排斥と結合する可能性があった。在満邦人の間に反米感情が急速に広まっていった。

七月十三日、奉天公会堂で満洲各地の青年団代表が集まり、対米問題講演会が開催され、当時奉天青年団副団長だった衛藤もその演壇に立つ。衛藤からすると「文学、哲学、宗教に於て余り優れた地位を要求する権利のない米国[33]」の、排日法は断じて許すことができなかった。彼は相当激しい反米演説をぶったようで、その「熱烈な弁論は全満青年の血を一層昂奮せしめたのであつた[34]」。

衛藤のそのいささか血気にはやった言動を、奉天の日本人社会はむしろ好感をもって受け入れた。「青年図書館長」は、次第に人々の尊敬と信頼を集めるようになっていった。一九二五年十月、衛藤は奉天地区の地方委員会委員に当選した[35]。

日本本土のような議会制度がない満洲では、地方委員会がこれに相当し、地方委員は公選制だった[36]。いわば衛藤は奉天市議会の議員に選ばれたのであり、副議長の職も務めている[37]。

地方委員在任中の衛藤の業績として、奉天八幡町図書館の開設が挙げられる。一九二六年、衛藤の発議により、奉天の地方委員会は「公費図書館新設要望」案を採択、満鉄本社に申請した。会社側もこれを認め、二七年五月に奉天八幡町図書館の設置が告示され、九月十五日に開館となった[38]。

八幡町図書館開設により、奉天図書館は「小説講談等の娯楽図書竝通俗図書」を一切購入せず、「本質的価値ある参考図書」の収集に専念することになった[39]。奉天図書館の社業参考図書館としての体制が整ったといえるだろう。

一九二七年三月、奉天地方委員会は満鉄社長、奉天地方事務所長宛てに図書館充実に関する請願文を提出した。その内容は奉天図書館に支那研究部（一九二八年度）、教育部（一九二九年度）、鉄道部（一九三〇年度）、図書館科学部（一九三一年度）を付設することなどである[40]。この請願は実施には至らなかったが、内容から見て衛藤の提言に基づくものであることは間違いない。衛藤が奉天図書館を将来どのように発展させようと考えていたかを示すものである。

衛藤と大川周明

一九二八年三月十日付で、衛藤は東京留学を命じられた。目的は「東洋文献及び其処理法並に図書館業務改善に関する調査研究[41]」である。彼は前年九月、「後進のため」一期限りで地方委員の職を辞しているが[42]、あるいは留学の内示があったのかもしれない。

満鉄図書館界では、すでに柿沼が欧米留学を終え、衛藤らより二年遅れて入社した大佐三四五が、アメリカ・コロンビア大学に留学中だった。[43] 衛藤からすれば、地方委員を引き続き務めるよりも、留学をあえて望んだとも考えられる。

衛藤の内地留学の具体的成果については不明である。ただ明らかなのは、旧制五高以来の友人大川周明との親交がよみがえったことである。

大川は一八八六年生まれ、衛藤より三歳年下だが、五高入学は衛藤よりも一年早い一九〇四年である。〇六年、「栗野事件」と呼ばれるストライキ事件が起こった。これは栗野という政府高官子弟の一高転校問題が発端となった教頭排斥運動である。栗野事件で大川は中心的役割を果たし、そのアジテーターとしての才能の片鱗を示した。[44] 衛藤もまたリーダー格で事件に参加していて、[45] 一説によれば衛藤がスト責任を一身に負い退学処分を受けた。[46]

一九〇七年に五高を卒業した大川は、東京帝大に進学する。五高を中退した衛藤は、あたかも大川を追うかのように上京する。一一年の帝大卒業後も大川は就職をせず、帝大図書館に通ってイスラム教の研究に没頭する。他方衛藤は一二年に帝大選科を終え、一五年に同大司書になっている。多感な時期の二人の歩みは、綾なす経糸と緯糸のように交錯している。

一九一八年、大川は衛藤より一年早く満鉄に入社する。そのきっかけは、五高の同窓永雄策郎の推薦だった。大川は東京支社の調査部門である東亜経済調査局に勤務し、たびたび満洲を訪れる。二二年七月二十八日、大川は大連図書館で衛藤と会い、これを日記に書き留めている。[47]

大川は帝大図書館に通うころから次第に国家主義に目覚め、一九一八年、老壮会に参加、一九年に北一輝らとともに猶存社を結成した。運動論の相違などから北と決別後、二五年、行地社を組織した。彼は東亜経済調査局の豊富な資金を背景に、北と並ぶ革新的日本主義の主導者として「維新」を目指すのである。[48]

一九二八年、東亜経済調査局局長となった大川は、五月に雑誌「東亜」を発刊した。これは行地社の「月刊日本」ほどではないが、大川や彼に近い「支那通」が筆を執っていて、大川の一種のプロパガンダ誌といっていいだろう。

この「東亜」に、衛藤はいくつかの文章を発表する。[49] その掲載時期は彼の東京留学の時期とほぼ重なっていて、衛藤が在京中に、旧知の大川から依頼を受けて執筆したとみられる。

さて、「東亜」に掲載された文章の一つ「牛荘における聖人バーンズの死」は、のちに「営口に於ける『天路歴程』漢訳者の死」と改題され、『満洲夜話』に収録された。衛藤はそれに次のような序を付している。

本文は昭和三年の春、満洲に於ける日本人の地位が殆ど絶望的になつて、誰も彼もイラ立ち切つて居た頃に書いたものである。今から思ふと、それは或る陣痛の時代であつた。[50]

衛藤が感じていた「イラ立ち」は、大川らの国家改造運動の一つの原点でもあった。つまり衛藤の「東亜」寄稿は、単なる同窓の誼みを超えた、「憂国の同志」への友情の発露といえるのである。衛藤の「イラ立ち」を大川の文章で整理してみよう。

所謂日本の特殊権益なるものは、東洋の平和を保全する必要から獲得せる権利利益に外ならない。（略）然るに支那は満腔の敵愾心を以て、満蒙の地より日本を放逐せんとし、歩々吾が権益を侵害して憚るところない。而して日本の国民的理想を失ひ、従つて明治以来の大陸政策の根本義を忘却し去れる吾が当局は、名を日支親善或は国際協調に藉り、（略）満蒙に於ける吾が地歩は、次第に退譲を余儀なくせられ、国家的威厳は地に委しつゝある。[51]

一九二八年十一月九日、「東亜」主催の東亜諸問題座談会が開かれた。その出席者は全員同誌寄稿者連だが、記事冒頭の出席者一覧を見ると、長野朗・衛藤・大川と他の出席者の間には罫線が引かれていて、この三人が座談会のホスト役だったことがわかる。(52) 長野朗は猶存社、行地社に加盟し、のち大川とともに五・一五事件に参加した、有力な右翼活動家である。

会の前半沈黙を続けた衛藤は、大川の「王道思想」に関する発言の後、堰を切ったように自分の意見を開陳する。

> さつきからの御話しは日支関係、主として政治の御話しのやうであります、或は田中〔義一：引用者注〕内閣がどうしたかと云ふやうなことに付いての、所謂メカニズムの御話しでありましたが、是は斯う云ふ話しは際限のないものと思ひます、そんなに私共が申しますと矢張り多少の苦悶を内面的に持つて居ることは、矢張り日支関係のフヰロソフヰ〔philosophy：引用者注〕関係のことで、是は話しがポリテイツクから脱線して一体日本人の居住して居る所の小学校の児童なるものを教へるのに、小学校の校長は其感激を指導し目的を定めるのに迷はないであらうか、一体我々が斯して居ることはポリテイカルの意味は分ります、日清、日露戦争のそれは政治史のものであつて、もう少し深い所の日支関係のフヰロソフヰが子供の心情に訴へる、子供も直ぐに解るやうな《ママ》、つまり日露戦争当時に於ける忠君愛国のやうなはつきりしたものを持つて居ない、国際関係でも従来は強食弱肉で宜かつたが、世界戦争以来それが急激でない迄も変つて来た、それで小学児童を校長なるものが訓話するにはどう云ふ所に中心を持つて行かねばならぬかと云ふやうなことは、是は強ち小学児童ばかりの話しではない、居留民全体の苦悶である、日本は只儲けねばならぬと云ふ国であることは解つて居る、併し儲けなければ生きて行かれないと云ふ切実な感じは、満洲の野に於いて敵を殺さなければ生きて帰らないと云ふあの感情程切実ではない、何となく遊惰である、（略）其処に居留民全体の空虚な生活がある、どうも少し説明が悪いやうでありますが、十年、二十年さう云ふ荒涼たる生活をやつて、内面的に寂漠を持つて居る、さうして残る所のものは一種のマチリヤリズム〔materialism：引用者注〕と云ふやうなことがあります、日支関係に付いては或るエテイカル〔ethical：引用者注〕な、フヰロソフヰクー

なグロンド〔ground：引用者注〕が欲しい、戦争の時は日本はフヰロソフヰーな所があつたが、併し平和の時孜々営々として働いて居る時はどうもさう云ふものが弱い、弱いと云ふよりも殆どない、すると片方の物質的欲望と云ふものが強くなれば、それだけ非常に内面的のものが大きくなる、さう云ふ寂しさがある、是は斯んなことに着目して御出になる御方の根本的な王道の話が出ましたが、王道でも宜い、或はいけなかつたならばどうしても我々が鳥の肉を食つても悪と感じないやうに、或は畑のものを取つて食うことを悪と感じない程、支那を以て我々の食物とするのは当然だと云ふ所迄突き進んで行きたい、国民教育を其処迄持つて行きたいと思ふ。(53)

衛藤の文章や発言は、感情が高ぶってくると非常にわかりづらく、ときとしてペダンチックでさえある。この発言も節略が難しく、長い引用になってしまったが、要するに衛藤は自らの「イラ立ち」は、「支那を以て我々の食物とするのは当然だと云ふ所迄突き進」まなければ解消されないと弁じるのである。

衛藤のこの主張は、当時の平均的な植民地日本人の心情の投影だったかもしれない。しかしこれが大川周明という人物を前にしてなされ、彼が主宰する「東亜」に掲載されたことで、重大な社会性をもつのである。大川に心酔する活動家や「青年将校」たちに、衛藤の名が深く刻み込まれたであろうことは想像に難くない。

一九二九年四月、衛藤は留学を終え、奉天に帰る。前年五月の済南事変、六月の奉天郊外での関東軍河本大作大佐らによる張作霖爆殺によって、日中関係は冷却し、中国の民族主義はいよいよ盛んになっていた。衛藤は、日中対立の最前線である満洲に戻るのである。

2　建国

満洲事変の勃発

一九三一年九月十八日、関東軍は奉天郊外柳条湖で満鉄線路を爆破、これを中国側の攻撃であるとして軍隊を全面出動させた。一方中国側張学良軍は不抵抗方針をとり、ほとんど戦火を交えることがなかったため、関東軍は翌十九日中に満鉄沿線の主要都市の大半を占領した。

奉天も十九日午前中には完全に日本側が制圧し、同日関東軍司令部が移駐された。関東軍は奉天に戒厳令を敷き、二十日、土肥原賢二特務機関長が臨時奉天市長に任じられた。

こうした現地軍の独走に対し、当初中央の若槻礼次郎内閣は、幣原外相の奔走もあって不拡大方針を決定する。外相OBの内田康哉総裁を頂く満鉄首脳部も軍部に批判的であり、二十日拓務大臣命令を受け、社員に対し「社命によらず、濫りに事変に参加したる者は、厳重な処分に附す」旨の秘密訓令を発した[54]。

だが長く植民地にあって、中国ナショナリズムと直接対峙してきた在留日本人は、欣喜雀躍して関東軍の行動を支持していた。二十一日に奉天・大連で非常在満邦人大会が開催され、奉天では夜半十一時に及ぶ示威運動が繰り広げられた[55]。前述のような「イラ立ち」を感じていた衛藤もまた、この実力行使を留飲が下がる思いで歓迎した一人だったろう。

それにしても事変の中心地奉天に、衛藤がいたことは運命としかいいようがない。彼は事変勃発の翌日から「自ら率先、写真機を肩にし、危険を犯して資料蒐集に力を致[56]」すのである。満鉄は奉天図書館長たる彼にそうした「社命」を下してはいないだろう。衛藤は関東軍の軍事行動に心勇み、自らの意志で戒厳令下の市内に飛び出したのだろう。

さて満洲事変時の衛藤について、一つの「神話」がある。命がけで四庫全書を守ったというものだ。だが衛藤や彼の部下植野武雄のこの件をめぐる回想を詳しく検討すると、「神話」とは別の一面が浮かび上がってくる。[57]衛藤は植野とともに、四庫全書の保全を説きに関東軍司令部の参謀室を訪問する。植野によれば参謀岡部（英一大尉か）を訪ねた。戦争のまっただなかに一民間人である衛藤が軍事施設の、しかも参謀室という中枢部に出入りできたのである。さらに衛藤は「相識の間柄」の憲兵分隊長三谷清中佐を訪ね（ただし不在）、特務機関長土肥原大佐と直接面談し、「平素から知つた間柄」の関東軍司令官本庄繁中将に書簡で四庫全書保護を訴えるのである。これはつまり衛藤が、事変前から関東軍上層部と「昵懇の交際」があったことを意味するだろう。

衛藤と大川周明との関係は前述したところだが、その大川は参謀本部や関東軍の「青年将校」に強烈な影響を与え、満洲事変やその他のクーデター計画に関与していた。[58]大川が主宰する雑誌で「支那を食え」と叫んだ衛藤は、将校連にとって「共通の思想」「共通の友人」をもった特別な存在だっただろう。そうであれば、政府中央も認めていない軍事行動のさなかにある司令部参謀室に入れたとしても不思議はない。

二十六日付で土肥原は四庫全書保全の布告を出す。これは直接には衛藤の要請に基づくものだろうが、二十二日に土肥原が中心になって決定された「満蒙問題解決策案」を受けたものでもあると考えられる。この「案」は、清朝の廃帝溥儀を頭首とする新国家樹立を基本方針としていて、[59]清朝の学術文化の象徴ともいえる四庫全書は、建国工作の観点からも日本側が押さえる必要があった。

そうした政治的な判断に、衛藤が関与していたかどうかは定かでない。ただ確かなのは、衛藤が事変直後から軍の行動に深く関わっていたことである。その彼が日ならずしてこの事変と図書館との「交錯」を見いだし、「図書館本来の使命を果すべき千載一遇の秋だ[60]」と考えるに至るのは、当然の帰結であるともいえるだろう。

満洲事変と満鉄図書館

関東軍司令部が移された奉天は、文字どおり事変の中心地だった。満洲独立自治運動に名を借りた満蒙占領計画が進展するにつれ、奉天図書館には「真摯な、実際的な、ノッピキならぬ閲覧人の要求が、十重廿重に」押し寄せた。[61] そこで特別閲覧室に関係図書千五百冊を陳列、これを時局文庫と名付け、十一月十二日公開した。

在奉天司令部、特にその第四課（調査、情報、宣伝の機関）に於て参考資料の渉猟に不自由の点あるを察知するや、奉天図書館は直に之に応じて『時局文庫』を特設して参考文献に関する案内、検索渉猟に大いに便宜を提供した、[62]

この時局文庫について、関東軍参謀長三宅光治少将は十一月一日付で江口定条満鉄副総裁宛に次のような書信を発した。

貴社奉天図書館に於て計画せられたる時局文庫は最も機宜を得たる措置として当部の作業に資する所尠からず。今後引続き之を充実せらるゝと共に、其目録を編纂発行せらるゝに於ては当部及公衆が一層の便宜を得ることゝ考へらるゝを以て其方針にて御計画相成度及御依頼候[63]

この書簡によれば、時局文庫は会社の指示によって生まれたものではなく、奉天図書館、つまり衛藤の立案によるものであることがわかる。衛藤は関東軍の教唆により、十一月十二日以前から会社側にはからず独断で時局文庫を編成し、軍に提供していたのである。

三宅参謀長から江口副総裁への書簡としては、一九三二年一月十八日付のそれが著名である。その書簡で三宅は満鉄に「満洲国」の経済建設計画を立案する機関を設立するよう促し、会社側は二十日に重役会を開いて経済調査会の新設を決定した。[64] 関東軍参謀長の書信はそれだけの「効力」をもつのであり、衛藤はそうした圧力を背景に会社に時局文庫の追認を迫ったのである。これはまた、衛藤と関東軍の結び付きの深さを物語るものでもある。十一月十二日の時局文庫公開は、三宅書簡の力も与って会社が衛藤の行動を容認したことを示す。

三宅書信では「目録を編纂」するなどの事業の強化・拡大を求めているが、これは奉天図書館だけでなく満鉄図書館挙げて事変協力へ駆り立てようとする衛藤の企図にほかならない。十一月二十一日、長春図書館新築落成式が同館で挙行され、同時に第二区（奉天図書館を中心とする地区）の第十七回図書館業務研究会が開催された。その席で「時局に対する図書館の対策如何」が協議され[65]、「満蒙に対し正しき認識を与へむが為に、各館時局文庫の綜合目録を編纂し並出征軍人に対する慰問図書を募集し時局に対し、些少なりとも貢献すべし」という結論に達し、「満洲関係和漢書件名目録」の編纂と陣中文庫の編成が計画された[66]。

図書館業務研究会は、その名のとおり図書館業務に関する満鉄図書館員たちの研修組織である。それまでの研究会での議事を見ても、日常的・技術的なテーマが大半を占めている[67]。そこに「時局に対する図書館の対策如何」というような協議事項が提起され、陣中文庫などが立案されたのは、やはり衛藤の差し金とみるべきだろう。また大連図書館を中心とする第一区の図書館業務研究会も同様の議決をみた模様で、前記の結論は満鉄図書館各館の総意ということで、総裁に申請された。

衛藤は担当理事（大森吉五郎地方部長だろう）のもとに、事業の説明と費用の請求に出向いた。しかしながら大森はこの計画を認めようとしなかった。衛藤は「声を励まし、卓を叩き、まるで理事を叱りつけているような調子で勧説し[68]」、ついに会社側を説き伏せる。

衛藤が大森をまるで叱りつけているように説得していた場には、柿沼も同席していた。柿沼は図書館業務研究会の会長（衛藤が副会長）だから、研究会で審議された結果の「時局に対する図書館の対策」については、柿沼にもその責任の一半はあるはずだ。ところが彼はその席に「居合せた[69]」と、あたかも傍観者のように装うのである。

ここに関東軍の片棒担ぎにしかすぎない衛藤の計画に対する、柿沼の消極的な姿勢を読み取ることができるだろう。柿沼は衛藤に比べて自らを「退嬰的」というが、満洲事変の功労者としての叙勲を拒否したように[70]、実は一貫してリベラルな立場を守り続けている。だがその控えめな性格ゆえに、衛藤の「暴走」を止めることはできなかった。

また大森について柿沼は「内地の知事上りで、頗る官僚的だという評判の人」とするが、これは衛藤を持ち上げるためのことさらの評だろう。逆に大森は図書館事業には、相当の理解をもっていた人物と思われる。この年の四月に開催された満鉄図書館長会議で、彼は「満鉄図書館の使命」として、「図書館の個性化乃至地方化」を訓示している。[71]

大森が衛藤の計画になかなか賛同しなかったのは、それが本来の満鉄図書館の使命から逸脱すると考えたからではないだろうか。大森は柿沼と同じように、図書館までも戦争に動員することに抵抗を感じていたのだろう。

当時の若槻民政党内閣は幣原喜重郎を外相に、協調外交を展開した。満洲事変は幣原外交を「軟弱」とする関東軍のクーデターだった。十二月十二日、ついに若槻内閣は総辞職し、幣原外交も終焉を迎えた。満鉄総裁は閣僚ポストの一つであり、重役陣も政権交代のたびに入れ替えを繰り返していた。若槻内閣の崩壊は満鉄首脳陣の更迭を意味していた。

若槻内閣が倒れたその日の重役会で、陣中文庫などの実施が決定され、十五日付で決裁が下った。[72]事変当初は関東軍に対して批判的だった重役もいたのだが、退任が事実上決まった彼らには、もはやそうした気力は失せていた。図書館がいったい何をなそうとしているかを、深く追求する幹部もいなかったろう。

会社側の決定を受け、十九日、第一・二区合同の図書館業務研究会が奉天図書館で開かれた。ここで二つの事業の具体策が検討され、直ちに実行に移された。

まず陣中文庫は「多数の兵匪土匪を前にして極度の危険と骨に徹する酷寒とに堪えて、東亜永遠の平和の為に馳駆する我が将兵竝警察官、満鉄社員等第一線に活動する人々に対する、精神的慰安の一手段として書物を提供する」[73]ものである。陣中文庫の募集は現地新聞で大々的に報じられたこともあって異常な反響を呼び、十二月十九日の募集開始から翌年五月までに、十一万六千六百八十三冊の図書雑誌と一万六千四百八十部の新聞が集まった。これを沿線各図書館が取りまとめて奉天図書館に送付、奉天図書館は軍当局と打ち合わせて満洲各地二百五十六カ所に送付した。

「満洲関係和漢書件名目録」は、関東庁図書館を含めた満洲二十四図書館に一九三一年十二月末日現在で所蔵する、満洲関係文献の件名目録である。(74) その収録範囲は以下のとおりである。

イ　満蒙に関する一切の図書（満蒙に於て刊行する雑誌を含む）
ロ　支那の政治・経済・財政・外交・諸条約・国民性・近世史・産業・交通・軍備・教育・社会制度・風俗・旅行記
ハ　国際法、世界の最近外交及蘇聯の東方に関する動き
ニ　日支関係
ホ　満洲事変（排日資料をも含む）
ヘ　其の他時局に関係ありと思惟せらるゝ図書

各図書館は奉天図書館に関係図書のカードを提出、奉天図書館がこのカードによって編纂をおこなった。こうしてできあがったのが『全満二十四図書館共通満洲関係和漢書件名目録』で、一九三二年八月、大連右文閣から発行された。満鉄はこの本を関東軍や「満洲国」政府など関係諸機関に無料配布し、「事変研究者に尠からぬ便益を与ふることゝなつた」。

前記のように、二つの事業は奉天図書館が中核になって遂行された。「是が為に奉天図書館は一時全く戦場の観を呈し、同館員は本事業を始めてより、二、三箇月は毎日居残り勤務其の上休日と雖出勤し（略）不眠不休の活動を続けた」(75)。その采配を振ったのは、いうまでもなく衛藤である。

衛藤は館員たちを叱咤激励して、戦争協力の道へと導いていったことになる。だが彼の事変勃発以来の行動は、

当時ではむしろ高く評価された。昼夜兼行の激務にも、衛藤は深い満足感を覚えていただろう。満洲事変によって衛藤は「英雄」となった。

建国工作と衛藤

一九三二年一月、衛藤は自治指導部付設の自治訓練所講師に就任した。自治指導部は関東軍が満洲独立工作を統括するため、三一年十月に設置したもので、自治訓練所は自治指導員と呼ばれる、そうした工作に従事する人材の養成を目的とした。[76] 三二年一月十一日に開所式がおこなわれ、翌日から授業が開始された。衛藤はここで「満洲史」を講じる。

この自治指導部の中心人物が、笠木良明である。[77] 笠木は一八九二年生まれ。東京帝大卒業後、衛藤と同じく一九一九年に満鉄に入社した。彼は東亜経済調査局に配属され、大川周明の思想的影響を受け、国家主義に目覚める。笠木は大川らとともに猶存社と行地社に参加するが、大川・北一輝の対立を嫌い行地社を脱退する。二九年、大連本社に転勤となった笠木は大雄峯会を結成、独自の活動を開始した。

笠木の運動論は、仏教思想を基礎にした独特の「大乗的日本主義」だった。大雄峯会の名も『臨済録』に出典がある。笠木らは「満洲国」構想を抱き、一九三一年に入って満州青年聯盟とともに策動を始める。[78]

笠木の「満洲国」構想とは、満洲の地に「大慈悲」の精神を具現しようというものだった。笠木の「大慈悲」の精神とは、日本の「皇道」のことである。「明治天皇ノ大御心ト観音ノ大慈悲。亜細亜ニ発シテ世界ニ及ブ。之ヲコレ大亜細亜主義ト云フ」[79]。そしてその「思想感情精神上の大導師」[80]となるのが、自治指導員だった。

こうした笠木の「仏教的信念と独自の理想主義（略）を高く評価し」たのが、日蓮主義者石原莞爾だった。[81] 石原の支持を得て、自治指導部は大雄峯会メンバーが多数派を占め、主導権を握った。[82]

自治指導部に付設された訓練所が、笠木色が強いのは当然である。衛藤はその訓練所の講師に選ばれたのだから、以前から笠木と一定の関係があったとみてしかるべきである。前述のように「宗教的奉仕」を館員に強要するなど、宗教に対する関心が深かった衛藤が、笠木の「仏教的国家主義」に心引かれたとしても不思議はない。後年のことだが、衛藤は笠木を「今の世には稀に見る真人」と評している。[83]だが松沢哲成の調査による大雄峯会メンバー[84]と松沢の調査を補訂した藤川宥二のリスト[85]には衛藤の名はなく、衛藤は大雄峯会には加わっていなかったようだ。

三月の「満洲国」建国後、自治指導部は資政局に改組された。自治訓練所は資政局訓練所となり、自治指導員も参事官と改称される。だが実態は自治指導部時代と何ら変化はなく、むしろ笠木の実権は一層強化された。

五月、第一期生の卒業を控えて、第二期生が募集された。選考は笠木のほか、大川周明、関東軍参謀花谷正少佐、片倉衷大尉らが担当し、「なるべく平常より公正なる日本主義団体に関係している」ことなどがその選考基準となった。[86]その結果集まった第二期生には、帝国議会開会中「ボール箱に入れた蛇二、三十匹を二階の傍聴席から議員席の真只中に投げつけ[87]」た経歴をもつ者などが集まり、全員が「申し合わせたように手に一振の日本刀」を持って満洲行きの船に乗り込んだ。[88]

この資政局訓練所時代も、衛藤は引き続きその講師を務めている。衛藤以外の講師陣は、「大杉栄の暗殺で有名な甘粕正彦、昭和維新論を提起した橘孝三郎、あるいは日露戦争当時満洲義軍で勇名を馳せた辺見勇彦、政界の爆弾児中野正剛、といったような壮々《ママ》たる顔振れであった[89]」。また授業も「郊外に遠征しては持ち運ばれた実弾を惜しみなく撃ち放題という猛訓練[90]」といった具合で、笠木らからすると「満洲建国の柱石たる「志士的人材」の養成機関[91]」となるのだが、「大言壮語する大陸浪人的集まり[92]」との批判が起こるのも、無理からぬありさまだった。

さて、前述のような「多士済済というには余りにも一くせ二くせあるつわもの達」の訓練生から、「その人格識見共われわれの尊敬して止まなかった[93]」と慕われたのが衛藤だった。次の卒業生の証言は、衛藤が訓練所での参事官育成のうえで、重要な役割を果たしていたことを物語る。

建国の情熱と抱負においては、何れも遜色なき帰一点に到達した（略）大きな原動力は（略）衛藤利夫先生の高潔なる人格と、豊富なる思想、経綸によるところが甚だ大[94]

一方日本の「内面指導」による新国家建設を進める駒井徳三総務庁長官らは、笠木らの観念的な資政局運営を「一種の反逆行為[95]」とさえ見ていた。また事変当初は笠木らと行動を共にしながら、その後は笠木の大雄峯会偏重によって傍流に追いやられた満洲青年聯盟も、笠木らのやり口を「満洲屋人事[96]」と非難していた。六月末、ついに関東軍は笠木一派の牙城資政局廃止に踏み切り、笠木らを「満洲国」政府から追放する。

資政局訓練所は大同学院と名を改め、総務長官に直属する同国の官吏養成機関となった。[97]訓練所二期生は、衛藤らの奔走もあってそのまま大同学院一期生となった。衛藤も講師として残留し、「満洲文化史」を担当する。[98]

しかしながら衛藤は訓練所二期生の卒業と同時に、大同学院を去ることになる。衛藤の退任について、一説では中原八郎学監（陸軍予備役大佐）との折り合いが悪かったのが原因というが[99]、笠木色の一掃を図った駒井らの意向によるものではないだろうか。

これに対し学生たちは、衛藤の留任運動を起こす。彼らは「第一回二期卒業生大会決定事項報告」のなかに「大同学院ニ於ケル衛藤先生ノ存在ハ絶対必要ナルコトヲ確認シ留任ヲ懇請ス」という項目を盛り込み、衛藤の留任を学院側に要請した。[100]しかし学生たちの希望はいれられず、衛藤は講師を退任する。

十月十日、大同学院第一期の卒業式が挙行された。式に参列した衛藤は、いかにも彼らしい大仰な「送別の辞」を涙ながらに読み上げ「健児」たちを送った。[101]三十一日、関東軍司令部は、奉天から「満洲国」の首都新京に移された。衛藤の周囲から、建国の熱狂が潮が引くように消えていった。衛藤の生涯で最も得意だった時期は、わずか一年足らずで終わったのである。

二つの『奉天三十年』をめぐって

「満洲国」を逐われた笠木は一九三三年一月に東京に戻り、四月、児玉誉士夫らと大亜細亜建設社（当初は大亜細亜建設協会）を設立、活動を再開する。大亜細亜建設社綱領は、同社の性格を次のように規定している。

目標―世界のために大道を開闡し、政治的覇道を超剋し、経済的覇道を清算して、真誠平和の基を開く。
認識―世界革正の歴史的必然は、文化共同体たる亜細亜民族の大道団結の一途あるのみにして、而も満洲建国はその第一歩なると認識す。
実践―道の興起は世界維新の始めにして終りなるを決着し、近く一郷一村の道統自治を実現し、之を推して遠きに及び、大同維新を完成す。(102)

大亜細亜建設社の活動資金は、外務省情報部長河相達夫の公金流用や、(103)笠木のシンパからの寄付金に支えられていた。衛藤も同社賛助員に名を連ね、笠木を支援した。

五月、同社の機関誌「大亜細亜」が創刊された。衛藤は創刊からしばらくの間、毎号のように文章を寄せるのだが、(104)原稿料は受け取らなかった。(105)同誌寄稿は、衛藤の笠木支持の表白だった。

一九三四年三月、同社奉天支部が設置され、衛藤が支部代表に就任した。(106)大同学院一期生は、月の六日に衛藤の自宅などに集まり、これを「奉天六日会」と称していた。(107)満洲各地に散った笠木の教え子たちにとって、衛藤は心のよりどころだった。

さて、ここでもう一つの「衛藤神話」を検討しよう。奉天で四十年にわたってキリスト教伝道と医療に尽くしたイギリス人デュガルド・クリスティの著書『奉天三十年』が世に出るきっかけを作ったのが衛藤というものだ。

クリスティの同書には衛藤の訳になる『満洲生活三十年――奉天の聖者クリスティの思出』（以下、衛藤訳本と略記）と矢内原忠雄訳の岩波新書『奉天三十年』（以下、矢内原訳本と略記）の二書がある。まずは衛藤訳本の刊行の経緯をなぞってみよう。(108)

クリスティの同書を見いだし、これを翻訳した衛藤は、その一部を「奉天城内より見たる日露奉天大会戦」と題して一九三四年七月の「大亜細亜」で紹介した[109]。この一文は同誌読者に大きな反響を呼び起こした。笠木も同誌翌月号で「衛藤先生の「奉天の司大夫クリスティ」さんに関する記事にはすつかり感心してしまつた」[110]と述べている。そして笠木の「知己」増田正雄の資金援助を得て、衛藤訳本は一九三五年七月、大亜細亜建設社から発行されるのである。

次に矢内原訳本刊行の経緯である[111]。

衛藤は自らの訳本を岩波書店の岩波茂雄に贈った。この書を一読した岩波は、計画中の岩波新書に入れることを吉野源三郎ら編集部に提案した。吉野は帝国図書館からその原本を長期に借り出し、一九三八年の三月ごろ矢内原に翻訳を依頼した。矢内原はおよそ半年で同書を訳了、同年十一月、岩波新書の創刊第一・二冊として刊行される。

衛藤訳本はクリスティの原作の忠実な翻訳ではなく、また一部省略した個所もあるのも事実である。だが両書の訳文を対照してみると、衛藤訳本が原作の文意を著しく損なったり、恣意的な改変をおこなったものではないことがわかる。

それではなぜ岩波が屋上屋を重ねるかのような翻訳を、しかも新企画岩波新書の劈頭に掲げたのだろうか。衛藤訳本には、同書刊行の資金援助をした増田正雄の次のような「跋」が付されている。

> 政治の要は人心を獲るにある。〝道〟に依らずして到底人心は採り得らるゝものではない。況んや他国と真の提携を為さんとするには、尚更のこと〝道〟に対する余程の固い信念と忍耐を必要とするのである。幸なる哉、我等の日本歴史を一貫するものは神霊の加護と〝道〟に依る皇国日本の姿である。道義を離れては日本の強みも誇りもないのである。

ク翁は基教を以つて〝道〟を説いて満洲人と心から結んだ。乍併我等日本人の奉ずる〝道〟は教育勅語に明瞭に示されてゐる。平素棒読みはするが、深く拝読して味得することを怠つては居ないか。

満洲事変を契機として日満両国が永久に不可離の関係におかれた事に贅言の要はない。乍併何に依つて不可離の関係を持続すべきであらふか、曰く断じて〝道〟。

我等は、日満両国の不可離が永久に絶対的なる今日、此の両国の提携が〝道〟に依つて結合さべ《ママ》るき事を改めて認識する必要がある。此の認識を後より来る子孫に受け継ぐべき責任が我等に与へられてゐるのである。分かつてゐるなぞと簡単に片付けては大変である。分かつてゐるとは分つていない事だ。〝道〟による日満提携が成就するや否やは日満両国の興廃の分るゝ処である。

満洲国に来り政教に実業に従事せんとする日本人よ、満洲建国以来続次賜はれる詔勅を拝読し天皇陛下の大御心を体して、決然として〝道〟による日満提携の犠牲者たれ。[112]

大亜細亜建設社に集まった人たちは、「満洲国」の存在そのものに対しては一片の疑問ももっていない。ただその治世について、「皇国」日本が「満洲国」を「指導」する際に「大慈悲」の精神が大切であるという、笠木の運動論がいれられなかったことに、不満を抱いているにすぎない。衛藤訳本は彼らのそうした主張のプロパガンダの一環として出版された。[113]

他方岩波たちは「狂気のように吹き荒れている当時の神がかりの国家主義に対して科学的なものの見方と知識とを保持したいと願い[114]」、岩波新書を企画した。岩波は衛藤訳本を読み、「クリスティーの無私純愛なる奉仕的生涯に感激し[115]」た。だが同時に笠木らの出版意図が、クリスティのそうした生涯を冒瀆するものでしかないことを痛切に感じたはずだ。岩波新書の創刊を『奉天三十年』の翻訳で飾ったのは、笠木らの国家主義と、その裏返しとしての対中優越感へのアンチテーゼとしてであった。矢内原訳本巻末に付された岩波の「岩波新書を刊行するに際して」を、衛藤訳本巻末の増田「跋」と対置して読むと、岩波の出版人としての良心が一層鮮明になってくるのである。

岩波はまた、クリスティの精神を最もよく理解できる訳者として矢内原忠雄を選んだ。矢内原は新渡戸稲造の後を継ぐ植民地政策の研究者であり、日本帝国主義を痛烈に批判した人物である。彼はまた敬虔なキリスト教信者でもあった。

彼は中国を近代的民族統一国家であると認識し、日本の中国政策を鋭く批判した。彼は一九三二年の八月から九月にかけて満洲を訪れ、『満洲問題』（岩波書店、一九三四年）などによって、満洲事変が日本帝国主義の中国侵略強化以外のなにものでもないことを指摘した[116]。

しかしそうした矢内原の態度は、当局の弾圧を受ける結果となり、一九三七年十二月、彼は東京帝大退官を余儀なくされる。矢内原が『奉天三十年』の翻訳に取り組んだのは、彼が帝大を追われ、帝大図書館の北側の一室で細々と研究を続けていた時期だった。

矢内原が岩波の依頼を受諾したのは、岩波の出版の意図を了としたからであるとともに、彼の宗教的良心・学問的良心に基づくものだった。矢内原は「訳者序」でこう述べている。

満洲及び支那問題の解決、即ち東洋平和の永久的基礎は、満洲人及び支那人の人心を得ることでなければならない。而してそれは国家としての愛撫政策を以ては足りない。況んや国家を背景とする公私の利得的行動を以ては達し得られない。人間としての無私純愛の生活態度を以て、彼等のために深く、且つ長く奉仕する個人こそ、東洋平和の人柱であり、その如き人間をば満洲及び支那に供給することこそ、日本国民の名誉でなければならない[117]。

岩波と矢内原の『奉天三十年』は、中国を真摯に見つめ、日本の前途に強い危機感を抱く二人の「愛国心」の結晶である。それはまた、笠木と衛藤の『満洲生活三十年』に対する厳しい批判を意味する。衛藤にとっては何一つ誇ることができない「神話」なのである。

3　離満

満鉄図書館の転機

衛藤は「満洲国」の表舞台から退いたものの、建国の功労者として講演などに忙しい毎日を送っていた。奉天図書館の経営も表面的には順調だった。満洲事変後、図書館の利用者は日を追って増加していた。閲覧人員の一日平均では、一九三一年度の百六十三人が三五年度には二百七十二人となっている[118]。

だが同国の成立は、満鉄の経営を根底から揺るがした。「満洲国」という、より大きな植民地収奪機構が成立したことで、満鉄は満洲での独占的な地位を失った。「帝国のなかの帝国」満鉄の存在はむしろじゃまものだった。軍部は満鉄コンツェルンを満洲の鉄道経営を中心とした、一企業に解体しようとした。これに対し満鉄は、調査部門の強化に将来の活路を求めた。

一九三六年一月、図書館の定員制が改正され、奉天図書館は二十四人から三十五人へと、大幅な増員がおこなわれた[119]。二月、館報「収書月報」が創刊された。

同年一月、奉天図書館は新聞閲覧室について、無料から閲覧料徴収に変更した。その理由は「無料当時やゝもすれば厭ふべき服装或はモヒ、ヘロ中毒の失業者の休息場となり、真面目に閲読を目的として登館せる人士に迷惑を及ぼすこと尠からざりし弊害を」除去するためだった[120]。一方五月から、社員の館内閲覧料は無料となった[121]。

同じく五月、鉄道総局との間に収書などの協定が結ばれた（鉄道総局とは満鉄の鉄道部門を総括するセクションで、奉天に置かれた）。「奉天図書館は局内の研究修養に資する一般図書の蒐集に力を注ぐ[122]」とされた。またやはり五月から大連図書館との収書協定が実施に移された。奉天図書館は「交通・工学・竝満蒙・シベリヤ等の辺疆研究図書の充実を図ること[123]」が取り決められた。

これら一連の措置は、奉天図書館の社業参考図書館としての機能を高める目的をもってなされた。同時期に大連図書館でも職員の増員、一般利用者の制限などがおこなわれている。また四月には、哈爾浜図書館が参考図書館に昇格している。

衛藤にしても、奉天図書館に「「研究所」の意味をヨリ多くもたせること」[124]は、年来の希望だった。しかし衛藤の参考図書館像と、会社側のそれには、大きな隔たりがあった。衛藤は広範な東洋関係文献の収蔵を目指していた。ところが会社側が考える収書の範囲は「社業」関係に限られていた。その利用者にしても、会社は調査機関を主体とした社員に限定して考えていたのに対し、衛藤は社員以外の研究者や一般市民をも想定していた。

この「会社業務の参考」と、「公衆の閲覧」との、いずれを会社図書館の主な目的にすえるかは[125]、満鉄図書館界にとって長年の問題でもあった。一九一九年の大連図書館公開以来、満鉄図書館は若干パブリックなサービスを優先させながら発展してきた。だが「満洲国」の建国は両者の微妙なバランスを崩壊させた。

一九三七年十二月、満鉄は付属地行政権を「満洲国」に移譲した。これにともなって満鉄図書館は三つに分化したといえる。第一に同国に移され、一般市民へのサービスを担当する奉天八幡町図書館など、第二に総裁室福祉課に移され社員文庫となった大連近江町図書館など、第三に参考図書館として会社の調査部門に所属することになった大連図書館など、である[126]。

奉天図書館は鉄道総局管理に属する参考図書館となった。前記のような区分からすれば、奉天市民や一般社員に対するサービスは、その業務の対象外となる。収書方針も、鉄道に関する資料が当然主とならなければならない。衛藤に従来の図書館の経営方針の見直しが迫られていた。

しかし衛藤の答えは「然らず」だった。「われらが図書館の経営方針に、根本的な動揺あるべからず」だった[127]。大連図書館も一九三八年一月から社員の読書奨励を図る新刊文庫を始め[128]、会社側の意向とは異なった活動をしていた。

一九三八年五月、大連図書館に続き奉天図書館も、事務分掌規程の改正をおこなった。奉天では新たに設けられた運用係の職務内容に、「文献ノ陳列其ノ他図書館付帯事業ニ関スル事項」が付加され、「相変らず公共図書館的色彩を濃厚にしてゐる」[129]。

こうした図書館の姿勢に会社側が怒らないはずがない。とりわけ調査部門の人々は自分たちの調査に必要な資料が図書館になく、趣味的な収書に走っていると、図書館への不満を募らせていた。

衛藤に対しても「奉天の鉄道総局の調査課が利用できるような「社業図書」の蓄積に努力したわけでなく、死蔵図書に経費を充てているという[130]」声があった。しかし衛藤は「資料」と「図書」は違うと主張し[131]、さらに「今の古本相場に書き直したら、大変な金額に上る蔵書も可なりに多数ある。（略）投資企業としても、決してそんなに歩の悪いものぢやあるまい[132]」と強弁するのである。

「図書館の悪臭」

一九三九年四月、定員二千五百人に近い、いわゆる「大調査部」が成立した。満鉄は調査部の改組・拡充のため、「思想的前歴者」を含む大量の中途採用をおこなった[133]。調査機構の拡大は、その活動の活性化を招来した。だがそれは図書館との対立を一層激化させることでもあった。調査部は図書館から収書の権限を奪って、図書館を従属させようとした。

一九四〇年三月、柿沼大連図書館長が退職した。調査部・図書館対立の、いわば詰め腹を切らされたのだ。「柿沼君は大連図書館を育てんが為に生き、そしてその為に老ひ、その為に疲れたのである」[134]。衛藤は二十年間の僚友をこう送った。

柿沼の後任は水谷国一調査部資料課長の兼任だった。調査部が名実ともに大連図書館をその管下に置いたことになる。返す刀で調査部は奉天・哈爾浜図書館の統制強化を、一九四〇年度の業務方針に組み入れた[135]。

五月七・八日の両日、資料機関聯絡事務打合会議が開催され、満鉄各調査機関・図書館の代表者が一堂に集まった。図書館側からは衛藤や大佐三四五などが出席した。一日目に調査部の新たな「図書館運営方針」が提示され、二日目、それに基づいての「図書館運営に関する分科会」がもたれた。
衛藤たち図書館側は、調査部案に猛反発した。以下に衛藤の発言を摘録する。

奉天は（略）社業図書館に転向しても直ちにその性格が変るものではない。勿論そのために努力するが、大連よりもより以上公開的性格を帯びてゐる。この公開の点では満洲国のなすべきことをやつてゐるのであるが此処二、三年はこの方針を継続するの外はない。（略）図書館長が会社に奉仕する最大の任務は本の選定である。渾沌たる出版物の中から本を選択することが一番大事な任務である。従つて図書館長は図書の選定、図書の蒐集に当らない限り任務は尽せないのである。（略）〔図書館を：引用者注〕会社としてもつと可愛がらねばならぬ。(136)

しかし衛藤の懸命の反駁もむなしかった。同じ月の満鉄社員会会誌「協和」には、柿沼の退職に寄せて「図書館の悪臭」という文章が掲載されている。

従来大満鉄の庇護の下にむしろ公衆図書館として発達して来た同館〔大連図書館をさす：引用者注〕のイージイ・ゴーイングな行き方は、今後清算される必要があらう。まざまざしい現実の世界から隔離されて、たゞ館長といふ人格を中心に運営されて来た同館のいはゞ中世期的ギルド的性格は今日ではいろいろな点で破綻を示してゐる。新しい時代は新しい経営を要求してゐるのだ。
このことは多かれ少なかれ奉天、哈爾浜の二大図書館にも該当することで、満鉄における図書館経営は一大転換期に達したといふべきであらう。水がどよむ《（ママ）》と悪臭を発する。(137)

邦人社員の大半が加入している社員会の会誌にこうした文章が掲載されるようになったのは、社内の大勢が図書館の現状を批判的に見ていることを象徴するだろう。衛藤ら図書館員は社内で孤立していたのである。

一九四〇年七月十日付で庶務係主任松原浅右衛門が奉天保養院に配転となった。松原は二四年四月以来十六年あまり奉天図書館に勤務する、「生字引」[138]的存在だった。「事務的才幹」[139]をもった彼は、直情径行型の衛藤を側面から支え続けてきた人物であり、彼を失うことは奉天図書館にとっても衛藤にとっても大きな打撃だった。彼の送別会で衛藤はこう言った。「図書館の衛藤か、衛藤の図書館か、図書館の松原か、松原の図書館か、と言はれるほどに、衛藤のあるところに松原あり、松原あるところに衛藤あり」[140]。長年図書館で働いてきた松原が、全く無関係の部署に転勤となったのは不自然である。しかも衛藤が奉天図書館を退職すると、彼は再び奉天図書館に戻される。この人事は衛藤を奉天図書館から追い落とすための、調査部の布石と思われる。

このころ、衛藤の周囲には不幸が相次いでいた。一九四〇年十一月二十日、館員の下内矢之助が死亡した。下内は享年三十六歳。三一年十一月の奉天図書館入りというから、満洲事変直後の奉天図書館が最も繁多な時期に衛藤のもとに来たことになる。それだけに衛藤にとっても愛着がある部下だっただろう。[141]明けて一月三日、館員の日名正志（二十歳）が死に、七日、母サダ子が死去。[142]そして八月一日、愛息三男が二十五歳の若さで死亡した。[143]

わが子に先立たれた衛藤は「ひしひしと人生生死の問題を考へるやうにな」[144]った。公私ともに衛藤は追い詰められていった。彼の心の中に「自分も一度くらゐ人並みに、栄転でも、左遷でも、乃至は退職帰国でもいゝから、この土地を離れて見たいといつたやうなムラ気」[145]が徐々に大きくなっていった。

一九四〇年十月、調査部資料課第一資料係主任石堂清倫は、大連図書館書目係主任兼務となった。前任の大佐三四五は待命となり、翌年二月、満鉄を退社する。衛藤とともにこれまで満鉄図書館を支えてきた人物がまた一人消えたことになる。第一資料係は満鉄全体の資料予算を執行していて、[146]石堂は大連図書館ばかりでなく、会社図書館すべてを統括する立場だった。

石堂は奉天・哈爾浜の図書館から「学術的価値のある」図書を大連に移すという、図書館の統合計画をまとめた。[147]それは衛藤から心血を注いで築き上げたコレクションを奪うことであり、衛藤が培ってきた奉天図書館の命脈を断つものだった。

調査部幹部は石堂の私案を採用した。だが幹部たちは衛藤を恐れていた。彼が大川周明や笠木良明といった「人脈」に、つながっていることを知っていたからだろう。何人もの要人が狂信的な国家主義者の手によって殺されていた。「猫の頸に鈴をつけにゆく人は皆無であった」

やむをえず立案者の石堂がその役を務める。入社わずか三年の一主任が、社歴二十年を超す古参社員に実質的な解雇通告を言い渡すことになった。しかし石堂からこの計画を聞かされた衛藤は、「よし、本といっしょに司書の植野も受けとってくれよ」とだけ言い、調査部案を受諾した。[148]衛藤の満洲生活は「全然失敗に終つた」。[149]

衛藤という主を失った奉天図書館は、衰退へと向かう。一九四二年十二月、図書業務の統合調整案が社議決定された。奉天図書館は交通を中心とする社業図書館と規定され、鉄道総局資料室の管下に置かれた。植野は奉天在勤のまま大連図書館漢籍係主任となって、奉天の漢籍類およそ五万冊を大連に移す作業を担った。[150]四三年五月、植野は奉天図書館漢籍係主任の兼務を解かれ、大連に赴任した。[151]これは衛藤が二十年の歳月をかけて収集した東亜文献の大半が、この時点ですでに奉天図書館を離れたことを意味するだろう。

中田邦造の来訪

衛藤は調査部の図書館統制案に反対する、図書館側の急先鋒だった。彼は「非常に負けぬ気な、反対があればあるほど益々強くなる（略）逞ましき精神力[152]」の持ち主だった。彼は「俺は死ぬまでこの図書館を護る[153]」と公言し、これまでの奉天図書館の姿を頑なに守り続けようとしていた。

一九四一年四月、奉天図書館同志会が結成された。これは奉天図書館館員の「精神的結束を固くし、文献報国の使命に邁進すること[154]」を目標としていて、衛藤が会社側の方針に抵抗するために、図書館の内部固めを図って組織したと考えられる。

次いで九月一日、奉天図書館は閲覧規則の改正を実施する。この改正は「社業参考図書館たる本来の使命を一層徹底せしめ」[155]ることをうたっているが、実際は活動の重点を館内閲覧主体から積極的な館外貸出へ、また社員以外の個人や満洲各地の公共機関の利用の拡大を目指したものだった。[156]

衛藤の愛息が死去したのは、この改正の施行されるちょうど一カ月前、八月一日のことだった。衛藤は「逞ましき精神力」によってその死を乗り越え、二十年の歳月をかけて築いてきた満鉄図書館をあくまでも守り抜こうとしていた。少なくともこの改正のころ、一九四一年九月まではそう決意していたはずだ。

ところがその衛藤がわずか四カ月後の一九四二年一月に、奉天図書館を去ってしまうのである。なぜ衛藤は事実上の奉天図書館解体案を、何の抵抗もせずに承諾してしまったのだろう。社歴三年足らずの石堂に「引導」を渡され、衛藤生来の「負けぬ気」は奮い立たなかったのだろうか。

衛藤豹変のメルクマールは、一九四一年十月の中田邦造の訪問にある。衛藤は中田から日本図書館協会（以下、日図協と略記）入りを請われ、これに応じて帰国を決意したのである。

そのころの日本図書館界は、次第に戦時色を濃くしていく情勢のなかで、新たな局面を迎えつつあった。「国策」に従属することだけにしか展望を見いだせない館界は、中田の「図書群」による読書指導に将来を託そうとした。[157]しかし館界を束ねるべき日図協は内紛続きで、十分な指導力を発揮できずにいた。時局の急速な流れに図書館が取り残されることに焦燥感を感じた人たちは、強力なリーダーシップをもった人物を日図協専従に迎えることで、事態の打開を図ろうとした。ここに内地館界から「衛藤待望論」が湧き上がったのである。[158]

衛藤に期待されたのは、満洲事変の折の八面六臂のはたらきを「図書館村」で再現し、「図書館中心の挙国的文化機構結成」[159]を実現することだった。日図協幹部が衛藤を「遥々満洲から引張り出すことに異常な熱意と粘りを示した」のはそのためだ。とりわけ熱心だったのが中田である。彼は衛藤に対して「理事会の総意を代表して、（略）強引な波状攻撃をかけた」[160]。中田は自らの読書運動論が国家レベルで展開されることに強い意欲をもっていたにちがいない。そのために衛藤の行動力に過度の期待を寄せていたのである。

衛藤擁立工作は、文字どおり「強引な波状攻撃」だった。高柳理事長から衛藤への直接交渉、松平総裁から満鉄総裁を経た説得、だが衛藤は首を縦に振らなかった。そこで中田自身が奉天に乗り込んでの談判となった。[161]

一九四一年九月から十月にかけて、中田は華北各省市社会教育人員短期講習会で、「新秩序建設と図書教育」なる講義をおこなうために、満洲経由で北京に旅した。[162]だがこの大陸旅行は、そのほかにも様々な目的があった。北京で日本が接収した中国資料を東京帝大に持ち運ぶ下交渉、日図協華北支部の問題、[163]満洲開拓地での読書指導、それに衛藤説得など、「剛腕」中田らしい実に盛りだくさんな意図をもった旅だった。

中田はまず北京に向かう途中、九月二十八日奉天駅頭で衛藤と会った。十月七日北京から奉天に着いた中田は、その夜衛藤宅に泊まった。彼は夜を徹して衛藤と語り合ったのだろう。翌八日、新京に行き、九日に奉天に戻った中田は、奉天図書館で「図書館と出版文化の問題」について次のような要旨の講演をおこなう。

紙と思想の統制のために出版文化協会が設立された。悪書の駆逐、良書の推薦という運動を同協会と日図協が協力しておこなう。図書館は社会調査により図書刊行の必要量を決定する任務をもち、それによって出版界を牛耳り、実質的に文化指導をおこなう。日本文化をわれわれ図書館人が引き受けるくらいの意気で出版を処理していかなければならない。[164]

おそらく中田はこうした観点から、衛藤を説いたのだろう。この講演の前後に、衛藤は日図協入りの決意を中田に伝えたとみられる。

> 茲に最も愉快なことは日本図書館協会の為今後衛藤氏が全力を挙げて尽力される見透しがついたことである。之は氏にとつても大きな生活の転換であらうが、又協会にとつても恐らく一時期を画するやうな事にならうと思ふものである。この一事だけでも私にとつては満洲訪問を敢てしてよいと思ふ位なのである。[165]

衛藤は帰京の決断を周囲に相談せず、またそれを決めてからも伝えていなかったようだ。二十年来の知己である柿沼にも十一月の末になってその意向を漏らしただけだった。[166]奉天図書館の館員たちが衛藤の辞職を知ったのも、一月になってからだった。

青天の霹靂衛藤館長の東京支社詰が発表された。我々館員にとつても此のやうなことは夢にも考へてゐなかつたことで激しい衝撃を受けた。館内の空気は一時に沈んでしまつた。(167)

多くの人々は衛藤は満洲に骨を埋めるものと、自分たちとともに奉天図書館を守っていくのだと信じていた。大方の人は彼の奉天図書館退任を新聞報道などで初めて知った。それはすべてが決まった後だった。人々は衛藤の突然の離満に驚き、そして悲しんだ。

日図協へ

他方、衛藤の日図協入り内諾は、中田の帰国後直ちに日図協幹部に伝えられた。十月三十日に開催された常務会で中田は「奉天なる衛藤利夫氏との会議内容」を報告した。(168)以後、日図協は衛藤受け入れに向けて慌ただしい動きを見せる。十一月二十六日の常務会で「衛藤利夫氏の出京を迎へるについて」協議、(169)次いで十二月十七日の常務会では、中田から「衛藤氏の出馬について」報告がなされている。(170)

こうして一九四二年一月二十五日付で、衛藤は理事に委嘱される。(171)奉天図書館退職はその二日後、二十七日付だった。中田は衛藤の離満・上京に次のようにコメントしている。

（略）衛藤氏が来る三月中旬には東京に転住されることになつた。このことは、氏の図書館界よりの引退とか、第二の故郷たる奉天を離れるとかいふ消極的意味とは全然反対に、進んで東京に出て図書館界の為に火の玉のやうになつて働かうといふ極めて積極的意味がその胸奥に宿されてゐるのである。

従つてそこには何処かに勤務して小遣取りでもしながらといつた気持は全然なく、一切の束縛を離れ、自由な立場において、広く文化界は勿論のこと政界に向つても財界に向つても、奉天で鍛へ上げた図書館魂を振りかざして大に戦はうといふのである。

我々は氏が日本図書館界の為に今後如何なる活動をされるかについて大なる期待をかけてゐる。特に我が日本図書館協会が我が国図書館界の中軸として、東亜十億民衆を対象として本格的な図書館機能を展開しようとするためには、この文化性の頗る高くそれでゐて満洲仕込の大柄な氏の如きはその中心に欠くことのできぬ人格である。(172)

東京に居を移した衛藤は、三月二十日の役員会に出席し挨拶する。中田はその発言と自分の見解を混然と以下のように記している。

長年異民族の中に在つて満洲建設に従つてきた経験―この満洲に於けるわが異民族政策は失敗したものもあり成功したものもある、最初から満点に行かうなどは要求する方が無理だ、と氏は曰ふ―をもつて大東亜の文化建設に寄与せんと期してゐること、協会内に在つてはフリー・ランサーとして大久保彦左的存在として、あらゆる努力をしたいと考へてゐること等々を、熱意迸る調子で酬い、直接氏の烈々たる気魄に触れて、満座の期待と信頼とは一段と高まつたもののやうであつた。(173)

ところで、衛藤の「略歴」では、彼の日図協理事就任を一九四一年七月とする。(174)しかしそのときの理事改選では衛藤は六票の得票で、落選しているのである。この改選で理事に当選したのは、中田ら十一人。加えて前理事の小山隆、高橋誠一郎、本庄栄治郎が、日図協定款第二十三条(後段)によって、総裁から理事を委嘱されている。(175)衛藤の四二年一月の理事就任も、この定款二十三条(後段)によるものだが、(176)不明朗な人事といわざるをえない。

当時の日図協幹部たちは、「有力な事務局(177)」を主宰できる人材として衛藤に白羽の矢を立てた。その衛藤が十分なリーダーシップを発揮するためには、できるだけ早く彼を常勤の理事にする必要があったと思われる。しかし衛藤が常務理事になったのは、一九四三年一月九日付であり(178)、彼の満鉄退職から一年もたってからだった。これは衛藤の理事就任に見られるような、一部の人たちによる専制的日図協運営に対する批判もあったからではないだろうか。

一九四一年の役員選挙の結果に端的に示されるように、館界の衛藤に対する「人望」は、さほどのものではなかった。これに対し衛藤の「力」に大きな期待を寄せていた日図協幹部は、是が非でも衛藤の「地位」を向上させる必要に迫られた。館界の世論を衛藤支持に変えなければならなかった。衛藤の上京、日図協入りが決定すると、「図書館雑誌」には毎号のように、衛藤の文章や、彼におもねる中田の文章が載るようになった。ここに衛藤にまつわる「神話」が生まれる素地ができたのだろう。

館界世論操作が効を奏したのだろうか、半年ほどで衛藤を取り巻く情勢は好転する。衛藤は「館界人に魂の入れどころを悟らせねばなるまい」と、今後の活動に意欲を示す。中田も「館界の大久保彦左衛門」が動き始めた様子を、次のように記す。

満洲から乗り出して館界の大勢を観望すること茲に半歳、既に館界の表玄関から裏口まで、そこに出入する人間共の腹の底まで見透すことができた。それで之からは一歩を踏み出して館界の積極的建設に努力し、館界人が賽の磧に石を積む労苦を救済しなければなるまい(179)。

衛藤の任務は、いうまでもなく「読書会」運動の具体化だった。一九四二年八月の「小諸会談(180)」以後、衛藤は中田とともに「読書会」運動推進の先導役を演じるのである。

戦時下読書運動については、満洲時代の衛藤を扱う本章の論及範囲を超えており、専門家の研究に委ねたい。

ただ、衛藤がこの時期でも笠木良明と関係を保っていた事実だけは指摘しておきたい。

笠木は一九三八年、児玉誉士夫らと興亜青年運動本部を結成、翌年には興亜塾を開設、また日独伊軍事同盟締結要請全国青年連盟相談役になるなど、ファナティックな国家主義運動を続けていた。[181]一九三七年五月、その笠木が蔵書を寄贈して、彼の故郷栃木県足尾に大亜細亜建設社足尾支部図書館が開設された。[182]笠木は図書館事業に「理解」をもっていた。

一九四三年一月九日、つまり衛藤が日図協常務理事を委嘱されたその日、彼は大亜細亜建設社に笠木を訪ねた。衛藤は「建設社を手始めにポツポツ知人を訪問するつもり」と笠木に語った。[183]さらに同年四月十八日、衛藤は興亜塾で開かれた在（滞）京賛助員招待会に出席している。[184]

衛藤は何を思って笠木を訪ねたのだろうか。あるいは「読書会」運動に、笠木たちの参加を考えていたのだろうか。残念ながら、この問題を推し量るだけの資料は見いだせなかった。戦局の悪化によって日本のあらゆる機能はマヒ状態に陥った。[185]やがて訪れた敗戦は、満鉄も「満洲国」も崩壊させ、四十年にわたる日本の満洲支配の歴史は終わりを迎えたのである。

おわりに

一九四六年三月、衛藤は日図協理事長に就任する。彼は三年間その地位にあって、戦後の復興に力を尽くしたことから、「協会再建の大恩人」として、「図書館を育てた人々」の一人に列せられる。

復刊された「図書館雑誌」の巻頭で、衛藤は次のように述べている。

日本の敗因が目下いろいろに考へられ、将来も厳しく検討されねばならぬと思ふが、究極の根源は、明治以来の教育の在り方に存する（略）日本の学校教育は、乃至軍隊教育は人を造る代りに器械を、器具を大量生産した。（略）個々の人が、自覚と信念と判断と責任とを持たない、魂の抜けた人造人形であつたのである。愚かな指導階級から、戦争を強ひらるれば無反省にその通りに動き出し、遂に邦家を奈落の底に顚落せしむるの軽挙を敢てしたのである。(186)

衛藤はまた、日図協の「徹底民主化」を訴える文章のなかで、こうも述べている。

日本は何故こんな愚劣な戦争に突入したのか？どうして負けたのか？国民性に根本的な欠陥がありはしないのか？国民教育に大きな錯誤はありはしなかつたのか(187)？

衛藤は日本が「愚劣な戦争」を引き起こした原因を「国民教育」に求める。そこで一九二八年に衛藤が大川周明らを前にして獅子吼した発言を再掲しよう。

どうしても我々が鳥の肉を食つても悪と感じないやうに、或は畑のものを取つて食うことを悪と感じない程、支那を以て我々の食物とするのは当然だと云ふ所迄突き進んで行きたい、国民教育を其処迄持つて行きたいと思ふ(188)。

衛藤は彼自身のそれまでの軌跡をどう考えていたのだろうか。子息濤吉はこう証言する。

〔大同学院の：引用者注〕教え子たちの不幸や辛酸を聞くごとに、情、激して身の置き処に苦しむ有様であった。「有為の材を横死せしめたのは俺の責任じゃないか。」と嘆き、「碌碌として生を盗んでいるのは申訳ない」と煩悶を重ねていた[189]。

その一方で一九四七年の春、復員してきた満洲時代の知人を前に彼は次のように呟いた。

ねえ、われわれが満洲でやってきたこと—あれが〝侵略〟だったのかねえ[190]？

敗戦後の衛藤は、自分自身の満洲生活をどのように総括すべきかを、見定めることができないでいたのではないか。彼は「戦後」を戸惑いながら、その本質を理解しえないまま受け入れていった。彼がいう「新生面」や「民主化」の内実は、空疎なものだったといえるだろう。だがそれを一人衛藤だけの「落差」や「無自覚」と片付けることもできないだろう。多くの日本人が同じような転回を経て、「戦後」が始まったのだから。

日図協再建に尽力した衛藤をはじめ、図書館法の制定に、あるいは国会図書館の開設にと、戦後復興期の館界を支えた人たちのなかに、植民地の図書館事業に携わった経歴をもつ人が目立つ。それは植民地の図書館が「内地」に比べてあらゆる面で先んじていて、そこで働いた図書館人の経験が、図書館の新たな出発の貴重な糧になったことを物語っている。

だがそれは、なぜ彼らにそうした「小自由」が許されていたのか、どのような「犠牲」のうえに彼らの活動が保障されていたかについて、彼らを含めた日本の図書館人に自省する機会を失わせる結果にもつながった。彼らの軌跡は歴史的な教訓としては生かされず、風化していった。

あらゆる自由を享楽する現代の高みから、彼ら植民地図書館人の「戦争責任」を問うことにはためらいを覚える。しかし彼らの「戦後」の処し方については、どこか割り切れないものを感じざるをえない。館界は過去に対する明確な「けじめ」を欠いたまま、戦後を歩み始めたといえるだろう。

注

（1）ここで衛藤の著作について簡単に解説しておこう。
　衛藤にはあまたの著作があるが、その大半は『韃靼』（［満鉄社員会叢書］第二十七輯）、満鉄社員会、一九三八年、朝日新聞社、一九三八年。本章では朝日新聞社版をテキストに使用）、『満洲夜話』（吐風書房、一九四〇年）、『短檠』（満鉄社員会、一九四〇年）の諸単行本に収められている。衛藤の没後衛藤利夫記念事業会が結成され、戦前に刊行された『韃靼』『満洲夜話』『短檠』に図書館関係の著作などを加えた新たな『韃靼――東北アジアの歴史と文献』（衛藤利夫記念事業会編、衛藤利夫記念事業会、一九五六年。以下、五六年版『韃靼』という）が刊行された。さらにこの五六年版『韃靼』から図書館関係の著作を削除した『韃靼――東北アジアの歴史と文献』（地久館、一九八四年。以下、八四年版『韃靼』という）が出版された。また日本図書館協会から、「個人別図書館論選集」シリーズの一つとして『衛藤利夫』（一九八〇年）が刊行されている。
（2）前掲『全史』中、七三七ページ、「衛藤利夫略歴」（前掲五六年版『韃靼』八一七ページ、前掲八四年版『韃靼』六四七ページ。以下、「略歴」と略記）では、一九二〇年二月十日を赴任日とする。
（3）前掲『統計年報 大正九年度』五八〇ページ
（4）「饒舌――衛藤先生を送る」、満洲読書同好会編「満洲読書新報」第五十七号、満洲読書協会、一九四二年、二ページ
（5）満鉄図書館の歴史については第5章を参照。
（6）野々村一雄『回想満鉄調査部』（勁草書房、一九八六年）、三〇―三一ページなど参照。
（7）前掲「図書館の創設」三六五ページ
（8）福田実『満洲奉天日本人史――動乱の大陸に生きた人々』（謙光社、一九八三年）、九七―九八ページなど参照。
（9）前掲「憶ひ出づるまゝ」三七二―三七三ページ
（10）前掲「一九二三年の満州」二三八ページ

(11)松原浅右衛門「衛藤館長と私」「収書月報」第七十四号、満鉄奉天図書館、一九四二年、四四ページ
(12)前掲「満鉄図書館育ての親、佐竹さんの思出」三八五ページ、のち「佐竹さんの思ひ出」と改題、加筆され前掲『短檠』八八―一〇〇ページに所収。前掲五六年版『韃靼』四四一―四四八ページ、前掲八四年版『韃靼』四三三―四四〇ページ
(13)前掲「歴代大連図書館長」三九一ページ
(14)柿沼介「米国の図書館と独逸の図書館」「学叢」第一巻第一号、満洲図書館協会、一九四〇年、五―六ページ
(15)「辞書体目録解体」「収書月報」第二十五号、満鉄奉天図書館、一九三八年、二三ページ
(16)中村「後記」、前掲「収書月報」第七十四号、六〇ページ
(17)高橋生「おつかない人」、前掲「満洲読書新報」第五十七号、三ページ
(18)藤井幸輔「『我等の館長』衛藤先生」、前掲「収書月報」第七十四号、一五ページ
(19)鈴木賢祐「帰国したころ」「図書館雑誌」第四十七巻第八号、日本図書館協会、一九五三年、一五ページ
(20)衛藤利夫『世界に於ける日本図書館事業の意義及び使命』南満洲鉄道奉天図書館、一九二五年、はしがき裏
(21)汀隅生「奉天図書館だより」、前掲「書香」第二十八号、一一ページ。なお汀隅生は衛藤のペンネームで、彼はこれを用いて「書香」などに多くの文章を発表している。
(22)「満洲日日新聞」一九二三年五月十二日付、五ページ(同紙は一九二七年十一月一日「満洲日報」と改題されるが、本章では以下、ともに「満日」と略記する)
(23)同紙五ページ
(24)「満日」一九二二年十一月二十四日付、三ページ
(25)前掲五六年版『韃靼』八一六ページ、前掲八四年版『韃靼』六四六ページ
(26)衛藤利夫「成人教育の苦悶」「図書館雑誌」第二十一巻第一号、一四―一九ページ、「図書館雑誌」第二十一巻第二号、六七―七二ページ、日本図書館協会、一九二七年、前掲五六年版『韃靼』七五八―七七八ページ、前掲『衛藤利夫』一一三―一四〇ページ

(27) ホーフマンの成人教育については、河井弘志氏のご教示を頂戴した。詳しくは同氏の「ドイツの図書室運動(Bucherhallenbewegung)の思想――アメリカ・リベラリズムと教育主義の論争」(日本図書館学会編「図書館学会年報」第三十三巻第二号、日本図書館学会、一九八七年、八七―九二ページ)などを参照。
(28)「独逸に於ける成人教育の一転機(九)」「満日」一九二五年九月四日付、五ページ、前掲「成人教育の苦悶」六九ページ、前掲五六年版『韃靼』七七一ページ、前掲『衛藤利夫』一三一ページ
(29)「独逸に於ける成人教育の一転機(十五)」「満日」一九二五年九月十一日付、六ページ、前掲「成人教育の苦悶」七二ページ、前掲五六年版『韃靼』七七八ページ、前掲『衛藤利夫』一四〇ページ
(30) 教育権回収運動については、阿部洋「旧満州における教育事業と教育権回収運動――一九二〇年代前半期を中心に」(阿部洋編『日中教育文化交流と摩擦――戦前日本の在華教育事業』所収、第一書房、一九八三年、一三一―一六七ページ)などを参照。
(31) 奉天での反日運動については、尾形洋一「瀋陽における国権回収運動――遼寧省国民外交協会ノート」(「社会科学研究」第二十五巻第二号、早稲田大学アジア太平洋研究センター、一九八〇年、二一―五四ページ)などを参照。
(32) 鶴岡永太郎「御神輿」、前掲「収書月報」第七十四号、三四―三五ページ
(33) 前掲『世界に於ける日本図書館事業の意義及び使命』二ページ、前掲五六年版『韃靼』七六二ページ、前掲『衛藤利夫』九一ページ
(34) 前掲「御神輿」三四ページ
(35)「満日」一九二五年十月二日付夕刊、二ページ
(36) 地方委員会については、前掲『全史』上、七三―八三ページなど参照。
(37) 高橋嶺泉「満鉄地方委員区長名鑑」『満鉄地方行政史』満蒙事情調査会、一九二七年、四八ページ
(38)「満日」一九二六年九月六日付夕刊、三ページ、前掲『全史』中、七四六―七四七ページ
(39) 前掲『全史』中、七三四―七三五ページ
(40)「満日」一九二七年三月十八日付夕刊、三ページ

(41)「満日」一九二八年三月十四日付、四ページ

(42)「満日」一九二七年九月二十九日付夕刊、三ページ

(43) 大佐は同大学図書館学部を卒業後、さらに大学院を修了している。その他の留学については、前掲「満鉄図書館業務研究会年報」第三輯、二五七―二六〇ページを参照。

(44) 五高時代の大川については、松本健一『大川周明――百年の日本とアジア』(作品社、一九八六年、二二三―二二四ページ）など参照。

(45) 有山崧「名誉会員顧問衛藤老台」(「図書館雑誌」第四十四巻第七号、日本図書館協会、一九五〇年、六ページ）など参照。

(46) 大同学院史編纂委員会編『碧空緑野三千里』大同学院同窓会、一九七二年、一四三ページ。ただし前掲『大川周明』では、学生側の処分者はなかったとする。

(47) 大川周明顕彰会編『大川周明日記――明治36年～昭和24年』岩崎学術出版社、一九八六年、一一七ページ

(48) 司法省刑事局「右翼思想犯罪事件の綜合的研究」『国家主義運動1』(「現代史資料」第四巻）、みすず書房、一九六三年、二二一―二二八ページ

(49)「東亜」(東亜経済調査局）に掲載された衛藤の著作は、次のとおりである。

第一巻第四号	一九二八年八月	四九―五二ページ	「奉天関係文献雑話」
第一巻第五号	一九二八年九月	一八―二六ページ	「牛荘における聖人バーンズの死」
第一巻第六号	一九二八年十月	五三―五七ページ	「北満の馬賊に囚はれた話――米国医師ホワード博士手記（一）」
第一巻第七号	一九二八年十一月	五三―五八ページ	「北満の馬賊に囚はれた話――米国医師ホワード博士手記（二）」
第一巻第八号	一九二八年十二月	五三―五九ページ	「北満の馬賊に囚はれた話――米国医師ホワード博士手記（三）」
第二巻第一号	一九二九年一月	五〇―五六ページ	「北満の馬賊に囚はれた話――米国医師ホワード博士手記（四）」
第二巻第二号	一九二九年二月	五二―五六ページ	「北満の馬賊に囚はれた話――米国医師ホワード博士手記（五）」
第二巻第三号	一九二九年三月	五一―六〇ページ	「北満の馬賊に囚はれた話――米国医師ホワード博士手記（六）」
第二巻第四号	一九二九年四月	四七―五三ページ	「北満の馬賊に囚はれた話――米国医師ホワード博士手記（七）」
第二巻第六号	一九二九年六月	五九―六一ページ	「北満の馬賊に囚はれた話――米国医師ホワード博士手記（八）」

なお「著述目録」(前掲五六年版『韃靼』八一五ページ、前掲八四年版『韃靼』六四五ページ)によれば、「奉天関係文献雑話」と「牛荘における聖人バーンズの死」は「奉天新聞」掲載とあるが、確認できなかった。また「北満の馬賊に囚はれた話」は、未完のまま連載が中断している。

(50)前掲『満洲夜話』八二ページ、前掲五六年版『韃靼』二四五ページ、前掲八四年版『韃靼』二四一ページ

(51)大川周明「満蒙問題の考察」『大川周明全集』第二巻、岩崎書店、一九六二年、六八〇ページ。この一文は大川が満洲事変が起こる三カ月前の一九三一年六月、「月刊日本」第七十五号(行地社出版部)に寄せたものである。その末尾を彼は「正気重ねて煥発し、内、邪悪と柔弱とを克服し、外、国民的使命の実現に邁進する日も、また近きことを覚悟せよ」と結んでいる。

(52)「東亜諸問題座談会」、前掲「東亜」第二巻第一号、一五ページ

(53)「東亜諸問題座談会」、前掲「東亜」第二巻第二号、一九―二〇ページ

(54)緒方貞子『満州事変と政策の形成過程』(明治百年史叢書)、原書房、一九六六年、九三―九四ページ

(55)松沢哲成「満州事変史年表」『日本ファシズムの対外侵略』三一書房、一九八三年、巻末

(56)前掲『満洲事変と満鉄』四五一ページ

(57)以下、「文溯閣の危機」「図書館雑誌」第三十七巻第三号、日本図書館協会、一九四三年、四九―五〇ページ、前掲五六年版『韃靼』七三三―七四一ページ、前掲『衛藤利夫』二一六―二一七ページ、植野武雄「文溯閣四庫全書に就て」「斯文」第十九巻第七号、斯文会、一九三七年、一二―二一ページ。のち加筆されて『満文典籍攷』(奉天大阪屋号書店、一九四四年、六三―八五ページ)による。

(58)前掲「右翼思想犯罪事件の綜合的研究」二七ページ

(59)片倉衷「満洲事変機密政略日誌」、小林龍夫/島田俊彦編『満洲事変』(「現代史資料」第七巻)所収、みすず書房、一九六四年、一八九ページ

(60)前掲、衛藤利夫「満洲事変と図書館」二ページ、また前掲「協和」第七十五号、二三ページ

(61)前掲、衛藤利夫「満洲事変と図書館」二ページ

(62)前掲「「時局文庫」公開」九ページ、前掲『満洲事変と満鉄』四五〇ページ
(63)「時局文庫に関し軍部よりの書信」、前掲「書香」第三十三号、九ページ
(64)伊藤武雄『満鉄に生きて』(勁草書房、一九八二年、一八八ページ)など参照。
(65)「満鉄図書館だより」、前掲「書香」第三十三号、九ページ
(66)以下、特に引用を示さないかぎりは、前掲『満洲事変と満鉄』四四九―四五〇ページによる。
(67)満鉄図書館業務研究会については、前掲「満鉄図書館業務研究会の歴史」など参照。
(68)柿沼介「満洲時代の追憶」、前掲「図書館雑誌」第四十七巻第八号、一四ページ
(69)同論文一四ページ
(70)大谷武男「大連図書館時代の柿沼さん」、柿沼介『剰語』所収、剰語刊行会、一九七二年、一二三ページ。なお衛藤は一九三七年二月に満洲事変功労者として、賜品(軍士像)と従軍記章を得ている(「図書館風景」「書香」第九十四号、満鉄大連図書館、一九三七年、七ページ)。
(71)「満鉄図書館の使命」、前掲「書香」第二十六号、一―二ページ
(72)「満日」一九三一年十二月十三日付、七ページ
(73)以下、陣中文庫については、前掲『満洲事変と満鉄』五〇六―五〇九ページなど参照。
(74)以下、「満洲関係和漢書件名目録」については、前掲『満洲事変と満鉄』四五〇―四五一ページなど参照。
(75)同書五〇六―五〇七ページ
(76)自治訓練所と後述の資政局訓練所については、前掲『碧空緑野三千里』一一―五〇ページなど参照。
(77)以下、笠木については、岡部牧夫「笠木良明とその思想的影響――植民地ファシズム運動の一系譜」(歴史科学協議会編「歴史評論」第二百九十五号、校倉書房、一九七四年、二三―三七ページ)など参照。
(78)日本国際政治学会太平洋戦争原因研究部編『太平洋戦争への道――開戦外交史1』朝日新聞社、一九八七年、三八二、四二七ページ
(79)「満洲国県旗参事官の大使命」『笠木良明遺芳録』所収、笠木良明遺芳録刊行会、一九六〇年、四三ページ(以下、

『遺芳録』と略記）
(80)「自治指導員服務心得」、同書所収、一九二ページ
(81)片倉衷『回想の満洲国』経済往来社、一九七八年、一八〇ページ
(82)石原と笠木の関係については、松沢哲成「石原莞爾と笠木良明」（「朝日ジャーナル」第十四巻第九号、朝日新聞社、一九七二年、八八―九六ページ）など参照。
(83)衛藤利夫「反古カード――奉天図書館から〔2〕」「協和」第百六十三号、満鉄社員会、一九三六年、三三ページ。のち「陽を見るまで」と改題されて前掲『短檠』一一ページ、前掲五六年版『韃靼』三九六―三九九ページ、前掲八四年版『韃靼』三八八―三九一ページ
(84)前掲「石原莞爾と笠木良明」九二―九三ページ
(85)藤川宥二『実録・満洲国県参事官――大アジア主義実践の使徒』大湊書房、一九八一年の付表一「自治指導部時代の大雄峯会員一覧表」
(86)満洲国史編纂刊行会『満洲国史――総論』満蒙同胞援護会、一九七〇年、二四九ページ
(87)大同学院史編纂委員会編『大いなる哉満洲』大同学院同窓会、一九六六年、一一―一二ページ
(88)同書一〇ページ
(89)同書二〇ページ
(90)同書二〇ページ
(91)同書五二四ページ
(92)前掲『満洲国史』二五三ページ
(93)前掲『大いなる哉満洲』二六ページ
(94)同書三七ページ
(95)駒井徳三『大満洲国建設録』中央公論社、一九三三年、一四四ページ
(96)山口重次『消えた帝国満州』（アジア問題叢書）、毎日新聞社、一九六七年、二三〇―二三一ページ

(97) 大同学院については、鈴木健一「満洲国の成立と大同学院」(『東洋教育史研究』第三集、東洋教育史学会、一九七九年、一五—二九ページ)など参照。

(98) 「満日」一九三二年七月二十二日付、四ページ

(99) 大同学院史編纂委員会編『渺茫として果てもなし——満洲国大同学院創設五十年』大同学院同窓会、一九八一年、三一ページ

(100) 同書一二九ページ

(101) 前掲五六年版『韃靼』の五六六ページと五六七ページの間に「大同学院第一期卒業生壮行の辞」の図版がある。また、「墓と本(二)」(「書香」第四十四号、満鉄大連図書館、一九三二年、二ページ)には、「この拙なきノートを満洲国大同学院第一期卒業生諸子に贈る」という献辞があるが、単行本収録の際に削除されている(前掲『韃靼』一—三四ページ、前掲五六年版『韃靼』一—二二ページ、前掲八四年版『韃靼』一—二二ページ)。

(102) 前掲『遺芳録』一九三ページ

(103) 「笠木良明先生追想座談会(二)」、同書四五〇ページ

(104) 「大亜細亜」(大亜細亜建設社)に掲載された衛藤の著作は、次のとおりである。

第一巻第一号	一九三三年五月	六一—七〇ページ	「満洲国文献余談(一)」
第一巻第三号	一九三三年七月	八五—九三ページ	「満洲国文献余談(二)」
第一巻第四号	一九三三年八月	九一—九七ページ	「満洲国文献余談(三)」
第一巻第八号	一九三三年十二月	八三—八九ページ	「満洲国文献余談(四)」
第二巻第一号	一九三四年一月	三六ページ	「哭佐伯君」
第二巻第二号	一九三四年二月	九五—一〇二ページ	「墓と本(上)」
第二巻第四号	一九三四年四月	八七—九二ページ	「墓と本(下)」
第二巻第七号	一九三四年七月	八九—一〇〇ページ	「奉天城内より見たる日露奉天大会戦」
第二巻第八号	一九三四年八月	七七—八五ページ	「奉天城内より見たる日露奉天大会戦(完)」
第二巻第九号	一九三四年九月	七〇—七六ページ	「タイガー倶楽部——辺疆異聞(一)」
第二巻第十号	一九三四年十月	九二—九八ページ	「人蔘鬼——辺疆異聞(二)」

第二巻第十一号	一九三四年十一月	九三—一〇一ページ	「黒衣の僧——辺疆異聞（完）」
第五巻第二号	一九三七年二月	三四—四〇ページ	「憶呼！クリスティ師——逝ける聖者を憶ふ」

(105) 笠木「満洲建国について」、前掲『遺芳録』所収、一七六ページ

(106) 河村生「奉天雑記」「大亜細亜」第二巻第五号、大亜細亜建設社、一九三四年、七〇ページ

(107) 前掲『碧空緑野三千里』一四二—一四三ページ

(108) 以下、前掲「反古カード——奉天図書館から」三三ページ、のち「陽を見るまで」と改題されて前掲『短檠』一一ページ、前掲五六年版『韃靼』三九六—三九九ページ、前掲八四年版『韃靼』三八八—三九一ページ参照。

(109) 「大亜細亜」第二巻第七号、大亜細亜建設社、一九三四年、八九—一〇〇ページ、前掲『満洲夜話』一九八—二三〇ページ、前掲五六年版『韃靼』三一四—三三三ページ、前掲八四年版『韃靼』三一〇—三二九ページ

(110) 笠木「大連閑話（六）」「大亜細亜」第二巻第八号、大亜細亜建設社、一九三四年、六〇ページ、前掲『遺芳録』一四一ページ

(111) 以下、吉野源三郎「『奉天三十年』のこと」（南原繁『矢内原忠雄——信仰・学問・生涯』岩波書店、一九六八年、二七四—二七八ページ）参照。

(112) クリスティ『満洲生活三十年』衛藤利夫訳、笠木良明、一九三五年、三九一—三九二ページ

(113) 「大亜細亜」第三巻第十号（大亜細亜建設社、一九三五年、六〇—八三ページ）に「『満洲生活三十年』に就て諸家の読後感想」として、衛藤訳本の特集記事が組まれている。

(114) 前掲「『奉天三十年』のこと」二七五ページ

(115) 矢内原忠雄「訳者序」、デュガルド・クリスティー『奉天三十年』上（岩波新書）所収、岩波書店、一九三八年、三ページ

(116) 矢内原の中国研究については、小林文男「矢内原忠雄の中国観——『中国再認識』への思考と日中戦争批判への論理」（前掲「アジア研究」第十三巻第二号、一九—三一ページ）など参照。

(117) 前掲『奉天三十年』上、四ページ

(118)「昭和十年度閲覧成績」、前掲「書香」第八十三号、七ページ
(119)前掲『全史』中、七三二ページ
(120)「新聞閲覧室整理料徴収」、前掲「書香」第八十三号、六ページ
(121)「社員の館内閲覧料免除」、前掲「書香」第八十五号、六―七ページ
(122)前掲「消息」三一ページ
(123)「蒐書の担当分野に付大連図書館との協定」、前掲「書香」第八十五号、七ページ
(124)一九三三年に向け、満鉄社員会が実施した「この一ケ年に成し遂げたいこと」というアンケートへの衛藤の解答(「協和」第八十九号、満鉄社員会、一九三三年、二八ページ)。
(125)一九二六年制定の「会社図書館規程」第二条
(126)「会務報告」、前掲「満鉄図書館業務研究会年報」第四輯、一ページなど参照。
(127)前掲「奉天図書館の行くべき道」一―二ページ
(128)「社員の読書奨励に資する新刊文庫――新春より巡回開始」「書香」第百三号、満鉄大連図書館、一九三八年、四ページ
(129)「奉天図書館も三係制」、満洲読書同好会編「満洲読書新報」第十五号、満洲読書同好会、一九三八年、二ページ
(130)前掲「満鉄の図書館」二ページ
(131)衛藤利夫［巻頭言］「収書月報」第二十九号、満鉄奉天図書館、一九三八年、一ページ、のち「図書と資料」と題して前掲『短檠』一六七―一六九ページ、前掲五六年版『韃靼』四八三―四八四ページ、前掲八四年版『韃靼』四七五―四七六ページ。
(132)衛藤利夫「本の値段」、満洲読書同好会編「満洲読書新報」第三十五号、満洲読書同好会、一九四〇年、二ページ、前掲『短檠』二三二―二三八ページ、前掲五六年版『韃靼』五一八―五二一ページ、前掲八四年版『韃靼』五一〇―五一三ページ
(133)野間清ほか編『満鉄調査部・綜合調査報告集』(亜紀書房、一九八二年)、三―一三ページなど参照。

(134) 衛藤利夫「柿沼大連図書館長を送る」「収書月報」第五十二号、満鉄奉天図書館、一九四〇年、三ページ
(135) 調査部長「部所長会議報告事項覚書」、前掲「満鉄調査部報」第一巻第二号、七ページ
(136)「資料機関聯絡事務打合会議々事報告――自五月七日至九日、於厚生会館」、前掲「満鉄資料彙報」第五巻第五号、五六、六四、六七ページ
(137) 黄車亭「図書館の悪臭」、前掲「協和」第二百六十四号、一七ページ
(138)（Y）「奉図通信」、満洲読書同好会編「満洲読書新報」第四十一号、満洲読書同好会、一九四〇年、八ページ
(139) 高橋一二「松原さんと私」「収書月報」第五十五号、満鉄奉天図書館、一九四〇年、二七ページ
(140) 山下義行「松原さん」同誌二八ページ
(141)「下内矢之助氏の逝去を悼む」「収書月報」第五十九号、満鉄奉天図書館、一九四〇年、三一―三五ページ
(142)「日名正志氏の逝去を悼む」「衛藤サダ子刀自の逝去を悼む」「収書月報」第六十号、満鉄奉天図書館、一九四一年、三五ページ
(143)「八月のメモから」「収書月報」第六十八号、満鉄奉天図書館、一九四一年、五五ページ
(144) 衛藤利夫「奉天図書館を離るゝに臨みて」、前掲「収書月報」第七十四号、五ページ、前掲五六年版『韃靼』七八〇―七八一ページ、前掲『衛藤利夫』一五五―一五七ページ
(145) 衛藤利夫「奉天春秋――奉天を引揚げて何処へ行くかといふ話」、前掲「協和」第二百五十二号、七ページ、のち「奉天を引揚げて何処へ行く」と改題され、前掲『満洲夜話』二三五―二四二ページ、前掲五六年版『韃靼』三三五―三三九ページ、前掲八四年版『韃靼』三三一―三三五ページ。
(146) 石堂清倫「調査部資料室と大連図書館――昭和14（1939）年~昭和20（1945）年」、アジア経済研究所編「アジア経済」第三十巻第二号、アジア経済研究所、一九八九年、八七ページ。なおその末に掲載されている石堂の略歴では、彼の大連図書館書目係主任就任を一九四一年四月とするが、「満鉄図書館の異動」（満洲読書同好会編「満洲読書新報」第四十三号、満洲読書同好会、一九四〇年、一ページ）、谷口寛一郎「図書館学究故大佐三四五君を憶う」（「図書館界」第十九巻第五号、日本図書館研究会、一九六八年、二一四―二一五ページ）所収の「故大佐三四五君略年

譜」から四〇年十月とした。また石堂は四〇年四月から大連図書館運用係主任だった（満洲読書同好会編「満洲読書新報」第三十九号、満洲読書同好会、一九四〇年、九ページ）。

(147) 以下、前掲『わが異端の昭和史』二三七―二三八ページなど参照。

(148) 「収書月報」第六十六・七十一号所収の「メモ」欄によれば、石堂は一九四一年中に六月二十七日と十一月二十九日の二回、奉天図書館に来ている。衛藤と石堂のこのやりとりは、十一月二十九日のことと推定される。

(149) 衛藤利夫「クヮン詰め半生（一）」「図書館雑誌」第三十六巻第四号、日本図書館協会、一九四二年、前掲五六年版『韃靼』七八二―八一二ページ、前掲『衛藤利夫』一六五―二〇六ページ

(150) 資料課「図書館長会議々事報告」（前掲「資料彙報」第十号、一一七―一三一ページ）など参照。

(151) 中村道問「植野主任を送る」「収書月報」第八十八号、満鉄奉天図書館、一九四三年、三九ページ

(152) 柿沼介「逞ましき精神力」、前掲「満洲読書新報」第五十七号、一ページ

(153) 前掲「『我等の館長』衛藤先生」一五ページ

(154) 「「奉天図書館同志会」結成」「収書月報」第六十三号、満鉄奉天図書館、一九四一年、五ページ

(155) 「奉天図書館の臨戦体制――「静」より「動」への再発足」「収書月報」第六十八号、満鉄奉天図書館、一九四一年、五三ページ

(156) 「満鉄奉天図書館時局向大回転へ」、満洲読書同好会編「満洲読書新報」第五十四号、満洲読書同好会、一九四一年、一ページ

(157) 当時の日本図書館界の状況については、永末十四雄『日本公共図書館の形成』（日本図書館協会、一九八四年、三一七―三三五ページ）など参照。

(158) 左右下洞文庫主人「日本図書館協会へ」、満洲読書同好会編「満洲読書新報」第五十五号、満洲読書同好会、一九四二年、四ページ

(159) 「第三十一回全国図書館大会議事録」「図書館雑誌」第三十一巻第八号、日本図書館協会、一九三七年、一〇―一一ページ

(160) 前掲「帰国したころ」一五ページ
(161) 中田「図書館協会を背負込む前後のこと」、前掲「図書館雑誌」第四十七巻第八号、一六―一七ページ
(162) 以下、中田の道中については、前掲「北支南満図書館人の旅日記」四四―五一ページを参照。
(163) これについては、第1部第4章を参照。
(164) 中田「日本に於ける出版界の現状」「収書月報」第七十号、満鉄奉天図書館、一九四一年、一二―一五ページ
(165) 前掲「北支南満図書館人の旅日記」五一ページ
(166) 前掲「逞ましき精神力」一ページ
(167) 中村「後記」「収書月報」第七十三号、満鉄奉天図書館、一九四二年、三〇ページ
(168) 「常務会（第一回）」、前掲「図書館雑誌」第三十五巻第十一号、六三ページ
(169) 「常務会（第三回）」「図書館雑誌」第三十五巻第十二号、日本図書館協会、一九四一年、四八ページ
(170) 「常務会（第五回）」「図書館雑誌」第三十六巻第一号、日本図書館協会、一九四二年、四二ページ
(171) 「衛藤利夫氏理事を委嘱せらる」「図書館雑誌」第三十六巻第二号、日本図書館協会、一九四二年、一一八ページ
(172) 中田「衛藤利夫氏東都に移る」同誌一二二ページ
(173) 「役員会（第九回）会議録」、前掲「図書館雑誌」第三十六巻第四号、二九五ページ
(174) 前掲五六年版『韃靼』八一八ページ、前掲八四年版『韃靼』六四八ページ
(175) 「新理事団」と「理事・監事選挙開催結果」「図書館雑誌」第三十五巻第八号、日本図書館協会、一九四一年、五六―五七ページ
(176) 一九四〇年十月改正「日本図書館協会定款」第二十三条は次のとおり。「理事ノ中十一名及監事ハ評議員会ニ於テ会員中ヨリ之ヲ選挙シ其ノ他ノ理事ハ会員中ヨリ総裁之ヲ委嘱ス」
(177) 前掲「図書館協会を背負込む前後のこと」一六―一七ページ
(178) 「新常務理事もきまる」「図書館雑誌」第三十七巻第二号、日本図書館協会、一九四三年、五三ページ
(179) 中田「『クヮン詰め半生』の代弁」「図書館雑誌」第三十六巻第十号、日本図書館協会、一九四二年、三七ページ

(180)「井荻雑記（二）」「収書月報」第八十号、満鉄奉天図書館、一九四二年、一九―二〇ページ、前掲『衛藤利夫』一五九―一六三ページ
(181)堀幸雄『右翼辞典』（三嶺書房、一九九一年）、九〇ページなど参照。
(182)野田秀雄「笠木先生と郷里のこと」、前掲『遺芳録』所収、三八七ページ
(183)笠木良明「往返途聞（七九）」「大亜細亜」第十一巻第二号、大亜細亜建設社、一九四三年、一七一ページ
(184)「在（滞）京賛助員招待会」「大亜細亜」第十一巻第五号、大亜細亜建設社、一九四三年、八〇ページ
(185)衛藤が福島県下に疎開したのは、一九四四年四月上旬である（「会員消息」、満洲読書同好会編「満洲読書新報」第八十号、関東州読書協会、一九四四年、七ページ）。
(186)「日本図書館活動の新生面――就任の挨拶にかへて」「図書館雑誌」第四十一巻第一号、日本図書館協会、一九四六年、二―三ページ、前掲『衛藤利夫』二一九―二三〇ページ
(187)「図書館協会の徹底民主化――「財団」から「社団」への切替え断行」、前掲「図書館雑誌」第四十一巻第一号、二ページ、前掲『衛藤利夫』二三一―二三六ページ
(188)「東亜諸問題座談会」、前掲「東亜」第二巻第二号、二〇ページ
(189)前掲『渺茫として果てもなし』九ページ
(190)宮永次雄「四庫全書を守る」「文藝春秋」一九八五年六月号、文藝春秋、八七ページ

満鉄図書館史年表

年	事項
一九〇六年	十一月：満鉄創立、後藤新平初代総裁に就任。

	第一期　草創期
一九〇七年	四月：本社調査部に図書室を設置（図書係管理）。
一九〇八年	十一月：図書取扱規程制定。
一九一〇年	五月：佐竹義継（京都帝大図書館）入社。八月：韓国併合。九月：図書閲覧場規定制定（地方課教育係管理）。十月：図書閲覧場八カ所の設置決定（瓦房店、大石橋、遼陽、奉天、鉄嶺、公主嶺、長春、安東）。十二月：四カ所に巡回書庫貸付所を設置。
一九一一年	六月：六カ所に巡回書庫貸付所を設置。十月：辛亥革命。
一九一二年	一月：本渓湖図書閲覧場開設。十月：本社前に書庫起工。十一月：開原図書閲覧場開設。
一九一三年	六月：大連電気遊園図書閲覧場開設。［この年］神田城太郎（元京都帝大図書館）入社。
一九一四年	一月：書庫竣工（六階建て、アメリカスニード社製書架）。七月：大連沙河口図書閲覧場開設。第一次世界大戦勃発。八月：佐野友三郎、来満（満鉄の招きで南満洲の教育事情視察）。十月：本社図書室、夜間と日曜開館実施。
一九一五年	五月：二十一カ条条約調印。「列車書庫」実施（巡回書庫係担当）。大石橋図書閲覧場営口分場開設。七月：撫順図書閲覧場開設。九月：大連北公園図書閲覧場開設。十二月：大連近江町図書閲覧場開設。
一九一六年	九月：南満洲司書会成立。十月：四平街図書閲覧場開設。
一九一七年	六月：図書閲覧場を簡易図書館に改称。十月：ロシア十月革命。十一月：「南満洲司書会雑誌」創刊（―第四号）。［この年］創業十周年記念図書費三万円。
一九一八年	一月：職制改正。調査課図書室・地方課教育係を合併し、地方部直属の図書館として独立（職員六、雇員二、傭員六＝計十四人）。調査課に資料室設置。四月：大石橋簡易図書館営口分館、独立して営口図書館となる。八月：シベリア出兵。米騒動。十月：第一回戦時巡回書庫発送（―一九年五月、十回約一万冊）。第一次世界大戦終結。十一月：閲覧室増築工事起工。
一九一九年	三月：朝鮮三・一独立運動。四月：鞍山簡易図書館開設。関東軍・関東庁設置。五月：柿沼介（日比谷図書館）入社。五四運動。六月：ベルサイユ条約調印。七月：衛藤利夫（東京帝大図書館）入

	社。「カラハン宣言」。八月：朝鮮総督に斎藤実（文化政治）。大連埠頭簡易図書館開設。九月：閲覧室増築工事竣工、図書館規則制定。十月：図書館公開（職員七、雇員十三、傭員四十＝計六十人）。十一月：台湾総督に田健治郎（最初の文官総督）。
第二期　公共図書館期	
一九二〇年	一月：奉天簡易図書館を本社直営とし、奉天図書館と改称。国際聯盟発足。二月：増資決定（創設当初二億円→四億四千万円、三三年八億円、三九年十四億円）。五月：第十五回全国図書館大会。
一九二一年	三月：簡易図書館規則制定。四月：大佐三四五入社。七月：中国共産党創立。原敬暗殺。十二月：奉天図書館新築移転（閉架式に改め、閲覧料徴収）。
一九二二年	一月：ワシントン条約締結。五月：奉天図書館規則制定。衛藤館長就任、開館式挙行。六月：図書館通則・大連図書館規則制定。簡易図書館を図書館に改称。オゾ文庫入手。沙河口図書館新築・移転。
一九二三年	四月：哈爾浜事務所に調査課を設ける。五月：哈爾浜図書館開設。六月：埠頭図書館移転、もとの図書館は日出町分館となる。十月：柿沼、欧米留学（―二六年四月）。十一月：大連南沙河口図書館開設。
一九二四年	一月：第一次国共合作。十一月：モンゴル人民共和国成立。
一九二五年	一月：日ソ国交回復。五月：「書香」創刊（―十二月）。五・三〇事件。六月：奉天図書館書庫竣工。九月：大佐、アメリカ留学（―二八年六月）。十二月：簡易図書館規則一部改正。
一九二六年	一月：図書取扱規程改正、会社所属の図書を大連図書館長の管理とする。四月：北公園図書館移転し、日本橋図書館と改称。五月：柿沼、大連図書館長となる。九月：図書館通則廃止、図書館規程制定。公費図書館を学務課に移管。大連図書館書庫増築工事起工。十月：図書館規程改定、巡回書庫は地方部学務課の管轄となる。図書館事務分掌内規成文化（庶務・司書・地方係→庶務・司書係）。十一月：大連・奉天両図書館規則廃止、会社図書館規則制定。経費・公費図書館規則の統一。巡回書庫の独立規程制定。
一九二七年	三月：金融恐慌。四月：田中義一内閣成立。五月：山東出兵。六月：東方会議、「対支政策綱領」

第三期　建国工作期

一九二八年　（満蒙分離など）決定。七月：社長に山本条太郎、副社長に松岡洋右就任。九月：奉天八幡町図書館開設。十月：安東図書館鶏冠山閲覧場開設。十二月：撫順図書館新築移転、旧館は千金寨分館（―三六年六月）となる。［この年］会社創業二十周年記念図書費二万九千円。

一九二九年　三月：衛藤、一年間の国内留学。五月：第二次山東出兵（済南事変）。六月：張作霖爆殺。九月：開原図書館新築移転。十月：遼陽図書館新築移転。十一月：電気遊園図書館を移転・新築し、伏見台図書館に改称。［この年］御大礼記念図書費五万円。

一九三〇年　一月：漢籍購入費として十万円特別支出。四月：奉天図書館鋼製書架取付完成（アメリカスニード社製）。図書館業務研究会内規制定。「書香」復刊。十月：世界恐慌。大石橋図書館海城分館開設。

一九三一年　八月：本渓湖図書館新築・移転。九月：「撫順図書館報」創刊。十一月：浜口雄幸首相狙撃。開原図書館昌図閲覧場開設。［この年］社員三千人解雇、全社員一年間昇給停止。

一九三二年　九月：満洲事変。十月：哈爾浜図書館露支満蒙研究室開設。十一月：長春図書館新築工事竣工。「哈爾浜図書館新報」創刊（―第三号）。奉天図書館「時局文庫」公開。十二月：「陣中文庫」開始（―三二年五月、約十一万冊を二百五十六カ所に配布）。

一九三三年　一月：上海事変。経済調査会新設。三月：「満洲国」建国。五月：五・一五事件。八月：『全満二十四図書館共通満洲関係和漢書件名目録』刊行（続篇、三六年三月）。九月：派遣社員慰問文庫（―三三年三月、六千冊）。十一月：長春図書館、新京図書館と改称。

一九三四年　三月：奉天に鉄路総局を置く。日本、国際連盟を脱退。六月：伏見台図書館を伏見台児童図書館と改称。

一九三四年　三月：奉天八幡町図書館高千穂分館開設。五月：安東図書館鶏冠山閲覧場、安東図書館鶏冠山分館と改称。十一月：新京図書館書庫増築（鉄筋コンクリート二階建て）。十二月：蘇家屯図書館開設。

一九三五年　一月：「各館蒐書分担協定」制定。三月：北満鉄路接収にともない、北満鉄路中央図書館も接収。五月：哈爾浜鉄路図書館開館。新京市内白菊町図書閲覧場開設。新京図書館范家屯分館開設。「満鉄図書館業務研究会年報」創刊（―第四輯）。八月：松岡洋右総裁就任。十二月：興中公司設立。

一九三六年	一月：大連図書館十八人、奉天図書館十一人増員。奉天図書館新聞閲覧室整理料徴収。「沙河口図書館報」創刊（五号―「図書館新報」に改題、第八号で休刊）。二月：奉天図書館「収書月報」創刊。二・二六事件。四月：職制改正、哈爾浜鉄路図書館・満鉄哈爾浜図書館を合併、哈爾浜鉄路局直属の参考図書館とし、従来の哈爾浜図書館は埠頭区分館に（職員八、雇員九、傭員八、嘱託一、臨時傭員五＝計三十一人）。図書館規則改正（大連図書館、中学生以下の入館禁止。大連・奉天図書館、社員の閲覧料を無料にする）。大衆文庫設置（学務課図書館係担当）。五月：奉天図書館・大連図書館・鉄路総局の収書協定。十月：産業部・鉄道総局発足。
一九三七年	一月：「図書館新報」（第二次）創刊。三月：図書館業務研究会、北満洲などの移民地に一万七千冊の慰問図書発送。六月：第三十一回全国図書館大会開催。七月：盧溝橋事件。巡回書庫を総裁室福祉課に移管。九月：南沙河口・近江町図書館、および日出町分館を社員読書室とし、総裁室福祉課に移管。第二次国共合作。十月：満洲重工業開発会社設立。十二月：満鉄付属地の行政権を満洲国に移譲（産業部所属：大連（分館：埠頭、沙河口）。鉄道総局所属：奉天、哈爾浜。満洲国移譲：瓦房店、大石橋、海城、営口、鞍山、遼陽、八幡町、蘇家屯、鉄嶺、開原、四平街、公主嶺、新京、范家屯、白菊町、本渓湖、安東、撫順。地方部残務整理委員会所属：日本橋（三八年八月閉鎖）、伏見台（三八年八月、小村侯記念図書館に改称）。
一九三八年	一月：大連図書館「新刊文庫」開始。二月：満洲読書同好会成立、「図書館新報」は第十一号から同会の会報となり、第十七号（三八年八月）から「満洲読書新報」と改題。四月：産業部廃止、調査部となる。大連図書館、調査部の所属となる。資料課資料室を同館に移管。国家総動員法公布。五月：大連・奉天図書館、事務分掌規程改正（庶務・司書係→庶務・書目・運用係）。九月：満洲国全国図書館長懇談会。満鉄図書館業務研究会、満鉄図書館研究会となる。小村侯記念図書館設立、十一月開館。十一月：北支那開発設立、興中公司を傘下に置く。
一九三九年	四月：大調査部成立。五月：横川次郎「調査部資料活動に対する若干のメモ」。八月：満鉄資料取扱実務講習会（調査部資料課主催）。九月：天野利夫「資料活動と調査活動との連関性について―

第四期　社業図書館期	
一九四〇年	資料機構改革の為の一考察」。哈爾浜鉄路図書館「北窓」創刊。一月：「資料業務打合会」。三月：柿沼退職（後任の館長は水谷国一資料課長の兼任）。五月：「資料機関連絡事務打合会議」。「満鉄資料目録標準規則」制定。黄車亭「図書館の悪臭」。満洲図書館協会編「学叢」創刊（—四一年十月、三号）。六月：石堂清倫資料課第一資料係主任、大連図書館運用係主任兼務となる。新体制運動。八月：部内資料取扱会議。九月：「小村侯記念図書館報」創刊。日独伊三国軍事同盟。十月：小村侯記念図書館増築落成式。十一月：大島豊彦大連図書館庶務主任「満鉄図書館の新体制」。十二月：大政翼賛会発足。
一九四一年	二月：大佐退職。四月：奉天図書館同志会結成。「資料・編纂連絡打合会議」。六月：満洲国図書館協会成立。七月：第一回満洲図書館大会。御前会議、対ソ戦準備・南進政策決定。九月：奉天図書館閲覧規則改正。ゾルゲ事件、田中清次郎調査部長引責辞任（四二年四月）。十二月：太平洋戦争開戦。
一九四二年	一月：衛藤退職。九月：「満鉄調査部事件」。十二月：図書資料業務の統合調整案決定し、大連・奉天・哈爾浜の三図書館ともに調査部の所属となる。満鉄図書館研究会廃止。植野武雄奉天図書館書目係主任、奉天在勤のまま大連図書館漢籍係主任兼務となる。
一九四三年	二月：調査部所管各図書館長会議。本社を新京に移転。三月：小村侯記念図書館書庫増築完成、六月開館。五月：調査部、調査局となり、新京に本拠を移す。植野、大連図書館に転出。七月：「満鉄調査部事件」第二次検挙。八月：「収書月報」休刊（第九十一号）。十二月：小村侯記念図書館書庫書架建造工事完了。［この年］『永楽大典』五冊入手、所蔵五十五冊に。
一九四四年	三月：「北窓」休刊（第五巻第五・六号）。十二月：「書香」休刊（通巻第百五十八号）。「小村侯記念図書館報」休刊（第四十四号）。
一九四五年	一月：「撫順図書館報」休刊（第百六十九号）。八月：日本、無条件降伏。

おわりに

「はじめに」でも記したように、筆者の植民地図書館研究は主に一九八〇年代から九〇年代にかけておこない、最近はほぼ休止状態になっている。いずれ草創期や末期の満鉄図書館について（第5章を参照）まとめてみたいと思ってはいるのだが、資料も不足していて、いますぐに書くことは難しい。

それは筆者の怠惰、多忙、その他もろもろの事情が重なってのことだが、大きな契機はやはり一九八九年の天安門事件だったと思う。「六四」以降、少しずつ中国に対する探究心が薄れていった。

その一種の反動として、日本の図書館の歴史、特に自由と民主との関係について考えるようになった。当然そこでは中国など近隣諸国との関係を忘れることはできないが、関心の中心は近代の日本であり、そのなかの図書館である。

この国の近代は、人々の思考の芽を摘み取ることに躍起となり、やがて戦争へ、ついには破局へと向かう。第二次世界大戦末期、北京近代科学図書館は、自らを「戦う図書館」と位置付けた（第4章を参照）。戦時下に図書館がどのような任務を担ったのか、学校やメディアが果たした役割なども視野に入れながら検証してみたい。そう考えるようになった。

そして「衛藤利夫」（第9章）を書いたこともあって、図書館という場所で働く人、そこに関わる人に興味を抱くようになった。図書館、あるいはそこに集積された図書などのモノの歴史ではなく、ヒトから図書館という存在を追究してみようということである。

もちろん、研究の対象がこの国の図書館であっても人物であっても、一次的な資料を可能なかぎり掘り起こし、そこにすき間があれば周辺資料でつなぎ埋めていく手法に変わりはない。つまり本書に収められた諸論考は、やはり筆者の図書館史研究の原点なのである。
この原点を軸として、これからも研究を継続していこうと考えている。当面の課題は、前述のようにこの国の近代における図書館統制の実相の解明である。

なお、本書中の地名などは当時日本側が用いていた呼称を使用している。

二〇一六年二月

[著者略歴]
小黒浩司（おぐろ・こうじ）
1957年、東京都生まれ
作新学院大学教員
日本図書館文化史研究会、日本図書館情報学会、日本図書館研究会などの会員
共著に『人物でたどる日本の図書館の歴史』（青弓社）、編著に『図書館資料論』（東京書籍）、『図書・図書館史』（日本図書館協会）など

図書館《としょかん》をめぐる日中《にっちゅう》の近代《きんだい》　友好と対立のはざまで

発行――2016年4月13日　第1刷
定価――3600円＋税
著者――小黒浩司
発行者――矢野恵二
発行所――株式会社青弓社
〒101-0061 東京都千代田区三崎町3-3-4
電話 03-3265-8548（代）
http://www.seikyusha.co.jp
印刷所――三松堂
製本所――三松堂

ISBN978-4-7872-0059-4 C0000

石田あゆう

戦時婦人雑誌の広告メディア論

100万部の発行部数を誇った「主婦之友」は、戦時下で商品と読者をどう結び付けたのか。プロパガンダ・広報・広告が交錯するなかで、女性たちのネットワークを築き上げようとした戦時婦人雑誌の一面を照らす。　定価3400円＋税

若林 宣

帝国日本の交通網

つながらなかった大東亜共栄圏

大東亜共栄圏の鉄道と海運・港湾、航空の交通網はズタズタで、兵站・物資流通は確保できないままだった。史料から台湾・朝鮮・樺太・満洲という植民地と東南アジアの実態を描き、侵略政策の虚構をあばく。　定価2000円＋税

佐々木浩雄

体操の日本近代

戦時期の集団体操と〈身体の国民化〉

ラジオ体操、建国体操、日本産業体操、大日本国民体操、国鉄体操——集団体操の実態と、娯楽や健康を目的にしていた体操が国家の管理政策に組み込まれた過程をたどり、「体操の時代」のナショナリズムを問う。　定価3400円＋税

川瀬貴也

植民地朝鮮の宗教と学知

帝国日本の眼差しの構築

戦前期朝鮮で日本の仏教やキリスト教が実施した「植民地布教」の位相を描き、統監府や朝鮮総督府の宗教政策を照射して、日本人と朝鮮人の双方がどのような自画像や他者表象を構築していったのかを浮上させる。　定価3400円＋税

張嵐

「中国残留孤児」の社会学

日本と中国を生きる三世代のライフストーリー

敗戦後、肉親と離ればなれになって孤児になり、日本に引き揚げられず中国に残留した日本人子女は日中の狭間でどう生きてきたのか——一世・二世・中国人養父母へのインタビューを通して戦争と日中関係を考える。定価4600円＋税